범죄피해자와
회복적 사법

범죄피해자와

박상식 · 이창호 공저

회복적 사법

한국학술정보㈜

서 문

　　그동안 우리 형사사법은 범죄자의 인권을 너무 강조한 탓에 피해자의 인권에 대하여는 무관심하였다. 그 결과 범죄피해자는 형사사법시스템의 저 편에 숨어 고통을 감수하는 주변적 존재가 되어버렸다. 따라서 범죄피해자의 권리를 위해서 우리 형사사법의 시스템이 개선되어야 한다고 본다. 그 개선의 첨병 역할을 하는 것이 바로 회복적 사법이다.

　회복적 사법은 범죄와 관련된 모든 사람들이 함께 모여 화해와 조정을 통하여 범죄를 해결하는 것이다. 따라서 회복적 사법은 범죄피해자, 범죄자, 지역사회 모두가 상생하는 이 시대가 요구하는 '미래지향적 형사사법시스템'이라 할 수 있다

　범죄자는 어차피 죄의 대가를 치른 후 또 다시 범죄피해자와 평화롭게 살아가야 할 지역사회로 돌아가기 마련이다. 그렇다면 범죄의 해결도 기존의 국가와 범죄만으로 해결하는 시스템을 바꾸어야 한다. 최근 어린이 성범죄자의 증가로 사회문제화 되고 있다. 성범죄자의 대부분이 재범자라는 것에서 우리는 형사사법의 불신하기에 이르렀다.

　지금까지 우리 형사사법은 피해자와 지역사회를 배제한 상태에서 범죄자를 처벌하고, 범죄자는 다시 죄를 짓고 하는 악순환의 반복이었다. 즉 범죄자는 피해자에 대한 피해회복, 진정한 용서, 반성 등이 없이 그저 법에 따라 처벌받고 석방되는 방식이었다. 이러한 형식적인 응보적형사사법의 시스템을 바꾸지 않고서는 오늘날 증가하는 각종 범죄들을 해결할 수 없다고 본다.

이러한 인식에서 우리 정부도 최근 다양한 형태의 대안을 마련하였다. 범죄피해자보호법의 제정, 범죄피해자지원센터의 설립, 범죄피해자 보호·지원에 관한 기본계획 수립 등이 대표적이다. 하지만 이러한 노력에도 불구하고 아직 이러한 제도들이 정부의 가이드라인에 머물고 있는 실정이다.

따라서 범죄피해자를 보호하면서 동시에 범죄자도 보호할 수 있는 회복적 사법의 도입을 위해 그동안 연구한 논문들을 책으로 엮었다. 논문들을 책으로 집필하다보니 중복되는 부분이 다소 있다. 이는 필자들의 역량 부족이 그 원인이라 할 수 있다. 여러 가지로 부족한 점이 있지만, 이 책이 우리 형사사법의 패러다임을 바꾸는 데 조금이나마 도움이 되었으면 한다. 끝으로 독자가 한정적이라는 것을 알면서도 기꺼이 출판해 주신 한국학술정보(주) 채종준 사장님께 감사드리며, 또한 교정으로 고생한 서주연 제자에게 고마움을 표한다.

2008년 4월
미륵산이 보이는
경상대학교 연구실에서 저자 씀

목 차

제 2 부　　범죄피해자의 의견진술권에 관한 연구

제 3 부 회복적 사법에 관한 연구

제 4 부   회복적 사법 실천모델의 효과에 관한 연구

제 5 부   배상과 화해에 관한 실증적 분석

제6부   **범죄피해자와 회복적 사법의 모델**

제1부 　범죄피해자 보호·지원을 위한 과제

제1부
범죄피해자 보호·지원을 위한 과제

I. 서 론

　형사절차는 범죄자와 피해자 사이에서 벌어진 갈등과 다툼의 해결이다. 따라서 범죄의 해결은 범죄자와 피해자의 문제로서 해결되어야 한다. 그럼에도 불구하고 지금까지 우리 형사사법은 범죄를 국가와 범죄자만을 문제로 인식하여 왔다. 그 결과 범죄피해자는 형사사법의 장에서 잊힌 존재, 주변적 존재로 취급되면서 형사절차에서 당사자가 아닌 단순한 증거수집의 대상으로 취급되었다.

　최근 우리는 언론이나 매스컴에서 범죄피해를 당하고도 범죄자로부터 한마디의 용서, 한 푼의 돈도 받지 못하고 절규하는 피해자들을 자주 접한다. 치료비만이라도 받으려고 법의 문을 두드려보아도 돌아오는 것은 오히려 시간, 돈 낭비뿐이라는 말을 자주 듣는다. 즉 유영철, 정남규, 미성년자성폭행살인사건으로 피해를 당한 피해자가족들의 처절한 절규는 오늘날 우리 형사사법의 현실을 잘 대변해 주고 있다. 이렇게 강력사건이 발생할 때마다 학계나 실무계에서는 범죄동기, 살해방법 등의 가해자의 인권에 초점이 맞추어졌을 뿐 정작 피해자의 인권에는 관심이 없었다.

　살인자 정남규에게 살인을 당한 두 딸의 아버지가 범죄피해자구조금을 신청하기 위하여 검찰청을 찾았지만, 직원들로부터 구제받기 힘들다는 말을 듣고 분노를 느꼈다고 한다.[1] 해마다 수십여 만 건[2]의 강력사건이 발생하고 있지만, 범죄피해자구

---

1) 이 사건에서 유족은 서울남부범죄피해자지원센터로부터 십만여 원을 지급받은 것이 전부였다.
2) 통계마다 다르지만 1년에 20-30여 만 건의 강력사건이 발생하고 있다.

조금을 신청한 자는 200여 명(2006년 기준)에 불과하고 실제 지급된 것은 100여 명에 불과하다. 지급액도 살인피해자 유족이 별도의 보험금을 받지 못하는 경우에만 1천만 원,[3] 실명, 신체절단 등의 중장해를 당한 경우에만 3백만 원에서 600백만 원에 불과하다.[4]

지금까지 우리나라에서도 범죄피해자에게 배려가 없었던 것은 물론 아니었다. 세계 최초로 헌법상의 범죄피해자보호를 규정하였고, 각종 법률에서도 피해자를 보호하는 규정을 두고 있었다.[5] 하지만 대부분 엄격한 요건, 예산의 부족 등으로 제대로 시행되지 못하였다.

이러한 이유로 대부분의 범죄피해자들은 형사절차에 개입하여도 이익 되는 것이 없다는 사고가 팽배하여 수사와 재판에 협조하지 않는 것이 현실이다.[6] 따라서 이러한 문제들을 구체적으로 실현하기 위하여 경찰 · 검찰 등 관련기관에서는 피해자보호를 위한 개선방안들을 연구하고 있다. 그중 대표적인 것이 2004년 9월 1일 법무부에서 발표한 '범죄피해자 보호 지원강화를 위한 종합대책'과 전국 55개 검찰청 관할별로 설립된 범죄피해자지원센터이다.[7] 이러한 가운데 법무부는 2004년 11월 19일 범죄피해자의 권리장전이라 할 수 있는 '피해자기본법안'을 입법예고하였고 2005년 12월 1일에 국회를 통과하였다.[8]

---

3) 뺑소니 차량에 의해 목숨을 잃으면 자동차손해배상보장법에 따라 최대 1억 원의 보상을 받을 수 있지만, 강도 등에 의해 숨지면 그 10분의 1밖에 받지 못하는 것이 현실이다. 자동차손배보장법은 장애등급도 1등급부터 14등급까지 세분화하여 보상금을 정하고 있다.

4) 피해자에 대한 전체 예산도 형사보상금을 포함하여 20여 억 원에 불과하다.

5) 범죄피해자를 보호하기 위한 법률은 1981년의 소송촉진등에관한특례법을 시작으로, 1986년의 법률구조법, 1987년의 헌법, 1988년의 범죄피해자구조법, 1990년의 특정강력범죄의처벌에관한특례법, 1994년의 성폭력범죄의처벌및피해자보호등에관한법률, 1997년의 가정폭력방지및피해자보호등에관한법률, 2004년의 성매매방지및피해자보호등에관한법률 등을 들 수 있다.

6) 우리나라의 범죄신고율은 23.6%로서 영국의 58.7%, 프랑스의 60.8%, 독일의 48%에 비하여 현저히 낮다; 김지선 외 3, 한국의 범죄피해에 대한 조사연구(V), 한국형사정책연구원 연구총서(06-01), 2006, 63-65쪽.

7) 사법개혁위원회에서도 피해자보호를 중요한 사법과제로 다루고 있다.

8) 이에 대한 주요 내용은, 범죄피해자에 대한 실효성 있는 원상회복, 형사절차상 피해자의 지위강화, 피해자의 사생활 평안보호 등이다. 범죄피해자보호법이라는 이름으로 2006년 3월

또한 법무부는 범죄피해자보호법의 실천을 위하여 2006년 12월 '범죄피해자 보호·지원에 관한 기본계획(2007-2011)을 발표하였다.

이러한 정부의 노력은 그동안 국가와 형사사법 기관의 피해자보호·지원에 대한 반성에서 비롯되었다고 본다. 즉 범죄자의 권리보호만 중요시한 나머지 진정 보호해야 할 피해자를 방치하였던 결과 범죄예방과 재범의 실패를 초래한 연유에서였다.[9]

피해자를 제외한 범죄해결은 실패하기 마련이다. 최근 우리나라에서도 시대의 변화에 따라 형사사법의 시스템도 변화되어야 한다는 주장이 제기되고 있다. 그중 하나가 피해자의 권리보호라 할 수 있다. 즉 피해자는 범죄자의 그늘에 숨어 고통을 받는 존재가 아니라 당당하게 자신의 권리를 주장하고 보호받아야 할 존재라는 것이다.

물론 형사사법은 피해자만을 보호하는 제도는 아니다. 실체적 진실발견, 적정절차, 신속한 재판을 통하여 범죄자의 인권을 보장하는 것이 우선이다. 이러한 이유로 지금까지 우리 형사사법은 범죄자의 권리보호에만 주력을 하여왔다고 해도 과언이 아니다. 하지만 이제는 범죄자·피해자 모두를 위하는 정책을 찾고 고민하여야 할 단계가 왔다고 본다.

이러한 고민의 과제를 해결하기 위해서는 우선 국가는 피해자가 진정 원하는 것이 무엇인지를 알아야 한다. 개인적 연구에 의하면 대부분의 피해자는 뭔가 거창한 이상의 조건을 요구하는 것이 아니라는 것을 알았다. 즉 가해자의 진정한 용서, 최소한의 피해의 회복, 사건의 처리과정과 결과, 형사사법과정에서의 진술이라는 것을 알 수 있었다.

따라서 본 글은 어떻게 하면 이러한 피해자의 바람을 조금이나마 들어줄 수 있는가를 법적·제도적으로 논하여 보고자 한다.

부터 시행되고 있다. 하지만 동법은 아직까지는 법무부가이드라인 수준에 머물고 있다.
9) 우리나라의 재범률은 1980년대에는 30%에 불과했지만, 1997년에는 52%, 1998년 59.5%, 2000년 61.2%, 2001년 63.1%로 갈수록 증가 추세에 있다. 2006년의 경우 51.5%로서 감소되었지만, 강력범죄의 경우 65%에 이르고 있다. 경찰청, 경찰백서, 2007, 124쪽.

Ⅱ. 범죄피해자의 개념

1. 피해자의 개념

1) 실정법상의 개념

범죄발생에 있어서 피해자의 개념을 어떻게 파악할 것인가가 매우 중요하다.[10] 왜냐하면 피해자의 개념에 따라 피해자학의 학문적 성질과 피해자학의 연구 영역이 결정되고, 피해자가 이익을 누리게 될 범위와 그에게 보장될 법적 가능성의 폭과의 상호 논증적 연관성이 있기 때문이다. 일반적으로 피해자라 함은 범죄에 의하여 직접 손해를 입은 자를 말한다. 즉 범죄행위로 침해를 당한 자를 의미하고 있다. 그러나 학계에서는 아직 통일적으로 정립하지 못하고 있다.

현행법상 범죄피해자 또는 피해자라는 용어는 헌법(제27조 제5항의 형사피해자, 제30조의 타인의 범죄행위로 인하여 생명·신체에 대하여 피해를 받은 국민), 형법(제24조의 '피해자의 승낙', 제51조의 피해자에 대한 관계, 제312조 피해자의 명시한 의사 등), 형사소송법(제223조의 범죄로 인한 피해자, 제294조의 2의 피해자의 진술권) 등에서 나타나고 있지만, 피해자의 구체적인 개념정의 내지 범위에 관한 규정은 없다.

다만, 범죄피해자구조법 제1조 및 제2조 제1항에서는 피해자를 '사람의 생명 또는 신체를 해하는 죄에 해당하는 범죄행위로 인하여 死亡 또는 重障害를 입은 자'로 제한하여 가해자와 대립된 개념으로 규정하고 있고, 가정폭력범죄의처벌등에관한특례법(이하 가정폭력범죄처벌법) 제2조 제5항에서는 '가정폭력범죄로 인하여 직접적

---

10) 현재 수동적 지위에 있는 피해자를 형사절차상의 적극적 참여자로 편입시키기 위해서는 우선 누가 그러한 지위와 권리의 향유자가 되어야 하는가의 문제가 선행되어야 한다.

으로 피해를 입은 자'라고 규정하고 있다.[11] 한편 범죄피해자구조법 제6조의 경우에는 가해자와 친족관계에 있는 피해자를 제외하는 반면,[12] 가정폭력범죄처벌법 제32조 제2항 등의 경우에는 가정구성원을 피해자에 준하여 보호하고 있다.

2) 학문상의 개념

학계에서는 피해자의 개념을 크게 네 가지로 분류하고 있다. ① 최협의로 형식적 범죄개념에 입각하여 범죄로 인하여 법익이 침해 또는 위협된 자를 말하고, ② 협의로 실질적 범죄개념에 입각하여 법익을 침해당한 사람, ③ 광의로 피해를 범죄와 분리하여 법익을 침해당한 자에 국한하지 않고, 그와 관련을 맺고 있는 사람까지 범위를 확장하는 경우와,[13] ④ 최광의로 피해를 범죄와 분리하여 범죄가 아닌 민·행정법상 사건 등에 의한 경우까지도 확장하는 경우[14]로 나눌 수 있다.

우리나라에서는 피해자를 최협의로 이해하는 것이 통설적 견해인 것처럼 보인다. 이렇게 해석하면 어떠한 경우에 피해자가 되는지를 정확하게 파악할 수 있을 뿐만 아니라, 법적 안정성을 도모할 수 있다는 장점이 있다. 그러나 형법상으로는 중요하지 않다고 할지라도 직·간접적으로 범죄에 기여하는 원인들, 예컨대, 음주·매춘 기타 반사회적인 행위로부터 연유하는 잠재적 희생자에 대한 고려가 불가능하게 된다는 결정적 단점이 있다. 나아가 피해자개념이 필연적으로 형법상의 보호법익이나 보호이익을 기점으로 형성되기 때문에 피해자화의 과정을 간과할 수밖에 없게 되어

---

11) 가정폭력범죄방지및피해자보호등에관한법률 제2조 3호도 동일하다.
12) 피해자와 가해자 간에 친족관계(사실상 혼인관계를 포함한다)가 있는 경우는 구조금을 지급하지 아니할 수 있다(범죄피해자구조법 제6조).
13) 이 개념은 피해자를 범죄피해자에 한정하지만, 피해자를 범죄발생의 독립된 주체로 인식하여 가해자와 분리하여 고유하게 탐구하려는 입장으로 피해자학의 독립성을 강조한다. 예컨대, 철도파업으로 인해 계약취소로 입은 피해, 결혼을 전제로 교제한 후 이별로 인한 피해 등을 들 수 있다.
14) 이 개념은 멘델존의 주장으로 그는 교통사고, 붕괴가정, 인종학살 등의 피해자, 에너지에 의한 피해자, 산업에 의한 피해자, 자연계에 의한 피해자 등도 피해자에 포함하고 있다. 또한 피해자 스스로 자초한 피해뿐만 아니라 自傷과 自殺까지도 포함한다: 諸澤英道, 被害者學入門, 成文堂, 1992, 31쪽.

신범죄화 또는 비범죄화 작업을 수행하는 데 도움이 되지 않는다.

따라서 피해자의 형사정책적 의미를 범죄발생의 원인을 밝히고 피해자의 적절한 대책을 세우는 데에 있다고 보면, 피해자도 실질적 의미의 범죄로 인해 그 법익을 침해당한 사람에 한정하는 것이 바람직하다고 본다. 즉 피해자학의 대상이 되는 피해자란 범죄로 인하여 육체적·정신적 상처·감정적 고통, 재산상 손실을 입거나 기본권을 중대하게 침해당한 개인 또는 집단으로 보는 것이 타당하다고 본다.[15]

1985년 11월 29일 UN총회에서 채택한 '범죄와 권력남용 피해자에 관한 사법의 기본원칙 선언'(피해자권리선언) 제2조에서는 범죄피해자에 국한하지 않고 그 가족·피부양자 및 피해자 지원 또는 피해자 방지를 위해 노력하는 과정에서 피해를 당한 사람도 포함하고 있다.[16] 국가 또는 사회도 피해자의 범위에 포함할 수도 있겠지만, 이렇게 너무 넓게 보면 피해자학의 고유한 학문 영역 자체가 불명확하므로 제외시키는 것이 타당하다. 또한 피해자 없는 범죄[17] 또는 피해자와 가해자를 구별할 수 없는 범죄[18]는 피해자학에서 거의 의미가 없음으로 피해자의 개념에서 제외하는 것

---

15) 안동준, "범죄피해자의 법적 지위와 그 발전", 형사정책연구(제3·4호 합병호), 한국형사정책연구원, 1990, 155-156쪽에서는, 형법상 범죄피해자에 한정할 경우 피해자개념이 필연적으로 형법상 보호법익이나 보호이익을 기점으로 하여 형성되기 때문에 그 자체로는 어디까지나 자유롭게 변화하는 속성을 지닌 피해자화의 과정을 간과할 수밖에 없게 되어 새로이 범죄를 규정하거나 또는 기존의 범죄를 더 이상 범죄시하지 않는 '비범죄화작업'을 수행하는 데 있어 가급적 범죄피해자의 범위를 확장하려는 것이 일반적 경향이라고 하면서 피해자개념을 개인적 및 집단적 피해자뿐만 아니라 해당된 법인과 법적 공동체 자체를 포함하고 있다. 우리나라 '성폭력범죄의처벌및피해자보호등에관한법률' 제4조에서도 "성폭력범죄의 피해자를 고용하고 있는 자는 누구든지 성폭력범죄와 관련하여 피해자를 해고하거나 기타 불이익을 주어서는 아니 된다"라고 규정하여 국가가 보호해야 할 피해개념을 확장하고 있다.
16) 피해자학에서는 직접피해자뿐만 아니라 간접피해자도 범죄피해자 보상제도와 관련하여 그 연구 대상이 된다(예컨대, 가족의 구성원 중에 일부가 살해를 당하였다면 살아 있는 가족의 구성원은 간접피해자가 될 수 있다).
17) 예컨대, 폭발물불법소지, 마약 등 불법사용, 무면허운전, 통화위조, 유가증권위조, 인장위조 등의 범죄를 의미한다.
18) 여기에는 당사자 간의 합의가 있는 경우와 피해자 스스로에게 향해진 침해행위로 구분할 수 있는데, 전자의 예로서는 증수뢰, 도박, 복표발행, 음란문서반포·판매, 13세 미만의 부녀와의 성행위, 매춘, 마약밀매, 결투, 동성애 등이고, 후자의 예로서는 마약 등의

이 일반적이다. 이와 같이 피해자 개념은 각각의 법률에서 보호의 범위 또는 권리의 내용에 따라 상대적으로 파악하고 있다.

피해자의 개념은 기본적으로 범죄행위로 침해를 당한 자라는 것에서부터 출발해야 하겠지만, 구체적으로 가해자 또는 침해내용과의 상관관계 속에서 정립될 수 있는 문제이다. 따라서 본 연구에서 다룰 피해자의 개념은 광의의 피해자 개념으로 보고자 한다. 즉 직접적인 '범죄피해자'에 국한하지 않고, 형사절차에 참여 또는 관여하여 파생적·부차적 피해를 입게 되는 자까지 포함시키는 것이 바람직하다고 본다.

2. 형사피해자와의 관계

피해자라는 용어는 우리 실정법에서 범죄피해자, 형사피해자로 규정하고 있다. 범죄피해자는 형사소송법 제259조의 2, 동법 제294조의 2, 헌법 제30조 등에서 '범죄로 인한 피해자'로 규정하고 있다. 이에 반해 형사피해자는 헌법 제27조 제5항에서 "형사피해자는 법률이 정하는 바에 의하여 당해 사건의 재판절차에서 진술할 수 있다"라고 규정하고 있다.

이러한 규정을 볼 때 형사피해자는 범죄피해자보다 넓은 개념이라 할 수 있다. 헌법재판소는 형사피해자의 범위를 반드시 "형사실체법상의 보호법익을 기준으로 한 피해자개념에 한정하지 않고 당해 범죄행위로 말미암아 법률상 불이익을 받게 되는 자"라는 뜻으로 넓게 해석하고 있다.[19] 이에 반하여 "헌법 제27조 제5항의 재판절차진술권

사용, 자기물건방화, 자살, 자상행위, 미성년자의 흡연·음주, 자폭 등을 들 수 있다.

19) 헌법 제27조 제5항에서 형사피해자의 재판절차진술권을 독립된 기본권으로 보장한 취지는 피해자 등에 의한 사인소추를 전면 배제하고 형사소추권을 검사에게 독점시키고 있는 현행 기소독점주의의 형사소송체계 아래에서 형사피해자로 하여금 당해 사건의 형사재판절차에 참여할 수 있는 청문의 기회를 부여함으로써 형사사법의 절차적 적정성을 확보하기 위한 것이므로, 위 헌법조항의 형사피해자의 개념은 반드시 형사실체법상의 보호법익을 기준으로 한 피해자개념에 한정하여 결정할 것이 아니라 형사실체법상으로는 직접적인 보호법익의 향유주체로 해석되지 않는 자라 하더라도 문제된 범죄행위로 말미암아 법률상 불이익을 받게 되는 자의 뜻으로 풀이하여야 할 것이다. 교통사고로 사망한

의 주체를 법률로서 구체화한 것이 형사소송법 제294조의2의 "범죄로 인한 피해자"이며, 동법 제223조에 "범죄로 인한 피해자"인 고소권자와 동법 제225조에 "비피해자인 고소권자"로서 피해자가 사망한 경우의 그의 직계친족을 규정한 취지에 비추어, 교통사고로 사망한 망인의 부모는 재판절차진술권이 보장된 형사피해자로 볼 수 없다"는 소수의견이 있다.[20] 이러한 소수의견은 법의 문리해석상 타당하다고 본다. 그러나 헌법재판소는 기소독점주의 하의 소송구조상 형사피해자를 너무 좁게 해석하면 피해자의 권리가 침해될 가능성이 있기 때문에 형사사법의 절차적 적정성을 확보를 위해 넓게 보고 있는 것 같다.[21]

헌법재판소는 범죄로 인한 사망한 피해자의 처, 교통사고로 사망한 자의 부모, 뇌성마비상태에 있는 3세 이하 어머니 등은 형사피해자로 인정하고 있다. 그러나 고발인, 형사피해자의 동생, 소송대리인, 학교법인의 횡령행위에서 교수나 교수협의회는 형사피해자로 인정하지 않고 있다.

Ⅲ. 현행법상 범죄피해자의 법적 지위

범죄피해자는 형사절차에서 실체적 진실을 발견하기 위한 증거방법의 하나로 인식되어, 고소권자, 증인으로서의 지위만을 가지고 있었다. 특히 범죄피해자는 스스로 피해를 배상받으려면 민사소송을 다시 거쳐야 하고, 가해자가 내는 벌금도 피해

사람의 부모는 형사소송법상 고소권자의 지위에 있을 뿐만 아니라, 비록 교통사고처리특례법의 보호법익인 생명의 주체는 아니라고 하더라도, 그 교통사고로 자녀가 사망함으로 인하여 극심한 정신적 고통을 받은 법률상 불이익을 입게 된 자임이 명백하므로, 헌법상 재판절차진술권이 보장되는 형사피해자의 범주에 속한다: 헌재 2002.10.31, 2002헌마453.

20) 당시 재판관 한대현, 김영일의 별개의견.
21) 그러나 이러한 논란은 2007년 개정된 형사소송법 제294조의 2에서 '피해자' 외에 그 법정대리인(배우자·직계친족·형제자매)을 추가하였기 때문에 별의미가 없다고 본다.

자가 아닌 국고로 들어가는 현실에서 피해자는 또다시 정신적·물질적 피해를 입어왔다. 더욱이 국가는 범죄자에게 형벌을 가함으로써 피해자가 손해배상을 받을 수 있는 여지를 방해하기도 한다. 따라서 형사사법의 '주변적 존재'에 머물고 있는 피해자의 지위를 주체적 지위로 전환하여 피해를 입었던 손해를 회복하는 제도가 절실히 요구된다.

1. 수사 절차에서의 피해자

1) 형사처벌을 요구할 권리

범죄피해자는 형사소송법의 규정에 의하여 수사절차를 개시 혹은 중단할 수 있는 권한을 가진다. 즉 피해자는 고소할 권리가 있고 또한 제1심 판결 전까지 고소를 취소할 수 있도록 하여 형사절차를 종료시킬 수 있는 권리를 가진다. 고소제도는 범죄 피해자에게 범죄자를 처벌할 수 있도록 보장하기 위해 고안된 제도이다. 2007년 형사사건은 2,402,972(기소 1,094,113, 불기소 1,226,617건) 가운데 70여 만 건(30%)이 고소사건이다.[22] 이 통계를 볼 때 적어도 이론상으로는 피해자가 형사절차에 미치는 영향은 크다고 하지 않을 수 없다.

특히 친고죄에 있어서 고소는 수사단서일 뿐만 아니라 소송조건이 되기 때문에 피해자의 고소가 있어야 검사는 공소를 제기할 수 있으며, 반의사불벌죄에 있어서의 처벌의 희망표시 여부는 형사절차를 제한할 수 있다.[23] 이 범위에서 피해자는 처분권을 가진다고 할 수 있다. 한편 검사는 수사가 종결되면 그 결과를 고소인인 피해자에게 통지하게 함으로써 피해자의 권리를 보호하고 있다.[24] 검사의 불기소처

---

22) 대검찰청, 범죄분석, 2008.
23) 친고죄나 반의사불벌죄는 형사절차의 기계적 개시로 피해가 가중되거나 피해자에게 중대한 타격이 가해져 형사사법의 존재의의가 실종될 가능성을 고려한 배려와 피해자를 보호하기 위한 제도라 할 수 있다.
24) 검사는 불기소처분통지(형소법 제258조 제1항)와 불기소처분 이유고지(형소법 제259조)

분에 대해서는 고소인은 항고, 재항고, 재정신청을 통하여 불복할 수 있다.

2) 불기소 처분에 대한 통제권

피해자의 형사절차 참여권은 검사의 공소권행사에 대한 통제를 통해서도 실현된다. 즉 피해자는 검사의 불기소처분에 대하여 항고, 재항고를 할 수 있고,[25] 일반 공무원의 직권남용죄, 인신구속에 관한 직무를 행하는 자의 불법체포·감금죄, 폭행·가혹행위죄에 대해서는 고등법원에 재정신청을 할 수 있다(형소법 제260조).[26] 그러나 2007년 개정 형사소송법(2008년부터 시행)에서는 모든 사건의 범죄로 확대되어,[27] 앞으로 검사의 불기소처분에 대하여 헌법소원은 불가능하게 되었다. 왜냐하면 법원의 재판에 대해서는 헌법소원이 불가능하기 때문이다. 개정형사소송법이 시행되기 전까지는 검사의 불기소처분에 대하여 피해자들은 헌법소원을 통하여 문제를 해결하였다.[28] 이러한 항고와 재정신청은 검사의 기소편의주의와 기소독점주의를 규제하기 위한 법적 장치로서 피해자의 이익을 위한 제도이다.

그러나 항고·재항고 제도는 검사 동일체 원칙이 지배하고 있는 현행 검찰체계에서 부하 검사가 행한 불기소처분을 상급자가 번복한다는 것은 거의 기대하기 어렵기 때문에 실효성을 기대하기 어렵고 실무에서 별 기능을 하지 못하여 형식적 의미밖에 없다고 한다.[29]

를 하여야 한다.

25) 검찰청법 제10조에 규정된 항고제도는 실질적으로 검사의 불기소처분을 규제하는 가장 효과적인 규제수단이라 할 수 있다: 이재상, 신형사소송법, 2007, 324쪽.

26) 이 밖에 공직선거법상의 선거범죄와, 헌정질서파괴범죄공소시효등에관한특례법에서의 헌정질서위반범죄, 의문사진상규명에관한특별법상의 의문사진상규명위원회가 고발한 범죄, 부패방지법상의 부패범죄 등에 대하여 재정신청의 대상으로 규정하고 있다.

27) 개정법은 모든 고소사건으로 제한하고 있기 때문에 고발사건은 제외하였다. 그러나 기존의 형법 제123-125조의 범죄는 고발사건도 가능하다. 재정신청이 전면 확대됨에 따라 재정 신청이 남발되어 피고소인에게 고통을 주고 법원에 부담을 줄 우려가 있고, 불필요한 재정신청을 줄이고 보다 효율적으로 운용하기 위하여 검찰 항고 전치주의를 도입하였다.

28) 2007년 4월까지의 전체 헌법재판소 접수 건수 12,400건 중 67.4%에 해당하는 8,362건이 검사의 불기소처분에 대한 헌법소원이었다. 법부부, 개정형사소송법, 2007, 132쪽.

지금까지는 항고제도를 보완하는 재정신청제도[30]도 대상의 엄격한 제한[31]과 현실적으로 저조한 付審判決定率[32]로 인하여 효율적인 법적 통제 수단이 되지 못하고 있다. 따라서 재야 법조계를 중심으로 논의되고 있는 재정신청제도는 첫째, 법원이 검찰의 공소권 행사에 직접적으로 개입할 수 있다는 점에서 가장 확실한 견제수단이 될 수 있고, 둘째, 최근 검찰수사의 중립성 및 공정성이 불신받는 상황에서 국민들이 사법절차와 관련해 억울하다는 호소를 들어줄 기관이 필요하고, 셋째, 과거에는 재정신청 범위에 제한을 가하지 않았으나 유신헌법하에서 그 범위를 대폭 축소했으므로 이를 원상회복시켜야 한다고 주장하고 있다.

물론 우리나라 사람들의 고소는 일본보다 인구대비 155배나 많아 고소권남용현상이 발생하고 있다. 하지만 억울한 범죄피해자가 범인의 처벌을 요구하는 것이 법적으로 봉쇄되어 겪는 고통과 불만은 더욱 큰 문제이기 때문에 재정신청의 전면 확대는 당연하다고 본다.[33]

---

29) 배종대·이상돈, 형사소송법(제7판), 홍문사, 2006, 339쪽; 신현주, 형사소송법, 박영사, 2002, 447쪽.

30) 재정신청제도는 검찰의 공소권 행사의 남용을 견제하는 것을 목적으로 하여 1954년 대통령의 형사소송법 거부권 행사 후 국회의 재의결로 모든 고소·고발사건을 대상으로 처음 도입 후, 1973년 유신헌법으로 형소법이 개정되면서 그 대상을 수사기관의 인권침해죄(형법 제123－125조)로 대폭 제한했다. 그 후 1987년 헌법소원 인정, 1994년 통합선거법상의 선거범죄 및 1995년 5.18 특별법상의 '헌정질서파괴범죄'에도 재정신청을 인정했다.

31) 재정신청의 대상인 범죄를 한정하는 것에 대해 다툼이 있지만 판례는 헌법에 합치된다고 하고 있다. 즉 헌법 제27조 제1항의 규정은 형사사건에 있어서 국민이 소추된 경우에 피고인으로서 법원의 재판을 받을 권리를 박탈당하지 아니한다는 것을 의미하고 피해자소추주의 또는 일반소추주의를 보장한 규정은 아니고, 검사가 공소를 제기 않는 경우 고소 또는 고발을 한 자가 검사로부터 그 통지를 받아 재정신청 할 수 있는 범위를 형법 제123조 내지 제125조의 죄로 한정한 형사소송법 제260조 제1항은 동법 제246조의 국가소추주의에 대한 예외규정에 불과하므로 이는 헌법 제27조 제1항에 위반된다 할 수 없다(대판 1983. 7. 14, 83모23; 대판 1984. 1. 25, 83모57).

32) 모든 범죄에 적용된 1971－1973년까지는 4,706건 중 54건이 인용되었고, 1974－1996년에는 1,884건 중 11건 만이 인용되었다.

33) 재정신청 전면 확대에 대한 검찰의 입장은, 첫째, 2006년의 경우 전체 형사사건 중 고소·고발사건이 37.3%나 되며 이 가운데 불기소처리 비율은 약 50%로 고소·고발남용 현상이 매우 심각한 상태이고, 둘째, 이런 상황에서 재정신청 범위를 전면 확대할 경우 검찰의 공소권행사의 공정성 문제보다 오히려 민사적 이해관계가 첨예한 사기, 횡령, 배임

하지만 고소인의 이익을 보호하기 위해 재정신청을 전면 확대하게 되면 오히려 무고한 피고소인이 불이익을 받을 우려가 있다. 이러한 우려 때문에 개정형사소송법은 재정신청이 가능한 사건에 대해서는 검찰 재항고를 할 수 없게 하고, 재정심리 기간도 3개월로 제한하였을 뿐만 아니라 법원의 재정신청 기각 결정에 대해서는 더 이상의 불복을 허용하지 않고 있다. 또한 부당하게 재정신청을 한 경우와 재정신청을 기각하거나 취소할 경우, 법원은 재정신청인에게 재정신청으로 인한 비용 및 피고소인이 부담하였거나 부담할 변호인 선임료 등 비용의 전부 또는 일부를 부담하게 할 수 있다.

2. 공판절차에서의 피해자 진술권

종래(형소법 개정 전) 피해자는 법원이 직권으로 증인으로 채택하지 않는 한 공판절차에서 의견을 진술할 권리는 인정되지 않았다. 즉 검사, 피고인, 변호인에게만 증인신청권이 인정되었다. 하지만 헌법 제27조2항과 형사소송법 제294조 2의 규정으로 피해자도 자신이 피해자인 사건에 관하여 공판정에서 진술할 기회를 가지게 되었다. 가정폭력방지법도 형소법과 유사하게 피해자의 의견진술권을 규정하고 있다.[34]

개정 형사소송법은 피해자진술권의 신청자를 피해자에서 피해자와 그 법정대리인으로 확대하였고, 피해자가 수사절차에서 충분히 진술한 경우에도 할 수 있고, 또한 피해자가 법정에서 진술할 수 있는 내용을 구체화[35]하였다는 점에서 피해자의 보호

등의 고소사건에 대한 재정신청이 급증해 결국 이 제도가 민사적 분쟁해결수단으로 전락하는 결과를 초래하고, 셋째, 재정신청제도는 공소제기를 의제하는 데 그칠 뿐 적극적인 수사를 강제하는 제도가 아니므로 증거 불충분으로 '혐의 없음' 처분을 받은 사건에 대해서는 이 제도를 통해 권리구제의 실효성을 기대할 수 없다는 것 등의 이유로 반대하고 있다.

34) 동법 제33조 제2항에서 법원이 피해자를 신문하는 경우에는 당해 사건에 관한 의견을 진술할 기회를 주어야 한다고 규정하고 있다.

35) 피해의 정도 및 결과, 피고인의 처벌에 관한 의견 등.

를 두텁게 하였다고 할 수 있다.

그러므로 이론상으로는 범죄로 인하여 피해를 입은 사람은 당해 사건의 공판절차에 참여하여 의견을 제시함으로써 자신의 이익을 지킬 수 있게 되었다. 따라서 피해자는 공판정에 적극적으로 참여할 기회를 갖게 되었으며, 그만큼 피해자의 지위가 개선되었다고 할 수 있다. 동시에 실체진실의 발견 또는 양형의 적정을 위해서도 반드시 필요한 제도라 할 수 있겠다.

하지만 여전히 피해자 등을 증인으로 신문하고 있어 피해자의 자유로운 진술을 방해할 수 있고, 보통 피해자는 공판과정에서 증인의 지위로서 법관이 피해의 확인 차원에서 진술을 할 기회를 주고 있어 진술권 배제사유 중의 하나인 '공판정에서의 충분한 진술'을 삭제하지 않는 이상 소송의 지연을 이유로 허락하지 아닐 확률이 높다. 우리 헌법 제29조 제5항의 '형사피해자의 진술권'은 피해자 자신이 자기의 권리구제를 실현하는 규정이다. 이 조항은 형사절차에 있어서 증인으로 출두할 권리가 아니고, 피해자가 자신의 권리를 방어하고 주장하기 위한 피해자의 적극적인 진술권이다.[36]

따라서 피해자의 진술권은 일본처럼 증인의 지위가 아닌 그야말로 피해자의 지위에서 위증처벌의 부담 없이 자유로운 진술을 할 수 있게 하여야 하고,[37] 또한 형사소송법 제294조의2 제1항 2[38]을 삭제하여야 한다고 본다.

또한 진술권을 행사하는 데 필요한 요건이나 행사방법 및 절차의 미비, 신속한 재판이라는 형사소송의 이념 달성, 피해자의 개인적 감정에 의해 재판이 좌우되거나 악의의 피해자가 진술권을 남용할 우려 때문에 헌법과 형사소송법에서 규정하고 있는 피해자의 진술권이 제대로 정착되기는 쉽지 않다고 본다.[39]

---

36) 김철수, 헌법학개론(제17판), 박영사, 2005, 918쪽.
37) 일본은 형사소송법 제292조의2에서 증인의 지위가 아닌 피해자의 자유로운 진술권을 보장하고 있다.
38) 피해자 등 이미 당해 사건에 관하여 공판절차에서 충분히 진술하여 다시 진술할 필요가 없다고 인정되는 경우에는 피해자를 증인으로 신문하지 않을 수 있다.
39) 공판정에서의 피해자의 진술권에 관해서는, 박상식, "범죄피해자의 의견진술권에 관한 연구", 피해자학연구(제14권 제1호), 한국피해자학회, 2006, 75-110쪽 참조.

3. 피해자의 정보제공권과 변호인의 선임권

1) 정보제공권

범죄피해자의 가장 기본적인 권리 중의 하나가 자신이 당사자인 사건에 관한 정보를 제공받는 것이라고 할 수 있다. 미국, 독일, 일본 등에서도 명문으로 인정하고 있다.[40) 이러한 정보제공권은 형사절차에 있어서 피해자의 인격권을 보호할 수 있을 뿐만 아니라 실질적인 절차 참여권의 보장 하에 피해자의 알권리를 충족할 수 있다.[41)

만약 피해자가 수사 및 공판절차의 진행상황에 대한 정보를 제공받지 못한다면 향후 진행될 절차 과정에서 또 다른 피해를 입을 수 있다. 따라서 피해자에게 자신을 방어할 수 있는 정보를 미리 제공함으로써 피해자를 보호할 수 있을 것이다.[42) 그러나 정보제공이 단지 사법제도에 대한 피해자의 신뢰를 유지하기 위한 수단은 아니라고 본다.

정보제공으로 인하여 피해자가 구체적으로 얻을 수 있는 이익으로는 첫째, 범죄피해로부터 정신적 회복과 불안의 경감, 둘째, 재 피해의 방지, 셋째, 범죄에 의한 재산적 손해의 회복, 넷째, 형사절차에 대한 감시 등이다.

형사소송법에도 고소·고발사건의 경우 공소제기의 여부, 공소취소 및 타관송치 등의 처분취지의 고지(형소법 제258조 제1항), 검사의 고소, 고발사건에 있어 피해자 등의 청구가 있는 때에는 불기소처분의 이유 설명(동법 제259조) 등 수사종결처분에 관한 알권리를 어느 정도 보장하고 있다.

하지만 이러한 통지의 취지를 검찰은 좁게 해석하여 극히 제한적으로 해석하여 피해자에게 알려주고 있다. 예컨대, 피의자를 구속기소할 경우 '구속 구 공판'이라고

---

40) 太田達也, "被害者に對する情報提供の現狀と課題", ジュリスト(제1163호), 有斐閣, 1999, 22頁; 新屋達之, "刑事節次における情報提供", 法律時報 제71권 10호, 日本評論社, 1999, 23頁.

41) 박광섭, "피해자의 권리 보호", 전북대학교법학연구소, 법학연구 제22집, 2001, 88쪽.

42) 결국 방어권은 피고인의 전유물이 아니고 피해자의 권리일 수도 있다.

만 통보해주고 있다.43) 이 경우 피해자가 공소장 복사를 요구하면 피의자 인권을 이유로 거부한다.44) 불기소의 경우 불기소 이유를 설명하지만 구체적인 내용을 알 수 없어 항고와 재정신청을 어렵게 한다.

사실 검찰은 '범죄피해자보호지침'(2004.10.1)에 따라 피해자 등이 원하는 경우에 한하여 사건처분 결과, 공판개시, 재판결과 등을 통지하도록 하고 있지만, 제대로 시행되고 있지 않았다. 따라서 2007년 개정된 형사소송법 제259조의 2에서 "검사는 범죄로 인한 피해자 또는 그 법정대리인(피해자가 사망한 경우에는 그 배우자·직계 친족·형제자매)의 신청이 있는 때에는 당해 사건의 공소제기 여부, 공판의 일시·장소, 재판결과, 피의자·피고인의 구속·석방 등 구금에 관한 사실 등을 신속하게 통지 하여야 한다"라고 규정하여 어느 정도 피해자의 알권리를 보장하였다고 할 수 있다.

또한 2005년 제정된 '범죄피해자보호법' 제8조에서도 범죄피해자가 신청이 있으면, 가해자의 수사결과, 공판기일, 재판결과, 형 집행 및 보호관찰 집행 상황 등 형사절차 관련 정보를 알려주도록 하고 있다.

2006년 12월 법무부에서 계획한 '범죄피해자 보호·지원에 관한 기본계획'안에도, "가해자의 가출소 일자, 석방예정일자, 석방 후의 주소 등에 대한 정보"와 "가해자의 수용장소, 가해자의 처우에 관한 정보" 및 "가해자의 보호관찰 처분 내용 및 진행상황 정보"까지 광범위하게 피해자에게 제공하는 방안을 제시하고 있다.45)

하지만 이 모두 피해자의 신청이 있는 경우에만 가능하고, 또한 신청하더라도 결과의 통지에 그치고 있고 구체적인 내용에 대해서는 피의자의 인권침해를 이유로 제대로 시행되지 못하고 있는 것이 현실이다. 따라서 피해자의 신청과 상관없이 또한 법무부의 기본계획안46)처럼 가해자의 구체적인 정보를 알려주어야 피해자를 진

---

43) 실제 친아버지로부터 성폭행을 당한 피해자에게 검찰이 통지한 것은 '구속 구 공판'이라는 어려운 법률 용어만 간단히 기재되어 있어 무슨 내용인 지를 전혀 몰라 법적 조치를 취하지 못하였다고 한다.

44) 검찰은 통상 고소인은 고소 이유를 알고 있지만, 고소를 당한 사람은 그렇지 못하고, 국내 고소 사건의 70-80%가 무혐의 처리되는데 수사기록을 복사를 요구하는 것은 문제가 있다고 한다.

45) 법무부, 범죄피해자 보호·지원에 관한 기본계획, 2006,12, 30쪽.

46) 법무부의 계획안에 대하여 국가인권위원회에서는 '가해자의 주소', '해자의 수용장소, 가

정하게 보호한다고 할 수 있겠다.

그나마 다행인 것은 경찰은 수사과정에서의 사건처리진행상황을 피해자가 요구와 상관없이 통지하고 있다. 즉 경찰은 사건진행상황에 대하여 수사중, 수사종결,[47] 수사결과에 대한 주요내용,[48] 담당자(소속 및 연락처) 등을 상세하게 통지하고 있다. 뿐만 아니라 피해회복에 도움이 되는 각종 제도[49]에 대하여도 비록 문서의 형식이지만 알려주고 있다.[50]

한편 공판단계에서도 상대피고인 측의 증인채택여부, 증거조사 등에 대해서 알길이 없다. 즉 피해자가 관심을 갖는 것은 범인의 체포, 구속여부, 공소제기여부, 공소기각여부, 보석청구 및 허가여부, 구속집행정지 여부, 판결 결과 등이다. 법원에서는 재판의 과정 중에 피해자의 진술이 필요할 때, 증인의 신분으로 참여하라는 통지가 전부이다. 이 또한 재판의 과정에서 진술이 끝나면 더 이상 피고인에 대한 재판의 결과를 알 수 없는 것이 현실이다. 따라서 이러한 내용에 대해서 수사기관, 법원은 피해자에게 의무적으로 피해자에게 통지함으로써 알권리를 충족할 수 있게 해야 하겠다.[51]

해자의 처우에 관한 정보' 등은 범죄자의 인격권 및 프라이버시를 침해할 위험이 있다고 하면서 반대하는 입장을 보이고 있다: 국가인권위원회, '법무부 피해자 보호·지원에 관한 기본계획에 대한 의견표명', 2007.9.

47) 내사종결, 사건이송(이송관서명), 검찰청에의 송치여부 등을 통지하고 있다.

48) 예컨대, 고소인께서 피고소인의 00죄로 고소한 사건에 대하여 피의자를 조사 후 ○○지청 ○○○검사의 지휘를 받아 기소 의견으로 송치하였기에 알려드린다는 형식으로 통지하고 있다.

49) 범죄피해자구조법상의 범죄피해자 구조 신청제도, 소송촉진등에관한법률상의 손해배상명령, 자동차손해배상보장법상의 무보험 차량 교통사고 뺑소니 피해자 구조제도 등.

50) 범죄피해자보호규칙(2004. 8. 17 경찰청훈령 제428호), 제11조 참조.

51) 다만, 1998년 8월 31일 제정되고 2001년 6월1일부터 시행된 '특정범죄신고자등보호법' 제15조에서 범죄 신고자 등이나 그 친족 등이 보복을 당할 우려가 있는 경우에는 검사 또는 사법경찰관은 피의자, 피고인의 체포·구속 및 가석방·형 집행정지·형기만료나 보안처분종료 등으로 인한 교정시설 등에서의 출소사실이나 도주사실 등 재판 및 신병에 관련된 변동사항을 범죄 신고자 등 그 법정대리인 또는 친족에게 통지하도록 하고 있다. 하지만 이 규정은 강제규정이 아니고 재량규정으로 되어있기 때문에 범죄 신고자를 보호하기 위한 실질적인 조치라고 보기 어렵다.

2) 변호인의 조력을 받을 권리

헌법은 피고인·피의자의 방어권 보장을 위하여 변호인의 조력을 받을 권리를 보장하고 있고 형사소송법에서 이를 구체화하고 있다. 즉 변호인의 조력을 받을 권리는 법률상 피의자·피고인과 그들과 관계있는 자들에게만 한정하고 있다.[52] 그러나 범죄피해 후 깨어진 평온상태를 수습하기에 여념이 없는 피해자도 피의자·피고인과 마찬가지로 법률상 門外漢임에 틀림없는 것은 사실이다. 따라서 형사절차에서 자기에게 인정된 권리를 적절히 행사하고 심리적 안정 상태에서 진술을 할 수 있도록 하는 변호인선임권이 필요하다고 본다.[53]

법원은 공평한 제3자의 지위에서 실체적 진실을 밝히는 데 여념이 없어 피해자의 고통과 피해자가 극복해야 할 어려움은 헤아리지 않는다. 검사 또한 수사와 공소제기에만 전념하고 한편으로는 피의자·피고인의 이익 되는 진술도 하여야 함으로 피해자보호와는 상당한 거리를 두고 있다.[54] 변호인 역시 의뢰인의 실질적 이익을 위해 최선을 다하여야 함으로 오히려 피해자를 범죄유발자로 매도하기까지 한다.

따라서 이러한 위치에 있는 피해자는 형사사법의 전 단계의 문제를 스스로 해결할 수밖에 없다. 즉 피해자는 소송주체인 피고인을 보조하는 형사변호인과 소추이익과 관련한 객관의무를 실현하는 검사 사이에서 보호의 공백 상태에 빠져 미아가 되어버린다. 이러한 또 다른 소송주체인 피해자를 보호하는 것을 임무로 하는 국가가 무관심하다면 국가의 형사사법에 대해서는 절반의 신뢰를 보낼 수밖에 없다. 이

---

52) 독일은 '증인'에 한정하여 변호인선임권을 인정하다가 1987년 형사소송법의 개정으로 모든 피해자에게 변호인선임권을 보장하고 있다(StPO 제406조의 f).

53) 1997년 8월 개정된 성폭력범죄의처벌및피해자보호등에관한법률 제22조의 2는 "법원은 성폭력범죄의 피해자를 증인으로 신문하는 경우에는 검사 또는 피해자의 신청에 의하여 피해자와 신뢰관계에 있는 자를 동석하게 할 수 있고 수사기관도 위의 피해자를 조사하는 경우에는 피해자의 신청에 의하여 피해자가 지정하는 자를 동석하게 할 수 있다"고 규정하여 피해자에게 심리적 안정 상태에서 형사절차에 참여할 수 있도록 하였다.

54) 특히 검사는 원칙적으로 피해자를 보호하는 법률전문가가 아니라 범죄피해자로 추정되는 자에 대해 실체진실발견의 이익을 우위에 두기 때문에 종종 피해자를 불편하게 하는 신문 상황을 이용해야 하는 경우가 많다.

를 극복하여 피해자를 돕고자 하는 제도가 바로 범죄피해자변호인제도이다.

검사가 피해자를 대신하여 피해자를 보호하고 피해자의 이익을 관철시켜주는 역할을 기대할 수 있지만 이 역시 근본적인 한계가 있다. 민사절차와 형사절차가 분리된 이후 피해자는 형사절차에서 중립화되었다. 비록 외국의 통계이긴 하지만 실제로 피해자들의 1/3 정도가 검사는 객관적인 수사기관이어야 할 뿐 아니라 피해자를 위한 이익대변자이기도 한다는 생각을 하고 있다.[55] 하지만 검사가 피고인의 정당한 이익을 옹호할 공익적 지위와 객관적 의무를 지고 있는 자라면 검사는 피해자의 보호 주체가 될 수 없다.

따라서 피해자를 소송의 주체적 자격을 인정하여 형사절차 속으로 편입하는 바람직하다고 본다. 문제는 피고인의 이익과 피해자의 이익 간에 해결 불가능한 충돌관계에 있을 때 법원과 경찰이 일방적으로 피해자 편에 선다면 피고인과 적대관계를 형성하여 피고인을 위태롭게 할 수 있다.

한편 형사변호인의 존재의의가 피고인의 방어권 보장을 위한 무기평등을 원칙을 실현하는 데 있듯이 피해자변호인 존재 의의 역시 피고인 변호인과의 무기평등의 원칙의 실현에 있다고 말할 수 있다. 만약 무기평등을 반대하면 검사는 피고인과의 관계에서 일방적인 지위에 서게 되어 객관적 의무가 위태롭게 된다.

피해자들을 법률전문가의 조력을 받을 수 있게 제도적 장치를 마련하는 것이 법치국가의 당연한 귀결이다. 즉 형사절차 내에서 피해자의 적극적인 이익을 대변해줄 수 있는 계기를 마련하여 그것이 현실화될 수 있도록 하는 것이 오늘날 형사정책이 지향해야 할 지표라고 할 수 있다. 따라서 피해자가 형사절차에 있어서 참고인 내지 증인의 지위에서 벗어나 적극적으로 보호를 받기 위해서는 변호인의 조력을 받을 권리를 인정하여야 한다.

---

55) Kilchling, NStZ, 2002, S. 61.

Ⅳ. 우리나라의 범죄피해자관련 법률

우리나라에서도 외국과 마찬가지로 많은 곳에서 범죄피해자를 위하는 규정을 두고 있다. 대표적으로는 헌법, 범죄피해자구조법, 소송촉진등에관한특례법, 범죄피해자보호법 등이 있다.

1. 범죄피해자구조법

1987년의 헌법 개정으로 범죄피해자구조청구권(제30조)과 형사절차에서의 피해자의견진술권이 도입되었다. 이 규정에 따라 1987년 11월에 '범죄피해자구조법'이 제정되었다. 동법은 사람의 생명 또는 신체를 해하는 범죄행위로 인하여 사망한 자의 유족이나 중장해를 당한 자를 구조함을 목적으로 하는 것으로 범죄행위로 인한 피해의 구조를 경제적 측면에서 실현하는 법률이다. 다만, 이 법에 의한 구조금 지급의 요건으로 피해의 범위가 피해자의 사망이나 신체의 중장해(신체장해 1-3등급)[56]로 제한되어 있고, 범죄피해를 야기한 가해자의 불명이나 무자력 외에도 범죄피해자의 생계유지곤란[57]을 추가로 요구하고 있어 요건이 너무 까다롭다는 비판이 제기되고 있다. 또한 구조금지급 거부사유가 광범위하고, 구조금액(사망의 경우 1,000만 원, 중장해의 경우 600만 원 이하)이 비현실적이라는 문제점이 지적되고 있다.[58]

---

56) 일반장애등급은 1-14등급.
57) 그러나 최근 '피해자의 생계유지 곤란'이라는 요건을 삭제하고 구조금을 받을 수 있는 유족의 범위를 피해자에게 생계를 의존하지 않는 피해자의 자, 부모, 손자, 조부모, 형제자매 등 유족에게까지 확대했다. 구조금의 지급신청 기간을 범죄피해의 발생을 안 날부터 2년으로 연장하고 범죄피해자구조심의회의 직권으로만 가구조금지급결정을 하도록 한 것을 당해 피해자도 가구조금지급신청을 할 수 있도록 수정했다.
58) 중장해의 경우 1급 600만 원, 2급 400만 원, 3급 300만 원으로 금액이 너무 적고 국민들

표 1 연도별 범죄피해자 유족구조금

연 도	접수건수	접수금액	지급건수	지급금액
2001	89	9억원	64	6억 810만원
2002	73	7억 3800만원	46	4억 5150만원
2003	78	7억 7820만원	51	4억 8900만원
2004	118	11억 7300만원	65	6억 1100만원
2005	189	18억 7033만원	102	9억 7813만원
2006	172	17억 2000만원	103	10억 100만원

〈자료: 법무부〉

범죄피해구조 대상자로 선정되기 위해서는 의료기관 등에서 범죄피해에 따른 장애등급 확인서를 받고 이를 각 지방검찰청 범죄피해자구조심의회에 신청하여야 한다. 범죄피해자구조법에는 장애등급을 즉시 결정해야 한다고 되어 있지만, 현실은 신청 뒤 결정까지 수개월이 걸리고 피해자가 주로 생계를 책임지고 있다는 점을 입증해야 하는 등 절차가 복잡하다.

'피해자의 생계유지 곤란'이라는 규정이 삭제되었지만(2006년 6월), 그 이후에도 뚜렷한 이유 없이 구조대상자로 선정되지 않는 경우가 많다. 한편 범죄피해구조 정책은 보상금 지원에 한정되어 있어, 피해자 가족들이 정신적 충격으로 자살하는 등의 2차 피해를 예방하는 시스템은 갖추지 못하고 있다.

뿐만 아니라 범죄에 의하여 장애등급이 상해를 입은 피해자는 그 치료가 끝나고 그 결과 장애인이 되거나 사망한 경우에만 보상을 받을 수 있기 때문에, 치료가 필요하지만 가해자로부터 치료비를 받을 수 없거나 자기가 부담할 능력도 없는 피해자는 범죄로 인하여 입은 상해를 치료받을 방도가 없다.

에게 홍보가 되지 못하여 제대로 활용하지 못하고 있다. 2003년 87건 신청에 57건(65%) 5억 1,700만 원, 2004년에는 123건의 74건의 6억 4,940만 원이 지급되었다. 이는 일본(2003년)의 502건 신청에 487건(97%) 147억 5,000만 원 지급에 비하면 저조한 실정이다. 내년(2008)부터 범죄피해자 유족구조금을 최대 1,000만 원에서 3,000만 원으로 증액하고 장해구조금도 현재 3등급에서 10등급으로 세분화해 구조금액을 상향할 예정이라 한다.

2. 소송촉진등에관한특례법

1) 배상명령

소송의 지연을 방지하고 국민의 권리의무의 신속한 실현과 분쟁처리의 촉진을 기할 목적으로 일정한 범죄[59]에 관하여 유죄판결을 선고할 경우에 법원은 직권 또는 피해자나 그 상속인의 신청에 의하여 피고사건의 범죄행위로 인하여 발생한 직접적인 물적 피해[60] 및 치료비 손해의 배상을 명할 수 있는 배상명령제도가 도입되었다.

배상명령이란 법원이 직권 또는 피해자의 신청에 의하여 피고인에게 피고사건의 범죄행위로 발생한 손해의 배상을 명하는 절차를 말한다. 이는 형사절차에서 유죄판결과 동시에 손해배상판단을 함께할 수 있으므로 附帶私訴(zivilrechtlicher Annex) 또는 附帶訴訟(Adhäsionsprozeß)이라고도 한다.[61] 우리나라에서는 피해자에게 신속한 피해 배상과 소송경제를 도모[62]할 수 있고 형사판결과 민사판결의 모순도 피할 수 있는 장점이 있을 뿐만 아니라 피고인의 개선 및 재사회화에 기여에 도움이 된다는 점에서 1981년 '소송촉진 등에 관한 특례법' 제25조에 규정하였다. 이 제도의 시행으로 범죄피해자는 범죄자를 상대로 별도의 민사소송절차를 거치지 아니하고 형사재판에서 배상을 받을 수 있도록 하였다. 하지만 배상명령제도는 홍보부족과 제도자체의 한계[63]로 인하여 제대로 시행되지 못하고 있다.[64]

---

59) 상해, 중상해, 상해치사, 폭행치사상, 과실치사상, 절도와 강도, 사기와 공갈, 횡령과 배임, 장물과 손괴죄를 말한다.

60) 2005년 12월 1일 동법의 개정으로 직접적인 물적 피해, 치료비손해 외에 위자료도 청구할 수 있도록 하고 있다.

61) 범죄로 인한 피해배상을 하고 있는 입법 예는, 영국에서 실시하고 있는 실체법상 배상을 형벌의 일부로 규정하는 배상명령과, 독일에서 실시하고 있는 형사소송절차에서 피해배상에 관하여 민사판결과 같은 효력이 있는 附帶訴訟制度의 2개의 유형이 있다. 이 중에서 우리나라는 후자에 해당한다.

62) 배상신청에 있어서 印紙의 면제(소송촉진법 제26조), 소송비용의 국고부담(소송촉진법 제35조)으로 피해구제가 가능하다.

63) 동법 제25조 3항에서 광범위한 배척사유를 규정하고 있다. 즉 ① 피해자의 성명·주소가 분명하지 아니한 때, ② 피해금액이 특정되지 아니한 때, ③ 피고인의 배상책임의 유

2) 문제점

배상명령의 대상이 피해의 범위와 존부를 판단하기 용이한 범죄로 제한되어 있고,[65] 범위도 범죄로 인하여 발생한 직접적인 물적 피해와 치료비의 배상에 제한되어 있어 정신적인 손해에 대한 위자료의 배상은 물론 간접적인 배상(기대이익의 상실)을 명할 수 없기 때문에 불완전한 피해자구제제도라고 보는 것이 일반적이다. 또한 민사소송보다는 변론주의가 철저하지 못한 형사절차에서 피고인의 완전한 방어에 지장이 있고, 제도의 목적과 구체적 적용규범이 다른 두 개의 재판을 동시에 동일한 법관에게 부담시키는 것은 부당하고, 배상명령으로 인하여 공판절차가 현저히 지연될 우려가 있다는 등의 비판이 제기되고 있다. 따라서 배상명령제도의 취지의 소박한 발상에도 불구하고 실제로는 기능하기 어려운 제도이므로 입법론적으로 재고를 요하며 실무상으로는 거의 死文化된 제도라고 할 수 있다.

한편 성폭력범죄에 대해서 배상명령이 인정되지 않는데 오히려 성폭력피해자에게 배상명령이 인정되면 피해자는 필요한 치료비 등을 받아낼 수 있다고 본다. 이렇게 되면 신속한 피해회복을 기대할 수 있고 동시에 피해자의 명예보호라는 측면에서 사실상 가장 적절한 대상범죄라고 할 수 있다.

특히 성폭력범죄는 물질적 피해보다도 정신적 피해를 입는 경우가 많으므로 정신적 피해에 대해서도 배상의 범위에 포함하도록 하는 방안을 고려해 볼 필요가 있다. 미국의 여성폭력방지법에 의하면 법원은 성범죄자인 피고인에게 법이 규정한 민·형사상 처벌 외에 의무적으로 배상명령을 하도록 하고 있다.[66]

무 또는 그 범위가 명백하지 아니한 때, ④ 배상명령으로 인하여 공판절차가 현저히 지연될 우려가 있거나 형사소송절차에서 배상명령을 함이 상당하지 아니하다고 인정한 때에는 배상명령을 신청할 수 없다.

64) 2003년에는 3,480에 660(21.6%), 2004년에는 3,151건의 청구에 756건(20.3%), 2005년에는 3,743건에 802건(24.5%), 2006년에는 4,258건에 858건(21.0%)에 그쳤다.

65) 상해죄·중상해죄·상해치사죄와 폭행치사죄 및 과실사상의 죄(형법 제26장), 절도와 강도의 죄(제38장), 사기와 공갈의 죄(제39장), 횡령과 배임의 죄(제40장), 손괴의 죄(제42장)에 한정되어 있다.

66) 이때 피고인은 '피해자의 총 손실액'을 피해자에게 지불해야 하는데 여기서의 총 손실액

3) 최근의 법 개정(2005년 12월 4일)

기존의 배상명령제도가 배상범위의 제한 등으로 실제 활용이 크지 아니하였던 점을 감안하여 배상명령을 모든 범죄로 확대하였다. 또한 형사재판상 화해절차를 신설하여, 범죄피해자와 피고인 간에 피고사건과 관련된 민사분쟁에 대한 합의가 성립된 경우 법원에 신청하여 공판조서에 그 취지를 기재하고 이러한 기재가 이루어진 경우 민사상 '재판상 화해'와 동일한 효력을 부여하여 피해자의 권리를 향상시켰다. 또한 직접적인 물적 피해, 치료비손해 외에 위자료도 청구할 수 있도록 하고 있다.

3. 형사소송법

형사소송법은 수사기관, 피의자(피고인) 및 법원을 형사절차의 당사자로 규정하고 있으나 범죄피해자는 당사자의 지위에 포함되지 아니하고 참고인(증인)의 지위에 한정되어 있다. 다만, 형사소송법에 의하면 범죄피해자는 고소권이 있고, 증인으로서 진술권이 있으며, 피고인 등이 퇴정한 상태에서 진술할 수 있도록 하고 있다.

정부는 최근(2006. 1 - 2006. 7) 입법예고를 통하여 2007년 4월 30일 국회를 통과함으로써 1954년 제정 이후 반세기 만에 형사소송법이 대폭 개정되었다. 개정안을 보면 피의자의 인권뿐만 아니라 피해자의 권리를 대폭 확대하였다.

1) 피해자 등의 진술권(형소법 제294조의 2)[67]

피해자진술 신청 대상자를 피해자만이 할 수 있었던 것에 대하여 피해자가 사망한 경우에는 배우자·직계친족·형제자매 등이 할 수 있도록 하였다. 또한 현행법

이라는 것은 피해자의 치료비, 교통비, 임시주거비, 자녀양육비, 수입손실, 변호사비용과 기타 범죄로 인하여 피해자가 받은 모든 손해를 의미한다.

67) 헌법 제27조제5항에서 "형사피해자는 법률이 정하는 바에 의하여 당해 사건의 재판절차에서 진술할 수 있다"라고 규정하고 있다.

은 피해자가 '수사절차 또는 공판절차'에서 충분한 진술을 했다고 인정되는 경우에는 피해자진술권이 인정되지 않지만, 개정법에는 '수사절차'에서의 진술은 삭제되어 피해자 등의 진술권 범위를 확대하였다.

일본의 경우 피해자의 신청이 있는 경우 증인으로 신문하지 아니하게 하여 위증처벌 등의 위험을 없애 자유롭게 진술하도록 하고 있다. 미국의 경우 피해자가 양형절차에서 피해결과를 진술하는 VIS(Victim Impact Statement)와 양형에 대한 의견을 진술하는 VSO(Victim Statement Opinion)을 규정하여 피해자를 최대한 보장하고 있다.[68] 이러한 규정들의 찬·반이 논쟁되고 있지만 미국의 대부분의 주에서는 시행하고 있다. 영국, 독일, 프랑스는 사인소추(action civil)가 존재하고 특히 독일은 부대공소(Nebenklage)제도를 두어 피해자의 공판절차의 참여를 보장하고 있다.

2) 피해자진술과 인적사항의 비공개

헌법 제109조와 법원조직법 제57조는 국가의 안전보장·안녕질서 또는 선량한 풍속을 해할 우려가 있을 때에는 공개하지 않을 수 있다고 하고 있다. 이에 따라 지금까지는 성폭력피해자에 대하여 그들의 사생활보호를 위하여 심리를 공개하지 않았다가, 개정형사소송법은 모든 범죄피해자에 대하여 사생활의 비밀이나 신변보호를 위하여 심리를 공개하지 아니할 수 있게 하여 헌법이 보장하고 있는 피해자의 법정진술권을 실질적으로 보장하였다(형소법 제294조의 3).

한편 성폭력범죄의처벌 및 피해자보호등에 관한법률 제21조는 성폭행 피해자를 보호하기 위해 '성폭력범죄의 수사 또는 재판을 담당하거나 관여하는 공무원은 피해자의 인적사항 등을 공개하거나 타인에게 누설해서는 안 된다'고 규정하고 있다. 하지만 현행 형사소송법 제55조가 피고인의 방어권을 보장하기 위해 '피고인은 공판조서의 열람 또는 등사를 청구할 수 있다'고 하고 있어 피해자의 권리보호와 피고인의 권리보호 사이에 충돌이 일어나고 있다. 실제로 최근 법원에서 피해자의 인

---

68) 미국의 경우, 박상식, 범죄피해자의 의견진술권에 관한 연구, 피해자학연구, 한국피해자학회, 2006 참조.

적사항을 열람·등사하게 하여 범죄자가 피해자를 협박하는 사건이 일어나 문제가 되었다. 따라서 앞으로 성폭력 범죄 피해자를 위해 소송 관계 기록의 공개범위를 제한하는 별도의 입법조치가 필요하다고 본다.

3) 형사기록 열람·등사권

개정 형사소송법은 피해자 등에게 공판기록의 열람·등사를 신설하였다(개정 형사소송법 제294조의4). 그동안 대검예규로 인정하여 오던 것을 입법화하였다.[69] 이는 피고인·변호인 등의 부당한 공격에 대한 방어권 확보와 형사절차의 참여 및 손해배상 등을 수행하기 위한 피해자의 권리를 보호하는 것으로 의미가 크다고 할 수 있다.

독일과 일본[70]에서도 피해자의 권리보호를 위해서 인정하고 있다. 다만 독일은 피해자의 고소남용 등에 대비하여 민사소송 등 오로지 정당한 이익을 갖는 피해자에 한하여 변호인을 통하여 형사기록을 열람케 하고 있다(독일 형소법 제406조e). 이는 피고인의 정보를 보호하기 위한 조치인 것 같다.

문제는 개정 형사소송법상의 피해자 소송기록열람·등사권은 피고인의 소송기록열람·등사권[71]과는 달리 '예외적 허용'으로 규정하고 있다는 것이다. 즉 피해자의 소송기록열람·등사권은 일정한 허가요건이 갖추어지면 허가하고 그렇지 않으면 허가하지 않는다는 것이다. 따라서 일정한 제한요건을 두고 이에 해당하면 허가하지 제한방식이 피해자의 권리보호에 도움이 된다고 본다.

4) 신뢰자의 동석(제163조의 2)

현재 성폭력 사건의 피해자나 노인·아동 학대 사건의 경우 법원의 증인신문 시,

---

69) 피해자는 공소제기 후 증거제출 전에 수사기록 가운데 본인 진술서류 및 본인 제출 서류의 전부 또는 일부에 대한 열람·등사를 할 수 있다(사건기록 열람·등사에 관한 업무지침 제4조 제3항).

70) 범죄피해자등의 보호를 도모하기 위한 형사절차에 부수하는 조치에 관한 법률 제3조.

71) 피고인과 변호인은 소송계속 중의 관계 서류 또는 증거물을 열람하거나 등사할 수 있다(형사소송법 제35조)

수사기관의 조사 시에 신뢰관계자의 동석을 허용하고 있다. 성폭력·성매매 피해자가 13세 미만일 경우에는 의무적으로 동석하도록 하고 있다. 그러나 개정법에는 모든 범죄로 확대하였고, 피해자가 13세 미만이거나 신체적 또는 정신적 장애로 사물을 변별하거나 의사를 결정할 능력이 미약한 경우에는 반드시 동석하도록 하고 있다.

5) 비디오 중계(제165조의 2)

현재 성폭력범죄의 피해자를 중심으로 증인으로 신문하는 경우에 비디오 중계방식에 의한 신문이 가능하다(성폭력범죄처벌법 제22조의4). 개정법에는 모든 범죄피해자로 확대하였다. 이는 아동 등 피해자가 법정에서 증언할 경우 정신적 압박이라는 2차적 피해를 받을 수 있으므로 법정 외의 별실에서 증언을 하도록 하였다. 이렇게 하더라도 피고인이 증인을 직접적으로 접촉할 기회는 제한되지만 반대신문권은 보장되므로 피고인의 방어권에는 문제가 없다.

Ⅴ. 외국의 범죄피해자보호 및 지원제도

1. 미 국

1) 미국의 유죄인정협상(plea bargain)

범죄자가 유죄인정을 전제로 다른 죄를 묻지 않거나 전체 형량을 감해 주는 제도이다. 피고인의 유죄인정 답변은 대부분 검사와의 협상에 의해 이루어진다. 이러한 협상권은 검사의 재량에 맡겨져 있다. 1960년대 말 이래로 연방대법원과 미국 변호사협회, 대통령 직속 범죄위원회 및 미국 법학원은 이러한 유죄인정협상을 승인하였다. 이 승인으로 인하여 범죄피해자에 대한 지위와 권리는 후퇴되었다. 범죄자가 자신이 검사와 타협으로 기소된 범죄사실을 인정하는 것은 피해자의 관점에서 보면, 그 범죄의 중대성을 반영하지 못하고 있는 경우가 있을 수 있다. 예컨대 강간피해자가 주장하는 가해자가 소년범으로서 이미 연쇄강도 혐의로 기소 중인 경우 그 소년범이 강도에 대한 유죄인정 답변을 함으로써 강간 사건은 기소하지 않을 수 있다.

그러나 최근에 유죄인정협상으로 배제되었던 피해자의 지위에 대해서 연방법원이 직접 인지하여 유죄인정협상에 피해자를 참여하도록 장려하고 있다. 이에 부응하여 7개 주에서 피해자를 참여할 수 있는 성문법상의 권리를 부여하고 있다. 그중 4개 주[72]에서는 피해자에 대하여 유죄인정협상에 대한 자신의 입장을 검사에게 표명할 수 있는 권리를 부여하고 있으며, 그 밖의 3개 주[73]에서는 이러한 피해자의 입장을 직접 법원에 대하여 진술할 수 있도록 하고 있다.

2) 피해자의 의견진술권

피해자의 권리의 영역에서 가장 중요한 입법상의 개혁은 범죄에 의해 피해자가 입었던 영향에 대한 진술을 통하여 양형단계에 있어서 피해자의 지위를 확보하는 것이다. 범죄피해자를 보호하는 가장 효과적인 방법은 형사절차의 과정에서 피해자의 의견을 청취하는 것이다. 즉 범죄피해자가 양형절차에 있어서 피고인에게 어떠한 형벌을 부과할 것인가에 관하여 의견을 진술할 기회를 부여하는 것이다.

미국의 형사사법 제도는 양형 절차와 사실심리 절차가 분리되어 있다. 그러나 양형절차에 있어서 피해자에게 피해 영향에 관한 진술(victim impact statement)을 인정하는 州도 있고, 피해자가 입었던 영향에 관한 증거(victim impact evidence)를 量刑前報告書에 기재하도록 하는 州도 있다. 1995년 이후에는 모든 주가 피해자로 하여금 양형에 있어서 자신의 피해상황에 대한 증거를 제시하는 것을 허용하도록 하고 있으며, 이에 관한 절차도 마련되어 있다. 한편 피해자 진술이 권리로 되어 있는

---

72) Nebraska, W. Virginia, South Carolina, Indiana.
73) Minnesota, Rhode Island, Florida.

경우도 있고 법관의 재량사항인 경우도 있다. 예컨대 California에서 피해자는 양형절차에 참석하여 자신의 입장을 논리적으로 피력할 수 있는 성문법상의 권리를 가지고 있다.[74] 이 제도는 '피해자영향조서'(VIS)와 함께 오늘날 미국의 형사절차에서 매우 중요하고 일반적인 제도로 정착되어 있다. 피해자를 양형절차에 참여하게 하는 것은 피해자권리를 보장하는 훌륭한 제도로 평가받고 있지만, 여기에 대한 반론도 만만찮게 제기되고 있다.

양형에 있어 피해자참가를 찬성하는 논거는, ① 피해자는 법관이 자기의 의견을 고려한 것에 대해 만족하여 형사사법기관에 적극적으로 협력함으로써 보다 효율적인 제도로 정착되는 것이 기대되고, ② 피해자의 관점으로부터 양형에 있어서 피해자의 의견을 고려하는 것은 피해자가 자신의 생활에 대한 통제감을 다시 회복하는 데 도움이 되고, ③ 응보적 정의의 욕구를 만족시킴과 동시에 피해자의 의견을 표명하는 기회를 부여함으로써 적어도 자신의 심리적 만족 및 이익에 적합하며, ④ 피해자의 참가는 피해자의 全人格的인 회복에 도움을 주고 형사사법제도에 대해서 불만을 가졌던 일종의 소외감을 제거할 수 있다는 것이다.

이에 반하여, ① 양형의 피해자 참가는 민·형사의 구별을 애매하게 하고 형사재판이 사적 복수의 도구로 전락될 위험이 있고, ② VIS(Victim Impact Statement)와 VSO(Victim Statement Opinion)는 보통 때보다도 가혹하게 처벌할 것을 요구할 뿐만 아니라 양형상의 불균형과 자의성을 높일 수 있고, ③ 피해자에게 참가의 기회를 증대하는 것은 오히려 피해자의 불안과 피해자에 대한 비난이라는 심각한 결과가 우려되며, ④ 만약 피해자의 의견이 양형판단에 있어 중요시되지 않고 무시된다면 결국 형사사법 제도에 대한 실망·불만이 가중되고, ⑤ 피해자의 고통에 대한 호소를 이용하여 보수주의 이데올로기의 지지를 위해 부당하게 이용되어 자유주의적 사상을 기반으로 한 적법절차와는 정반대의 보수적인 범죄통제 모델을 고수하게 함으로써 형사사법 개혁을 진행하는 데 있어 걸림돌로 악용될 우려가 있다는 등의 이유로 반대하고 있다.

---

74) Cal. Penal Code §1191.1.

미국 연방최고법원은 처음에는 미국변호사협회(ABA)의 주장처럼 피해자의 양형 참가는 가혹한 처벌을 초래할 우려가 있다는 의견을 표명하였다. 특히 사형사건에 있어서 VIS은 피고인에 있어 부적절하고 수정헌법 제8조[75])에 위반한다는 견해 취하였다. 그러나 1991년 6월 27일 Pervis Tyrone Payne v. Tennessee州 사건에서 위헌판결을 변경하여 사형사건의 경우에도 피해자의 양형절차에 있어 피해자의 참가를 인정하였다.[76]) 이 판결을 계기로 지금까지 연방 및 州 법원은 양형의 단계에 피해자참가를 인정하고 있다.

3) 민간단체의 범죄피해자 지원 프로그램

미국은 1970년부터 민간 자원봉사자단체의 피해자지원프로그램이 운영되기 시작하였다. 현재 미국 전역에서 1만 개 이상의 범죄피해자 지원조직이 활동하고 있으며, 그 규모와 서비스의 내용도 매우 다양하다. 일정한 요건을 구비한 피해자지원단체는 법률이 정하는 바에 따라 연방피해자 지원기금이나 주정부의 보조를 받는다. 가장 대표적인 조직이 전국피해자원조기구(National Organization of Victim Assistance NOVA)이다. NOVA는 1975년에 설립된 범죄피해자 지원을 위한 민간조직으로 세계에서 가장 오래된 조직이며 또한 가장 성공적으로 성장한 조직이다.

2. 독 일

1) 사인소추제도

사인소추제도는 주거침입죄, 상해, 협박, 재물손괴, 서신비밀침해, 모욕죄 등의 경미

---

75) 수정헌법 제8조는 "잔인하고 비정상적인 형벌이 부과되어서는 안 된다"라고 규정되어 있다.
76) 그러나 Payne 재판은 피고인의 특성을 설명하거나 적절한 형량에 대한 의견을 개진하는 진술의 허용에 대하여는 심사하지 않았다.

한 범죄에 대해서 검사의 공소제기 여부와 상관없이 피해자(Verletzte)가 직접 소추할 수 있는 제도이다(StPO 제374조-394조). 대상범죄는 친고죄보다 범위가 넓다. 私人訴追(Privatklage)制度의 특징을 살펴보면, ① 독일 형사소송법 제380조에서 화해전치주의를 채택하고 있고,[77] ② 사인소추절차에 있어 피해자는 강제로 수사할 권한이 없고, ③ 사인소추의 피해자는 비용을 예납할 의무(형소법 제379조의a)가 있고, ④ 소송을 위해서는 변호사를 선임해야 하며, 만약 피고인이 무죄판결을 받거나 절차가 중단되는 경우에는 소송비용을 부담해야 할 위험(형소법 제471조 2항)을 가진다.

검사는 사인소추절차에 참여할 의무는 없지만, 私訴의 공판기일에 참여하여 해당 소송의 推移를 살펴보고 소추를 인수할 필요가 있다고 인정될 때에는 판결이 확정될 때까지 소추를 인수할 수 있다. 피의자는 반소로서 사인소추인의 처벌을 신청할 수 있다. 사인소추제도가 현실적으로 피해자에게 이익을 주고 있는가에 대해서는 논란이 있다.

2) 訴訟參加와 附帶公訴(Nebenklage)制度

① 소송참가

독일에 있어서 피해자의 소송참가의 형태는 모든 피해자에게 참가권한을 인정하는 피해자의 일반적 참가권과 특정한 피해자에게 소송참가를 인정하는 부대공소제도를 들 수 있다. 우선 일반적 참가권에는, ① 피해자에게 소송결과를 통지하고(StPO 제406조의d 제1항), 피해자에게 주어진 각종의 권한에 관하여 알려주어야 할 피해자의 정보획득권과(StPO 제406조의d 제3항, 제406조의f), ② 피해자가 형사절차에 있어서 변호사 등에 법적 원조를 요구할 수 있는 권리(StPO 제406조f), ③ 피해자 변호사는 법원에 제출된 기록 또는 공소제기 시에 법원에 제출되어야 할 기록 및 법원에서 직무상 보관하고 있는 증거물을 열람할 수 있는 소송기록열람권이 있다(StPO 제406조 e). 이

---

77) 주거침입, 모욕, 서신비밀침해, 상해(형법 제223조와 제229조), 협박 및 재물손괴를 이유로 한 기소는, 주 사법행정부를 요구로 화해담당관청이 화해를 시도하였으나 화해가 이루어지지 못한 경우에 비로소 허용하고 있다.

러한 권리는 피해자가 증인으로서 신문을 받을 경우뿐만 아니라 법원 또는 검찰에서의 피해자신문을 받을 때에도 모든 피해자에게 보장되도록 하였고, 신문에 참여한 변호사는 질문에 대하여 이의신청을 할 수 있다(StPO 제406조의f 제1항, 제2항). 특히 피해자가 증인으로서 신문을 받을 경우에는 그가 신뢰할 수 있는 사람 1인을 입회시킬 수 있다(동 제3항).

② 부대공소(Nebenklage)제도

부대공소(Nebenklage)제도는 피해자에게 배상요구와 정보요구를 동시에 인정하는 제도이다. 즉 검사의 권한을 통제하기 위해서 일정한 범죄에 대해 공소가 제기되면 피해자가 형사절차에 참가할 수 있는 제도(형소법 제395조-402조)이다. 1986년(피해자보호법) 이전에는 그 참가자격이 사인소추 대상 범죄에 한정되었지만, 동법의 개정으로 참가인 자격의 범위가 확대되었다.[78] 피해자가 일단 부대공소로 공판에 참여하게 되면 검사에 준하는 지위와 권한을 갖게 된다(StPO 제397조).[79] 예컨대, 형사절차에 참가한 피해자에게는 검사의 보조자로서 공판참석권, 이의신청권, 증거신청권 등의 권한이 인정되고, 동시에 검사와 독립하여 상소권이 인정된다(형소법 제401조). 附帶公訴(Nebenklage)制度는 실무상 민사손해배상청구소송의 준비를 위한 제도로 활용되고 있다.

이러한 제도들은 비록 제한적이긴 하지만 피해자가 형사절차에 적극적으로 참여할 수 있는 기회를 부여했다는 점에서 그 의미가 크다.

---

78) 참가할 수 있는 범죄의 종류는, ① 강간 등 성범죄의 피해자, ② 모욕, 비방 등 범죄의 피해자, ③ 유기, 학대 등의 피해자, ④ 약취, 인질 등 범죄의 피해자, ⑤ 살인미수의 피해자 및 친족, ⑥ 기소강제절차에 의하여 공소제기를 한 피해자이다.
79) 즉 사인소추의 피해자와 동일한 권한을 가질 뿐만 아니라 법관 또는 감정인에 대한 기피신청권, 질문권, 재판장의 명령 및 질문에 대한 이의신청권, 증거신청권, 의견진술권 등의 지위를 가진다.

3) 附帶訴訟(Adhäsionsverfahren)制度

附帶訴訟(Adhäsionsverfahren)制度는 범죄행위로 인하여 발생한 청구권이 정식법원의 관할에 속하고 아직 다른 법원에 계속 중이지 않는 경우에 피해자 또는 그 상속인이 재산상의 청구권을 형사절차에서 주장할 수 있는 제도이다. 이것은 별도의 민사소송을 제기해야만 하는 이중고통을 제거하여 피해자를 신속하게 구제하는 제도라는 퀘 장점이 있다. 그러나 변호사 수임료의 문제와 민사사건을 형사사건으로 처리하는 것이 적당하지 않다고 판단되어 법원에서 회피하고 있다.

4) 가해자와 피해자의 형사화해(Täter – Opfer – Ausgleich)

가해자-피해자 조정이란 제3자의 중재하에 행위자와 피해자 간에 존재하는 범행 갈등을 형사화해를 통해 해소하는 행위를 말한다. 따라서 가해자-피해자 조정에서 중요한 의미를 차지하는 것은 범행과 관련된 갈등이해에 그 근거를 두고 있는 개인 간의 순호작용이다. 즉 법관이 주도한 형사절차에서 피해자와 가해자 사이에 '원상회복의 합의(Wiedergutmachungsverfahren)'가 되면 형벌을 면제하거나 적어도 형벌을 근경하게 할 수 있도록 하는 것이다. 이렇게 함으로써 가해자와 피해자 및 지역사회는 서로 화해를 통한 갈등을 해결할 수 있다. 그뿐만 아니라 응보사상의 유입 또는 형사사법의 私法化로 다시 회귀하는 위험을 막을 수 있다고 한다. 이와 같은 논의를 받아들여 독일은 1994년 '범죄방지를 위한 법률'의 제정하여, 형법 제46조의a에 가해자와 피해자 간의 화해에 관한 내용을 신설하였다.[80]

---

80) 독일형법 제46조a는 가해자와 피해자의 화해, 손해회복으로서 ① 행위자가 피해자와 조정을 이루려고 노력하면서 그의 범행의 전부 또는 중요한 부분을 원상회복하였거나 또는 범행의 원상회복을 진지하게 추구하였거나, ② 손해의 배상이 행위자의 상당한 급부 또는 개인적 권리포기를 요하는 경우로서 행위자가 피해자에게 손해의 전부 또는 현저한 부분까지 배상하였다면, 법원은 형법제49조 제1항에 의해 형벌을 감경하거나 행해진 범행이 1년 이하의 자유형이나 360일까지의 벌금일수에 처해질 경우에는 형벌을 면제할 수 있다고 하고 있다.

5) 민간단체의 피해자지원(Weißer Ring, 백색연대)

Weißer Ring은 경제적 어려움에 처해 있는 피해자를 보호하고 범죄를 예방하기 위하여 1976년 마인츠에서 최초로 설립된 민간단체이다. 이 조직은 독일 최초의 전국규모 피해자원조조직으로 성장하여 전국 약 400개의 활동거점(Außenstelle)에서 약 7만 명에 달하는 회원과 2300여 명의 자원봉사자가 활동하고 있으며, 인근의 폴란드, 벨기에 등에까지 확대되어 있다. 초기 협회를 구성할 때 발기인의 상당수는 경찰 관계자였다. 현재 자원봉사자의 대부분도 현직 경찰 또는 전직 경찰로 구성되었다.

범죄피해자의 원조활동으로서, ① 피해자의 정신지원, ② 피해자가 경찰, 법관 등과 접촉 시 동행·보좌, ③ 변호사, 의사 비용 등의 원조, ④ 피해자 관련기관의 소개 및 중재의 역할 등을 한다. 그리고 범죄예방활동으로서, ① 일반시민에 대한 범죄예방 의식의 향상을 위해서 매스컴을 통한 주의의 환기, ② 시민에 대한 범죄예방 지식의 숙지, ③ 시민생활의 안전을 위해 적절한 대책을 강구하는 활동을 한다. 또한 피해회복 또는 가해자와 피해자의 화해중재기관으로서의 역할도 수행한다.

3. 일 본

1) 일본의 민사화해에 대한 집행력 부여

일본은 아직 다른 국가처럼 배상명령이나 형사화해제도를 도입하지 않고 있다. 다만 2000년 5월에 제정된 피해자보호법에 의해 범죄자와 그 피해자 사이의 민사상 화해에 대한 집행력을 부여하는 새로운 제도가 도입되었다.

형사사건에 있어서 피고인과 피해자가 당해 사건으로 인한 피해에 관하여 민사상의 합의를 한 때에는 공동으로 피고사건이 계속하는 제1심 법원 또는 항소심 법원에 대하여 그 합의 내용을 공판조서에 기재해 줄 것을 신청할 수 있다. 가해자와 피해자의 합의 내용을 공판조서에 기재한 때에는 그 기재한 공판조서는 재판상 화해와 동일한 효력을 가진다.

만약 피고인이 화해의 약속을 이행하지 않으면 피해자와 피해자 유족 등은 별도의 민사소송을 없이 공판조서를 가지고 강제집행을 할 수 있다. 다만 화해의 대상은 당해 피고사건으로 인한 피해의 회복에 관한 것이라야 한다. 대부분의 경우 가해행위로 인한 생명·신체의 침해 또는 정신적 피해배상에 관한 합의를 주된 내용으로 하고 있다. 또한 가해행위로부터 직접 발생한 손해가 아닐지라도 실질적으로 피해의 구제를 내용으로 하는 것이면 화해의 대상이 될 수 있다. 합의가 되면 법원은 합의의 진정성, 공서양속에 반하는지 여부, 민사상의 다툼에 관한 것인지 여부를 확인한다. 그러나 법원은 손해배상액, 지불방법의 적정성에 대하여는 판단할 의무가 없다.

이는 형사법원에 대해 민사 분쟁을 해결할 책무를 부과한 것이 아니라, 피해자 구제를 위한 정책적 관점에서 개인 사이에 성립한 합의에 집행력을 부여한 것에 불과하기 때문이다. 문제는 가해자와 피해자 사이에 화해가 되어 집행력이 부여되더라도 피고인이 무자력이면 피해자는 구제받을 길이 없다.

따라서 이러한 문제를 해결하기 위해서 일본은 보증인제도를 두고 있다. 그러나 이 제도 또한 법원이 보증인의 자력 등 실질적인 사항에 관하여 판단할 책무가 없기 때문에 보증인에게 능력이 없으면 피해자는 여전히 완전한 구제를 받지 못할 우려가 여전히 남아 있다.

한편 피해자에게는 변호사가 선임되지 않은 경우가 대부분일 것이므로 합의의 내용에 문제가 있을 수 있고 그 임의성과 진실성 또는 이행의지를 확인하기도 어렵다. 오히려 이러한 경우에는 형사사법에 대한 불신을 초래할 우려가 있다. 따라서 독일처럼 가해자와 피해자 사이에 개입하여 양자의 입장을 조율할 조정기구를 마련할 필요가 있다는 주장도 있다.

이 제도는 기소된 범죄사건에 대해서는 효율성이 있지만, 기소되지 아니한 사건의 피해자에 대해서는 적용될 여지가 없다. '사인소추', 공동원고의 소송참가, 부대소송 등이 인정되지 않은 일본의 실정에서는 그 불균형이 특히 문제된다. 이러한 점에서 일본의 피해자보호법은 '회복적사법' 모델을 도입한 것이 아니고 오히려 '확장된 형태'의 배상명령 제도라고 할 수 있다. 그러나 일본 피해자보호법은 범죄피해자가 가해자에 대해 가지는 민사상의 손해배상청구권을 형사절차 진행과정에서 실현할 수 있는 길을 열었다는 점에서 '회복적사법' 모델을 부분적으로 수용한 것이라고 평가할 만하다.

2) 범죄피해자등급부금지급등에관한법률

일본은 1981년 '범죄피해자등급부금지급법'이 제정된 이후 아시아에서는 홍콩에 이어 두 번째로 피해자보상 제도를 도입하였다. 그러나 범위의 제한, 적은 금액 등의 문제로 실효성을 거두지 못하였다. 따라서 2001년 4월 '범죄피해자등급부금지급법'의 명칭이 '범죄피해자등급부금지급등에관한법률'로 개정하여 기존의 제도를 크게 개선하였다. 이 법은 피해자에 대한 급부급 지급만을 위한 법률이 아니라, 경찰의 피해자 지원에 관한 내용도 포함하고 있다.

개정 법률은, ① 장해부금의 대상을 종전 4등급 이상의 '중장해'에서 14등급 이상의 '장해'로 확대하였고, ② 장해가 남지 않더라도 범죄로 인하여 중대한 부상이나 질병을 입은 자에 대하여 일정 기간을 한도로 의료비의 자기부담분에 상당하는 금액을 지급하는 '重傷病給付金制度'가 신설되었고, ③ 피해자가 사망 전에 요양을 받은 경우에는 유족급부금에 '重傷病給付金과' 동등한 피해자부담액을 합하여 지급하게 되었고, ④ 급부금최고액과 급부금최저액도 인상되었다.[81] 특히 埼玉縣嵐山町에서는 지역사회가 범죄피해자에게 지원금을 지급하는 제도를 조례로 성립시켰다. 이는 지방자치제가 지역에 있어서 피해자 보호를 위한 담당자의 하나로서 제시된 예로서 주목받을 만한 제도라 볼 수 있다.

3) 민간피해자지원단체

일본은 1998년 5월 9일 경찰을 중심으로 '都·道·府·縣'에서 '전국피해자지원

---

81) 유족급부금의 최고액이 1,079만 엔에서 1,573만 엔으로 인상되었고, 최저액도 220만에서 320만 엔으로 인상되었다.

네트워크'를 조직하였다. 일본 경찰은 피해자의 정신적 지원을 위하여 '카운슬링'체제의 정비, 피해소년대책을 위한 정책을 추진하고 있다. 이뿐만 아니라 전문적인 피해자지원을 요하는 경우에는 수사원과는 별도로 지정된 경찰직원이 지원활동을 하는 '지정피해자대책요원제도'와 재피해의 예방을 위한 제도가 도입되었다. 경찰은 피해자지원 네트워크의 구성을 위하여 '府·縣' 차원의 '피해자지원연락협의회'를 설립하였다. 1999년 2월까지 모든 '都·道·府·縣'의 '피해자지원연락협의회'가 설립되었다. 주목할 만한 것은 '전국피해자지원네트워크'에서 1995년 5월 15일 발표한 '범죄피해자의 권리선언'이다. 이것을 일본에서는 최초의 피해자권리장전이라고 한다.

일본에서의 범죄피해자지원에 대한 특징은 경찰과 민간피해자지원단체의 협조로 시행하고 있는 '범죄피해자 등 조기원조'제도이다.[82] 즉 ① 경찰은 피해자 또는 그 유족에 대하여 정보제공, 조언 및 지도, 경찰직원의 파견, 기타 필요한 원조를 하도록 하고 있다. ② 피해자지원을 목적으로 설립된 비영리법인을 국가가 지원단체로 지정하여 피해자를 실질적으로 돕도록 하고 있다.[83] '범죄피해자등급부금지급등에관한법률' 중 범죄피해급부제도의 규정은 2001년 7월부터 시행되었지만, 범죄피해자 등 조기원조단체 등에 대한 규정은 2002년 4월 1일부터 시행되었다. 사실 이 제도가 시행되기 전에는 범죄피해자들은 자기들의 프라이버시를 민간단체에서 보호해 줄 수 있는지 또는 신용할 수 있는 단체인지의 여부를 판단하기가 어려워 피해자가 스스로 도움을 요청하지 않는 경우가 많았다.

2007년 11월 현재 47개의 피해자지원단체가 경찰청 중심으로 조직되어 있으며, 이 가운데 2006년 기준으로 9개의 단체가 '범죄피해자 등 조기원조단체'로 지정되어 있다.

경찰은 피해자의 동의를 받은 후에 '범죄피해자등조기원조단체'로 지정된 민간단

---

82) 범죄피해자급부금금지급등에 관한 법률 제23조에서 공안위원회가 비영리법인에 한하여 범죄피해자 등 조기원조 단체를 지정할 수 있도록 하였다.
83) 민간피해자지원단체가 '都·道·府·縣공안위원회'에 의해 범죄피해자 등 조기원조단체로서 지정받기 위해서는 ① 비영리법인일 것, ② 피해자 등에 대한 홍보활동 및 계발활동을 행할 것, ③ 피해자의 재정신청을 보조할 것, ④ 피해자에게 물품, 노역제공 등 직접적으로 지원할 것 등의 요건을 갖추어야 한다.

체에게 피해나 피해자 등에 관한 정보를 제공할 수 있다. 정보를 제공받은 단체는 비밀유지의무가 있으며, 만약 이를 위반하면 20만 엔 이하의 과료에 처한다.

Ⅵ. 범죄피해자보호법과 앞으로의 과제

1. 범죄피해자보호법의 내용

1) 범죄피해자보호법의 제정배경

2006년 이전까지의 우리나라의 범죄피해자에 대한 법률은 총론은 없고 각론만 존재하는 형식의 제도를 운영하였다. 그러나 2006년 범죄피해자보호법의 시행으로 범죄피해자의 보호에 대한 기본이념이 마련되었다고 볼 수 있다. 범죄피해자보호법은 피해자에 대한 보호·지원을 강화하기 위하여 국가차원의 보호·지원체계를 구축하고 민간활동을 촉진하는 등 종합적이고 효과적인 대책을 마련하기 위한 목적으로 제정되었다.[84]

동법은 범죄피해자에 대한 형사절차상의 지위보장, 후속적 피해예방뿐만 아니라 범죄피해자 보호 및 지원을 위한 기본계획을 수립할 수 있는 근거조항을 두고 있으며, 피해의 원상회복 및 민간 범죄피해자지원단체의 보호·지원 활성화를 내용으로 하고 있어 범죄피해자 보호를 위한 기본법적인 성격을 가지고 있다.

---

84) 범죄피해자보호법은 2006년 3월 24일부터 시행되고 있다.

2) 개별적 검토

① 범죄피해자의 개념 정의

범죄로 인하여 직접 정신적, 신체적, 재산적 피해를 입은 직접적 피해를 입은 사람이 순수한 의미에서 범죄피해자이지만, 이 법은 그 범죄로 인하여 간접적 피해를 입은 사람인 그 배우자(사실상 혼인관계를 포함한다), 직계친족 및 형제자매와 범죄피해방지 및 범죄피해자 구조활동 중에 피해를 입은 자까지도 범죄피해자로 보아 그 개념을 확대하고 있다.

다만 범죄의 종류를 정하지 아니하고, 범죄라고 할 경우 유죄판결을 받은 경우에만 한정할 것이냐 아니면 구체적으로 최소한 형사 입건은 필요한 것은 아닌지, 위법성이 없는 긴급피난행위도 범죄라고 할 수 있는지 등이 문제된다.

② 국가와 지방자치단체의 책무

지금까지 법적 근거 없이 지방자치단체의 보조금으로 피해자를 지원하였는데 이제 그 근거를 마련하였다. 동법 제7조는 "국가 및 지방자치단체는 범죄피해자의 피해 정도, 보호·지원 필요성 등에 상응하여 범죄피자에게 상담, 의료의 제공, 관련 법령에 따른 구조금의 지급, 법률구조 및 취업관련 지원 등이 이루어질 수 있도록 필요한 대책을 강구하여야 한다"고 규정하고 있다.[85]

그 밖에 국가·지방자치단체는 범죄피해자의 형사절차의 참여보장, 사생활의 평온 및 신변보호, 교육·훈련 및 홍보 및 조사연구를 위한 대책이나 조치를 강구하거나 홍보 또는 노력을 하여야 한다. 이러한 문제는 형사소송, 성폭력범죄범죄의처벌및피해자보호등에관한법률, 특정범죄신고자등에관한법률 등과 연계되어야 한다.

---

85) 범죄피해자보호법이 시행되기 이전에도 사실상 지방자치단체의 보조금이 운영되었다. 구미·김천, 진주 등이 대표적이다. 진주의 경우 2007년도 지방자치단체의 보조금을 보면, 진주시 3천5백, 사천시 2천, 남해·하동·산청군 각 천만 원, 경상남도 천5백만 원으로 총 1억을 지원받고 있다.

③ 범죄피해자지원 법인

동법 제16조는 "범죄피해자지원 법인으로서 이 법에 의한 지원을 받고자 하는 경우에는 대통령령이 정하는 요건과 절차에 따라 법무부장관에게 등록하여야 한다"고 규정하고 있다.[86] 형사사법기관을 포함한 국가기관은 다양한 범죄피해자 지원책을 강구하더라도 현실적인 한계가 있다. 국가기관이 직접 범죄피해자만을 지원하는 것은 피의자(피고인)의 이해와 배치될 가능성이 있다. 현실적으로도 국가 재정상 모든 범죄피해자에 대한 국가의 지원은 불가능한 면이 있으므로 범죄피해자를 보호·지원할 민간단체의 설립을 장려할 필요가 있어 규정된 것으로 보인다.

이들 단체가 법인임을 요구하는 이유는 이들의 업무가 형사사건과 직접 관련되어 있고, 형사절차의 안내와 상담 등 직접 보호·지원에 관련되어 있어, 어느 정도 검증된 자격요건을 갖추지 아니하면 법조브로커를 양산하여 사회문제가 될 가능성이 있기 때문이다.

한편 기존에 활동을 하고 있는 가정폭력상담소 내지 성폭력상담소와 같은 단체는 동법에 따라서 등록하지 않는 한 범죄피해자 지원 법인으로 볼 수는 없다. 하지만 등록을 하지 않았다고 하여 위 상담소들의 활동이 제약을 받는 것은 아니다. 다만 기존에 활동하던 상담소가 요건을 갖추어 법무부에 새로이 등록을 하면 보조금의 중복지원이 되지 않도록 할 필요가 있다.[87]

---

86) 2007. 11 현재 55개 지원센터 모두가 지방자치단체와 법무부로부터 설립허가를 받아 법인으로 등록하였다.

87) 현재 여성부 등을 통하여 가정폭력상담소에 일정한 국고보조금이 지원되고 있으며, 법무부를 통하여 한국가정법률상담소에도 법률구조를 위한 보조금이 지원되고 있으나, 이러한 단체에 대하여 동일한 사업내용으로 범죄피해자지원에 지급하는 정부보조금을 중복하여 지원받을 수 없도록 하여야 할 필요성이 있다. 법무부장관으로부터 보조금을 교부받고자 하는 법인은 대통령령이 정한 요건과 절차에 따라 사업의 목적과 내용, 법인의 시설과 인원 소요 경비, 기타 필요한 사항을 기재한 사업계획서를 법무부장관에게 제출하여야 하도록 규정하고 있어 그 과정에서 중복적인 구조금지급을 차단할 수 있을 것으로 보인다.

2. 범죄피해자보호를 위한 단체

1) 피해자보호관련 단체 현황

우리나라의 경우 범죄피해자를 위한 민간단체가 출현한 것은 1990년 이후부터이다. 즉 범죄피해자의 보호와 지원을 위한 민간조직의 효시라고 할 수 있는 것은 1991년 4월에 설립된 한국성폭력상담소이다. 이곳에서는 성폭력피해자에 대한 지원 활동으로서 주로 '상담'과 '성폭력 피해자 보호시설 열림터 운영' 등을 하고 있다.[88] 그 후 여성의 전화, 여성의 집 또는 사랑의 전화 등 주로 여성과 청소년의 권익옹호를 주된 활동목표로 하는 민간조직들이 생겨났다.

그러나 이 단체들은 대부분 여성 또는 청소년에 대한 일반적 보호를 위한 단체로서 범죄피해자보호는 단지 부수적인 활동에 불과하다. 게다가 피해자보호를 위한 필요한 전문 인력이나 조직체계를 갖추지도 못한 실정이다.

피해자보호를 위한 단체라 할 수 있는 것은 '해바라기아동센터'와 '범죄피해자지원센터'라 할 수 있다. '해바라기아동센터'는 아동 성폭행과 피해 신고접수와 상담을 통하여 피해아동에게 치료를 해 주고 법률적 지원을 '원 스톱'으로 실시하는 국내 유일의 성폭력 피해아동 보호기관이다.[89]

'범죄피해자지원센터'는 피해자와의 상담, 정보제공, 수사기관 및 법정동행 서비스 등의 활동을 하는 단체이다. 2007년 11월 현재 55개가 운영되고 있다.[90] 이 가운데 김천·구미의 '피해자지원센터'는 우리나라에서 최초로 설립된 비영리민간공익단체이다. 그 외의 단체는 아직 재정의 문제로 대부분 검찰청 내에서 범죄예방위원회의 주도로 운영되고 있다. 거의 모든 '피해자지원센터'에서는 상담위원회, 의료지원위원회, 화해중재위원회, 사법보좌위원회 등으로 구성하여 운영하고 있다.

---

88) 현재 서울, 대구, 광주 3곳에서 운영하고 있다. 이에 대한 자세한 내용은, www.sisters.or.kr 참조.

89) 해바라기 아동센터의 활동에 대해서는, www.child1375.or.kr. 참조.

90) 55개 가운데 42개소가 그 지역의 검찰청 사무실을 무상임차하고 있다.

2) 범죄피해자지원센터의 운영현황

(1) 범죄피해자지원센터의 유형과 특징

2004년 10월에 전국 검찰청의 주도로 범죄피해자보호 · 지원을 위한 전담검사 및 담당관을 지정하여 범죄피해자를 보호 · 지원하고 있다.[91] 경찰도 범죄피해자를 위하여 피해자서포터를 지정하여 운영하고 있다.[92]

현재 전국 55개의 범죄피해자지원센터는 크게 순수민간주도형의 센터와 관주도의 센터로 구분된다. 순수민간형의 범죄피해자지원모델은 부산범죄피해자지원센터이고, 그 외의 대부분은 관주도의 지원모델[93]이라 할 수 있다. 양 모델 모두 지역 센터의 성격, 기능, 역할 등에 있어서 장 · 단점을 가지고 있다.

순수민간형은 민간주도로 설립 · 운영하고 검찰 등은 후견자적 역할을 담당하는 것으로 민간인의 자원봉사활동이라는 본연의 모습에 충실하나, 우리나라와 같이 자원봉사풍토가 미약한 현실에서는 예산 · 인력확보 등의 어려움으로 자생력을 갖추기가 어렵다.

부산지역범죄피해자지원센터가 우리나라에서 대표적인 순수민간형태라 할 수 있다. 이 센터의 활동상황을 보면 다양한 분야의 자원봉사자들이 스스로 피해자상담, 화해 · 조정, 법정모니터링, 범죄현장 정리, 범죄예방교육 등을 실시하고 있다. 그야말로 강제가 없는 상태 하에 자발적으로 운영하고 있다. 그렇다보니 예산부족으로 인한 피해자에 대한 경제적 지원이 잘되지 않고,[94] 또한 검찰청과의 연계가 되지 않

---

91) 대검찰청은 2004년 10월1일부터 범죄로 인해 피해를 입은 사람이 수사와 재판과정에서 입게 되는 2차 피해를 방지하고 피해회복과 형사사법 절차에의 참여를 확대 보장하기 위해 일선 지검 · 지청에 피해자지원담당관제도, 피해자지원실 설치 등 범죄피해자를 지원하기 위한 검찰 내부시스템을 마련, 운영하고 있다.

92) 경찰은 2004년 8월 17일부터 범죄피해자규칙을 제정하여 피해자에 대한 정보제공, 2차 피해방지, 신변안전조치 등을 행하고 있다.

93) 관주도의 지원모델은 대전이 효시이고, 이곳에서는 범죄예방위원회가 중심이 되어 설립되었다.

94) 2007년 진주지역범죄피해자지원센터(1월부터 10월까지)의 경우 범죄피해자 71명에 대하여 73,800,000원을 지원했는데 반해, 부산범죄피해자지원센터의 경우 700여만 원에 불과하다.

아 피해자에 대한 신속한 피해구제가 어렵다.

〈표 2〉에서 보는 바와 같이 지역규모나 지방자치단체의 예산이 진주지역보다 월등한데도 불구하고 오히려 진주지역보다 적은 예산으로 운영하고 있는 실정이다. 또한 다른 모든 범죄피해자지원센터의 경우는 검찰이 중심이 되어 운영되는데 반해, 부산지역은 오히려 경찰과 유대관계가 깊다.

이에 반대로 관주도형은 사회 각 계층을 대표하는 전문가들과 연합하여 지원센터를 설치하는 것으로 관변단체라는 오해의 소지가 있으나, 설립·운영이 쉽고 검찰 등과의 원활한 협조관계로 피해자를 보호·지원하는데 있어서는 오히려 민간형태의 모델보다 좋다는 장점이 있다.[95]

진주지역범죄피해자지원센터의 경우 전형적인 관주도형이라 할 수 있다. 이 센터의 경우 검찰이 주도하는 관주도형이라 대부분의 자원봉사자(운영위원회)들은 지역 유지들이 주를 이루고 있다. 이는 아마도 권력의 중심에 있는 검찰이 주도하기 때문으로 보인다. 이러한 이유로 자원봉사자들의 후원금을 비롯한 각 지방자치단체의 지원금이 많아 피해자들에 대한 지원 금액이 타 센터보다 많은 것 같다. 하지만 검찰이 중심이 되다 보니 경찰이 전혀 관여 하지 않고 있다는 것이 문제이다. 수사과정에서 가장 먼저 접하는 사람이 경찰인데 경찰이 제외되고 있는 것은 피해자의 진정한 보호를 위하는 것이 아니라 본다.

(2) 운영현황

① 예산확보 현황

예산의 확보는 전액을 운영위원 및 범죄예방위원들이 부담하는 경우가 있고, 지방자치단체로부터 보조받는 경우가 있다. 대부분 재정이 열악하여 지방자치단체로부터 보조금을 받는 경우가 많다.[96] 구체적인 현황은 아래 〈표 2〉와 같다.

---

95) 우리나라의 여러 여건을 감안할 때 당분간은 관주도형으로 운영하고, 시민의식 등이 성숙되면 민간주도형의 모델로 나아가는 것이 바람직하다고 본다.
96) 대부분 지자체의 보조금이 60%, 법무부보조금과 센터 임원들의 기부금이 38%, 후원금이 2%로 나타나고 있다.

표 2 범죄피해자지원센터의 예산현황(2007년 10월 현재)

지 역	지방자치단체보조금	기부금 및 후원금	총 액	비 고
진 주	1억 원	7천5백여 만 원	1억 7천5백만 원	검찰청과 분리
통 영	1억 5백만 원	3천4백여 만 원	1억 3천9백여 만 원	검찰청과 분리
부 산	6천여 만 원	6천여 만 원	1억 2천여 만 원	순구민간단체
김천·구미	1억 원	5백여 만 원	1억 천여 만 원	검찰청과 분리
창 원	1억여 원	1억여 원	2억여 원	검찰청과 분리
광 주	5천여 만 원	2천여 만 원	7천여 만 원	검찰청내
전 주	6천여 만 원	6천여 만 원	1억 2천여 만 원	검찰청내
서울중앙	1억 5천(7개 구청)	1억여 원	2억 5천여 만 원	검찰청내
순 천	4천5백만 원	2천5백만 원	7천여 만 원	검찰청내
인 천	1억 5천만 원	7천여 만 원	2억 2천여 만 원	검찰청내

② 운영실적

피해자지원의 형태는 대부분 상담위주로 운영되고 있다.[97] 대부분 예산부족으로 상담에 그치고 있고 경제적인 도움은 주지 못하고 있는 것이 현실이다.[98] 구체적으로 보면 피해자 또는 피해자 유족에게 장학금을 포함하여 생계비를 지원하거나 법률소송비용을 지원하는 방식으로 이루어지고 있다.[99]

사건의 해결에 있어 가장 좋은 형태의 하나인 조정을 보면 아직 미미하다. 피해자지원센터가 설립 당시에는 화해조정을 실시하는 곳이 거의 없었지만 현재는 50개 이상(2006년에는 46개)이 화해조정을 실시하고 있다. 화해조정 시 참여하는 인원은 3명이 대부분이고, 1인이 조정하는 곳도 7개였다(2006년 기준). 화해조정 후에 사후점검을 하는 센터가 40%에 불과하여 문제되고 있다.

---

97) 상담의 대부분은 성폭력, 가정폭력, 민사상담이 차지하고 있다.
98) 진주센터의 경우에 아동학대피해자에게 592천 원, 가정폭력피해자에게 월 30만 원 지급 (6개월간), 교통사고로 장애인이 된 피해자에게 월 30만 원씩(1년간) 지급하고 있다.
99) 예산부족으로 일회성에 그친 경우가 30% 정도이고, 소수의 피해자에게 단기간의 경제적 지원에 그치고 있다.

표 3 전국범죄피해자지원센터의 지원실적(2005년)[100]

전화 · 인터넷상담	면접상담	법정동행	조정	의료지원	법률 구조의뢰	기타	합계
6,188 (20.7%)	4,479 (15.0%)	236 (0.8%)	1,163 (3.9%)	410 (1.4%)	1,570 (5.2)	15,829 (53%)	29,875 (100%)

표 4 각 범죄피해자 지원센터의 운영 실적(2006년)

지역	상담	화해조정	법정동행	의료지원	기타	계	비고
진주	210	5	4	20	66	302	
순천	138	45	4		80	267	
성남	837	4		8	38	887	2004. 10 현재
광주	230	–			40	270	
부산	587	–	46	4	263	900	
김천 · 구미	450	4				454	
대전	21	139	7		1	168	2004.10 현재
인천	1,405	105	4	64	1,170	2,654	2007년

3. 앞으로의 과제

1) 피해자의 형사절차 주체로 편입

앞서 본 바와 같이 그동안 피해자는 실체적 진실 발견을 위한 증거방법의 하나로만 간주되어 소위 '잊혀진 존재' 또는 '주변적 존재'로 평가되어 온 것이 사실이다. 그렇다 보니 피해자는 고소권자 또는 증인의 지위에 불과하여, 제2의 피해까지 입고 있는 것이 현실이다. 즉 피해후의 수사단계, 언론에 의한 보도, 공판정에서의 증언, 지역사회에서의 대인관계 등의 정신적 피해를 받는 일이 적지 않다. 따라서 피

---

100) 법무부, 범죄피해자보호 · 지원 종합대책 추진 자료집, 2006.

해자가 앞으로 형사절차의 주체로 편입하여 외국의 경우처럼 직접 범죄자를 기소할 수 있는 소위 '사인소추권' 등을 부여하여야 한다고 본다.

2) 국가지원의 필요성

범죄피해자는 범죄피해자구조법에 의하여 피해의 구조를 받을 수 있지만 여전히 예산의 부족으로 제대로 실현되지 못하고 있다. 앞서 본 바와 같이 범죄피해자에게 지급되는 것은 살인의 경우 1,000만 원, 중장해의 경우 3백만 원에서 6백만 원에 불과하다.[101] 법무부는 구조금의 지급 범위를 치료비와 장해로 인한 소득상실분, 사망 피해자의 장례비, 유족의 생계비 등으로 종류를 늘리고 연금 방식을 도입하는 등 구조금 제도를 개선하는 방안을 제시하고 있지만, 장기 과제로 검토하고 있는 수준에 머물고 있다.[102]

이러한 열악한 지위에 있는 피해자를 조금이나마 돕고자 하는 것이 바로 범죄피해자보호법이며, 국가는 범죄피해자지원단체를 통하여 지원을 하도록 하고 있다.

그러나 우리나라는 유교적 권위주의, 국가주도의 근대화, 시민사회의 활동이 성숙되지 않아 공공의 이익에 대한 시민의식이 낮다. 뿐만 아니라 비영리단체가 제대로 발달할 수 있는 정치사회적인 여건이 미약하여 대중적 기반을 구축하기가 쉽지 않다. 이러한 이유로 단시일 내에 지원센터 스스로가 재원을 마련하기가 어렵다고 볼 때, 국가의 지원은 필수적이다.

이의 실천을 위하여 국가는 1년 10억 원의 보조금을 전국 55개 단체에 배분하고 있지만, 국가가 지원센터에 보조하는 보조금은 생색을 낼 정도에 불과하다.[103] 따라서 앞으로 국가가 피해자를 진정으로 보호하고자 하는 생각을 하고 있다면 보조금

---

101) 국내 범죄가 지난 75년 39만여 건에서 지난 2004년 208만여 건으로 늘어나고 특히 살인, 강도, 강간, 방화 등 강력범죄가 같은 기간 5천여 건에서 1만 9천여 건으로 3배 이상 증가하였다.
102) 법무분 2007-2011년까지 5년 계획으로 범죄피해자를 보호·지원하는 장기계획을 세워 둔 상태에 있다.
103) 이는 형사조정 수당을 포함하여도 1개의 단체에 2천여 만 원에 불과하다.

의 액수를 증액할 필요가 있다고 본다.

이러한 열악한 재정지원을 국가는 대부분 지방자치단체에게 맡기고 있다. 그렇다 보니 지방자치단체의 제정에 따라 범죄피해자의 지원이 다르다. 따라서 같은 피해를 입고도 혜택은 다르게 받고 있다는 결론이 나온다.[104] 2006년 기준으로 전국 평균 1억여 원에 불과하고, 5천만 원 미만도 10여 개가 있다.[105] 또한 2005년 기준으로 피해자지원명목으로 집행된 예산은 16.7%에 불과하다. 그러나 이러한 지원도 범죄피범죄피해자보호법 제4조에 국가의 재원조달에 대한 책무만 규정하고 있고 구체적인 방안은 제시하지 않고 있다. 따라서 앞으로 일본처럼 지방자치단체의 조례로서 규정하여 명확한 근거규정을 두어야 하겠다.

구체적인 방안으로는 복권 기금과 기업 협찬금, 벌과금을 모으거나 사회 공공단체로부터 기금을 확보하는 방안 등을 생각할 수 있다.[106] 특히 형벌의 하나인 벌금은 피해자 개인의 희생으로 부과된 국가 재원이기 때문에 이는 피해자에게 환원하는 제도를 도입하여야 한다고 본다.[107] 미국은 범죄자들로부터 벌금, 보석보증금 등으로 기금을 마련하고 있다. 연간 1억 2천5백만 달러(약 1천2백억)의 기금 중 약 6천만 달러(약600억)를 범죄피해자기금으로 사용하고 있으며, 법무부에서 민간단체에 배분하고 있다. 스위스 경우도 벌금의 일부를 반드시 범죄피해자에게 사용하도록 하고 있다. 우리나라의 경우도 1년 벌과금의 19조(집행액 12억) 가운데 1%만 피해자기금으로 활용하여도 120억에 해당된다.

---

104) 그나마 진주 지역은 범죄피해자지원센터의 적극적인 활동으로 전국 평균을 훨씬 능가하는 실적을 보이고 있다.

105) 이는 센터에서 일하고 있는 국장(실장), 간사의 임금 평균 4천5백여 만 원의 인건비수준밖에 되지 않는다.

106) 영국의 '피해자보호협회'(Victim Support: VS)에서는 기금마련을 위해 축구경기, 크리스마스카드판매, 책 구입 등의 행사를 개최하고 있다.

107) 벌과금의 집행내역을 보면, 2004년 1조6천여 억 원(1조 4천여 억 원), 2005년 1조 5천여 억 원(1조 3천여 억 원), 2006년 1조 9천여 억 원(1조 2천여 억 원)이 부과되어 집행되었다. 2007년 검찰연감 참조.

표 5 진주 지역 범죄피해자지원센터의 활동(2007. 1-10)

경제적 지원	생계보조금 지급(건 / 원)	25 / 26,800,000
	학자금 지급(건 / 원)	31 / 15,700,000
	치료비 지급(건 / 원)	9 / 17,800,000
	취업알선(건 / 명)	
	기타 금전적 지원(건 / 원) (무료시술 시 치료비 상당액) (이사지원의 경우 이사비 상당액) 등	6 / 13,500,000
계		71 / 73,800,000

3) 화해조정

① 화해조정의 필요성

화해조정을 통한 범죄의 해결은 국가와 범죄자만의 일방적 해결보다는 재범 등의 면에서 훨씬 낫다는 것이 증명되고 있다. 즉 아무리 훌륭한 명판결보다 조정(중재)이 낫다는 말이 있듯이 화해 조정을 통한 법의 해결이 가장 이상적이라는 것이다. 현재 우리 형사사법도 범죄자·피해자의 합의 여부에 따라 처벌 여부를 결정하고 있다. 하지만 현재의 우리 형사사법에서의 화해는 범죄자는 처벌의 회피, 경감의 목적으로 피해자는 조금이나마 피해의 배상을 받기 위해서 마지못해 합의를 하는 경우가 대부분이다.

그러나 이러한 양당사자만의 해결로는 재범의 예방, 피해자의 피해회복이 제대로 되지 않는다는 것이 연구결과로 나타나고 있다. 이러한 이유로 현재 전국 55개 범죄지원센터에서는 화해조정위원회가 설치되어 조정을 하고 있지만 제대로 운영되지 못하고 있다. 범죄는 지역사회에서 발생하였고 범죄자 역시 지역사회로 되돌아가 다시 피해자와 함께 통합하면서 지역사회의 구성원으로서 살아가야 한다. 그렇다면 지역사회에서의 범죄의 해결은 당연하다고 할 수 있다. 하지만 아직 우리 현실은 범죄와 피해자와 함께 터놓고 대화할 수 있는 장이 마련되지 않고 있다.

따라서 서구 선진국의 민간단체에서 시행하고 있는 피해자와 가해자의 조정(Victim-Offender Mediation Program: VOMP),[108] 가족집단협의 모델(Family Group Conference: FGC),[109] Circles모델[110] 등의 도입을 생각해 볼 필요가 있다고 본다.

② 조정활동

사적 분쟁은 스스로 해결하고 무분별한 고소의 남발을 막기 위해여 2006년 4월 대검찰청의 형사조정지침을 통하여 서울남부지검, 서울동부지검, 대전지검, 부천지청에서 범죄피해자조정센터와 연결하여 시행되었다.

대부분 사기, 횡령, 배임, 임금체불 등의 재산범죄와 명예훼손 등의 개인적 법익침해 범죄에 한정하여 기존의 수사기관의 일방적인 해결에서 벗어나 범죄피해자지원센터의 형사조정위원회에서 분쟁을 해결하고 있다.

③ 조정의 문제와 대책

형사조정이 가장 이상적인 분쟁해결방법이라고 하지만 제대로 시행되지 않고 있다. 이유는 형사조정사항에 대하여는 집행력이 인정되지 않기 때문으로 보인다. 따라서 현실적 이행이 이루어진 경우에만 조정을 하고, 재소전 화해나 집행력 있는 공증으로 민사소송을 미리 차단하는 방안을 마련해야 한다고 본다.

또한 현재 대부분 법조인들이 조정위원으로 참가하고 있지만 법률지식과 조정의 능력은 다르기 때문에 앞으로 능력과 자질을 갖춘 전문위원들의 선발과 이들의 조정기술 프로그램을 마련하는 것도 하나의 대책이 될 수 있다고 본다.

---

108) 미국-Kansas 주, Ohio 주, Indiana 주, 뉴질랜드 등에서 조정자를 통한 범죄의 해결방법이다.
109) 호주, 뉴질랜드 등에서 피해자와 가해자뿐만 아니라 피해자의 가족과 친구, 가해자의 가족과 친구 등도 참가하여 범죄를 해결하는 방법이다.
110) 미국 원주민과 캐나다 원주민의 전통적인 범죄해결 방법으로 법관, 지역사회의 연장자 등의 참석하에 범죄를 해결하는 방법이다.

Ⅶ. 결 론

지금까지 범죄피해자개념을 시작으로 앞으로 범죄피해자보호를 위해 나아갈 길이 무엇인가를 살펴보았다. 그 결과 그동안 우리 형사사법에서 피해자는 범죄자의 인권에 밀려 잊혀진 희생자요 방청객이었다는 것을 알 수 있었다.

최근 우리나라에서도 국제적 흐름과 국내의 어린이살해사건 등을 계기로 피해자에 관심을 가지기 시작했다. 특히 범죄피해자보호법과 형사소송법의 개정으로 앞으로 피해자의 보호·지원에 한층 더 박차를 가할 수 있게 되었다.

범죄의 1차적인 책임은 범죄자에게 있겠지만, 이를 예방하지 못한 국가와 지방자치단체도 책임이 있다고 본다. 이러한 의미에서 범죄피해자보호법에서는 국가와 지방자치단체에게 그 책무를 부과하고 있는 것은 당연하다고 본다.

하지만 범죄피해자의 지위와 권리를 고양시키기 위해서는 아직까지 해결되어야 할 과제가 많다. 무엇보다 현재 걸음마 단계인 범죄피해자지원센터가 전국적인 네트워크를 형성하여 하루빨리 정착되는 길이 최선이라 보여 진다.

현재 전국 55개 검찰청 산하 범죄피해자지원센터가 설립되어 운영되고 있지만, 재정, 자원봉사자의 부족, 홍보 등의 이유로 제대로 역할을 하지 못하고 있다. 특히 재정의 확보와 자원봉사자의 활동이 시급하다. 앞으로 피해자의 권리보호는 다방면의 노력이 필요하겠지만 특히 피해자지원센터의 역할이 중요하다고 본다.

그러나 피해자지원센터의 활동만으로 피해자의 권리가 보호되는 것은 아니라고 본다. 무엇보다 현재 우리형사사법의 체계를 바꾸어야 된다고 본다. 즉 현재의 형사사법으로는 범죄자·피해자 모두를 위하는 것은 아니라고 본다. 증가하는 범죄, 재범, 피해자의 방치 등은 현재의 사법시스템으로는 불가능하다고 본다. 피해자를 제외한 그 어떤 정책도 실패한다고 본다. 따라서 피해자의 형사사법의 주체로 편입하여 앞으로 그들의 소리를 들어야 한다.

현재의 국가와 범죄만의 일방적인 해결로는 불가능하다는 것이다. 따라서 범죄자와 피해자의 화해의 길을 열어줄 수 있는 제도적 시스템을 갖추고, 벌금의 일부를 피해자에게 돌려주고, 범죄자에게 투입되는 만큼이나 피해자에게도 재정을 확보하는 무엇보다 중요하다고 본다.

국가는 '비 오는데 우산 빼앗아 가는 식'으로 피해자를 제2의 피해자로 전락시키는 우를 범하지 말아야 한다. 1960년대 말 서구 선진국으로부터 찾아온 피해자의 르네상스가 우리에게는 조금 늦게 찾아왔지만, 지금부터라도 노력하면 그들보다 더 나은 제도로 정착될 수 있다고 본다고 보면서, 이 글이 조금이나마 피해자를 도우는 역할이 되었으면 한다.

참고문헌

권문택, 형법학연구, 박영사, 1985.

김용세·류병관, "피해자학의 발전과 피해자 보호의 최신 동향", 피해자학연구(제10권 제1호), 한국피해자학회, 2002.

김지선 외 3, 한국의 범죄피해에 대한 조사연구(Ⅴ), 한국형사정책연구원 연구총서 (06-01), 2006.

김철수, 헌법학개론(제17판), 박영사, 2005.

박광민, "형사절차상 피해자의 지위강화", 형사법연구(제10호), 한국형사법학회, 1998.

박광섭, "피해자의 권리 보호", 전북대학교법학연구소, 법학연구 제22집, 2001.

박상식, "범죄피해자의 의견진술권에 관한 연구", 피해자학연구(제14권 제1호), 한국피해자학회, 2006.

박상식, "회복적 사법에 관한 연구", 경상대학교박사학위논문, 2004 참조.

배종대, 형사정책(제6전정판), 홍문사, 2005.

배종대·이상돈, 형사소송법(제7판), 홍문사, 2006.

송인권, "헌법상 범죄피해자 구조청구권에 관한 연구", 대전대학교 박사학위논문, 2000.

신현주, 형사소송법, 박영사, 2002.

안동준, "범죄피해자의 법적 지위와 그 발전", 형사정책연구(제3·4호 합병호), 한국형사
　　　정책연구원, 1990.

오재환, "피해자학의 위치와 전망", 형사정책연구(제2권 제4호), 한국형사정책연구원, 1991.

이재상, 신형사소송법, 2007.

조병인, "한국의 범죄피해자보호체계: 법률과 실제", 형사정책연구(제9권 제3호), 한국형
　　　사정책연구원, 1999.

최영승, "현행 형사화해제도의 실태 및 문제점", 피해자학연구(제15권 제1호), 2007.

하태훈, "범죄피해자의 형사절차상의 지위와 권리", 안암법학(창간호), 1993.

경찰청, 경찰백서, 2007.

법부부, 개정형사소송법, 2007.

법무부, 범죄피해자보호·지원 종합대책 추진 자료집, 2006.

新屋達之, "刑事節次における情報提供", 法律時報 제71권 10호, 日本評論社, 1999.

諸澤英道, 被害者學入門, 成文堂, 1992.

太田達也, "被害者に對する情報提供の現狀と課題", ジュリスト(제1163호), 有斐閣, 1999.

H. Schneider, Viktimologie Wissenschaft vom Verbrechensopfer, 1975.

John Braithwaite, "A Future Where Punishment Is Marginalized: Realistic or Utopian?",
　　　UCLAL. Rew(46), 1999.

Thomas Weigend, "Deliktsopfer und Strafverfahren", Strafrecht und Kriminologie(Band 10),
　　　1989.

제2부 범죄피해자의 의견진술권에 관한 연구

제2부
범죄피해자의 의견진술권에 관한 연구

I. 서 론

형사사법에 있어서 잊힌 존재이자 방청객에 불과했던 범죄피해자의 지위가 최근에 다시 고양되기 시작하였다. 그동안 각종 법률에서 피해자의 지위와 권한이 명시되어 있긴 하였지만 제대로 시행되지 못하였다.[1] 따라서 범죄피해자의 보호를 위하여 국가차원의 보호·지원체계를 구축하고 민간 활동을 촉진하는 등 종합적이고 효과적인 대책을 마련하기 위하여 '범죄피해자보호법'을 제정하였다.[2] 하지만 동법도 아직까지는 법무부가이드라인 수준에 머물고 있다.

범죄피해자의 권리는 보통 다음과 같은 두 가지 분류방법을 사용하고 있다.[3] 하나는 보호 등의 서비스를 받을 권리, 사회적 지원(support)을 받는 것, 2차 피해를 면하게 하는 것, 정보의 제공을 받을 수 있는 권리 등을 말한다.[4] 다른 하나는 절차적 권

---

1) 범죄피해자를 보호하기 위한 법률은 1981년의 소송촉진등에관한특례법을 시작으로, 1986년의 법률구조법, 1987년의 헌법, 1988년의 범죄피해자구조법, 1990년의 특정강력범죄의처벌에관한특례법, 1994년의 성폭력범죄의처벌및피해자보호등에관한법률, 1997년의 가정폭력방지및피해자보호등에관한법률, 2004년의 성매매방지및피해자보호등에관한법률 등을 들 수 있다.

2) 범죄피해자보호법은 2005년 12월 1일 국회에서 통과되어 2006년 3월 24일부터 시행될 예정이다. 이 법은 그동안의 법들은 범죄피해자 보호를 위한 기본법으로 보기는 어렵다는 취지에서 제정되었다.

3) A. Ashworth, "Victim Impact Statements and Sentencing", Crime. L. R. 1993, 498쪽.

4) 이러한 권리로는 피해자의 프라이버시 보호, 증인으로 출정할 경우의 보호 등을 들 수 있다.

리로서 형사절차에 참여하는 권리를 말하는데, 피해자의 충격진술제도(Victim Impact Statements)가 대표적이다.

통상 형사절차에 있어 피해자보호는 수사단계, 공판단계, 형 집행단계로 구분할 수 있다. 특히 이 가운데 피해자에게는 공판단계에서 자기의 이익을 실현하기 위해서 의견을 진술할 기회를 제공받는 것이 중요하다. 우리 헌법 제27조 제5항(1987. 제9차 헌법 개정 때 신설됨)은 "형사피해자는 법률이 정하는 바에 의하여 당해 사건의 재판절차에서 진술할 수 있다"라고 규정하면서 '형사피해자의 재판절차 진술권'을 보장하고 있다.

이의 구체적인 실현을 위하여 형사소송법 제294조의2에서 피해자의 진술권을 '증인신문절차'의 일부로 규정하고 있다.[5] 그러나 위 형사소송법 규정에 대해서는 형사피해자 진술권의 성격(피해자 진술이 가지는 소송법적 효과)이나 그 범위, 행사방법 등이 명확하지 않다는 점, 진술권을 제한하는 예외사유(제1항 단서)가 너무 광범위하여 그 실효성을 저하시킨다는 점 등이 지적되어 왔다.

즉 피해자의 진술권은 피해자에게 자신의 이익이나 주장을 형사절차에 적절하게 반영할 수 있는 기회를 제공하는 것이므로 통상의 증인신문절차와는 그 성질을 달리하는 것이다. 따라서 피해자 진술권을 증인신문의 연장으로 규정하고 이를 광범위하게 제한하고 있는 현행 형사소송법 규정은 문제가 있다. 피해자가 증인으로 이미 신문받았는지 여부에 관계없이 피해자에게는 의견진술의 기회가 부여되어야 한다.

피해자의 의견진술은 그 성질상 법정에서 증명을 요하는 사실관계에 관한 것일 수는 없다. 따라서 범죄피해결과나 처벌의 정도에 관한 의견을 그 내용으로 하는 것이므로 양형절차의 영역에 속하는 것이다. 피고인에 대한 적정한 양형의 결정이 단순히 범죄의 경중에 따라야 하는 것이 아니라 피해자가 경험한 구체적인 피해와

---

5) 일본에서도 2000년 5월에 犯罪被害者保護二法(형사소송법 및 검찰심사회법과 범죄피해자 등의 보호를 위한 형사절차에 부수하는 조치에 관한 법률)이 제정되면서, 피해자의 권리를 구체화하기 위한 여러 가지 제도가 도입되었다. 그중의 하나가 형사소송법 292조 2항의 신설 규정으로 피해자 등에 의한 피해에 관련한 심정 및 그 외의 피고의 사건에 관계되는 의견을 진술하는 것을 인정하고 있다. 이는 우리 형사소송법이 증인으로서의 진술에 한정한 것에 비하면 한층 발전된 규정으로 볼 수 있다.

형사사법에 대한 피해자의 정당한 기대를 고려해야 한다는 점에서도 그러하다.

피해자의 권리의 영역에서 가장 중요한 입법상의 개혁은 범죄에 의해 피해자가 입었던 영향에 대한 진술을 통하여 양형단계에 있어서 피해자의 지위를 확보하는 것이다.[6] 즉 범죄피해자가 양형절차에 있어서 피고인에게 어떠한 형벌을 부과할 것인가에 관하여 의견을 진술할 기회를 부여하는 것이다.[7]

보통 피해자의 형사사법에 대한 불평은 형사재판의 불공정보다도 형사사법제도의 절차 특히 판결형성과정에 관여하지 못하고 또한 '당사자적격'(standing)을 부여받지 못하고 있다는 점이다.[8] 미국의 경우 피해자가 양형절차에서 피해결과를 진술하는 VIS(Victim Impact Statement)와 양형에 대한 의견을 진술하는 VSO(Victim Statement Opinion)을 규정하여 피해자를 최대한 보장하고 있다. 이러한 규정들에 대해서 찬·반 논쟁이 있지만, 미국의 대부분의 주에서는 시행하고 있다. 영국, 독일, 프랑스 또한 사인소추(action civil)가 존재하고, 특히 독일은 부대공소(Nebenklage)제도를 두어 피해자의 공판절차 참여를 보장하고 있다.

하지만 이러한 제도들이 인정되지 않는 우리나라에서 피해자의 권리 보호의 하나로서 공판정에서의 피해자진술권은 반드시 필요하다고 본다. 따라서 본 연구는 우리나라와 각국의 피해자 의견진술제도를 고찰하여 문제점과 대책을 제시하는 데 그 목적을 두었다.

---

6) M. McLeod, "Victim participation at sentencing", Criminal Law Bulletion(22), 1986, 501−517쪽; Edna Erez(椎僑隆幸 譯), 量刑手續への被害者の參加: 量刑の結果そして被 害者の福祉, 犯罪被害者と刑事司法, 成文堂, 1995, 249쪽.

7) M. Hoffma, "Victim impact statements", Western State University Law Review(10), 1983, 221−228쪽.

8) S. Welling, "Victims in the criminal process: A utilitarian analysis of victim participation in the charging decision", Arizona Law Review(30), 1988, 85−117쪽.

Ⅱ. 피해자 의견진술의 목적과 찬반론

1. 피해자의견진술의 목적

1990년대 형사입법의 동향은 흉악화, 조직화, 국제화한 범죄현상에 대한 대책 필요성의 강조였다. 따라서 대부분의 국가들은 효율적 수사와 중한 판결을 지향하는 입법이 요구되었다. 관련 정책을 실현하자는 의도로 조직범죄에 대한 입법, 소년법의 개정 등 실제적으로 엄벌화가 추진되었다.

이에 대응하여 피의자·피고인의 방어권을 강화하자는 의도의 입법운동이 대항관계를 이루었으며, 그중의 한 예로는 구속영장실질심사제도, 기소 전 보석 등을 들수 있다. 형사절차에서의 피해자를 보호하는 규정들은 피해자 등이 심정 및 기타의견의 진술, 공판절차에서 피해자의 방청, 공판기록의 열람 및 등사, 형사절차에있어서 화해 등을 들 수 있다. 이러한 내용의 대부분은 앞서 설명한 분류에서 피해자를 위한 서비스의 제공에 해당하는 것이다.

피해자의 의견진술보장제도는 피해자 본인이 직접 공판정에서 진술할 수 있어, 피해자가 주도권(initiative)을 가지고 형사절차에 관여할 수 있는 길이 열렸다는 점에서 의의가 있다. 이 자체만 보아서는 타 피해자보호제도에 비하여 독특하다고 할수 있다. 그러나 여러 선진국의 경우와 비교해서 피해자에 대한 사회적 서비스가충분하지 못한 우리나라로서는 범죄 피해자가 공판정에서 의견을 진술하면서 가해자에게 중한 형벌을 요구하는 등의 단순한 응보적 성격을 가져서는 안 된다.

이와 관련하여 오늘날 형사사법이 진정으로 필요로 하는 것은 피해자 보호를 위한 서비스라 할 수 있다. 그중에서 중요한 것은 공동체의 사회적 연대를 축으로 한서비스체제의 구축이며, 이것은 주로 재정의 투입이 필요한 국가의 책임이라고 판단된다.

즉 피해자의 공판절차에서의 의견진술은 피해자보호를 위하는 것이 일차적 목적이다. 따라서 피해자 진술이 피해자 보호가 아니라 공판정에서의 증인신문의 일부로서 또는 가해자의 중벌화 기능을 하게 하여서는 안 된다.

2. 피해자 의견진술의 필요성

형벌제도가 발전하기 시작하면서 형벌학에 있어서 피해자의 중요성은 그만큼 낮아졌다. 그 결과 피해자는 제2차적 역할에 지나지 않는 형사사법절차가 탄생하였다. 즉 피해자는 범죄를 수사기관에 신고하는 데 그치고, 그 처벌 여부는 수사기관이 결정하고, 공판절차에 있어서도 피해자는 방청객으로서 또한 증인으로서의 역할밖에 할 수 없다.

이렇게 형사사법의 절차로부터 피해자를 제외하는 것은, 민사소송과 형사소송을 분리를 의미하고, 또한 벌금은 피해자와 무관한 국가와 가해자와의 문제로서 반드시 국가에 납부해야만 하는 것을 의미한다.

따라서 지금까지의 우리형사사법에 있어서 피해자가 적극적으로 행사할 수 있는 권리는 없었다. 이러한 문제점을 보완하는 것이 바로 피해자의 공판절차에서의 의견진술이라 할 수 있다. 이는 피해자의 형사절차에 참가하는 형태 중에 가장 적극적이고, 피해자의 의견을 가장 직접적으로 형사절차에 반영할 수 있는 피해자보호를 위한 척도(barometer)라 할 수 있다.

즉 피해자의 의견진술권은 피해자에 대한 치료적 효과가 있으며, 양형의 질을 향상시킬 수 있다. 또한 피해자를 전통적인 당사자로 인식하여, 피해자의 소외감을 감경하고, 사법에 대한 만족도를 향상하여 존엄을 회복할 수 있다. 이러한 점은 가해자의 엄벌화되는 것이 아니라, 오히려 입은 피해와 결정의 과정을 비례성에 입각하여 보다 더 정보를 확보할 수 있게 된다.

우리나라는 1987년 헌법 개정에 따라 형소법 294조의2에 피해자의 공판정 진술권을 도입하였다. 하지만 우리 형소법은 피해자의 진술권을 증인신문의 연장으로 파악하고 있을 뿐 아니라, 신청인이 당해 사건에 관하여 공판절차 또는 수사절차에서 충분히 진술하여 다시 진술할 필요가 없다고 인정되는 경우에는 진술신청을 배척할 수 있게 하는 등 헌법의 취지를 제대로 살리고 있지 못하고 있다.

따라서 피해자를 증인으로서의 지위가 아니라 공판절차에서 주체로서의 적극적으로 자기의 의견을 표명할 기회를 주는 것이 필요하다. 이러한 취지하에 2004년 법무부는 범죄 피해자가 법정에서 범죄 피해에 따른 심경과 처벌 의견을 말하려 할 경우 재판장이 의무적으로 진술 기회를 주도록 하는 내용의 형사소송법 개정안을 마련하여 2005년까지 입법예고를 할 것이라고 밝혔다. 하지만 2006년 2월 법무부의 입법예고에는 이 부분이 제외되어 피해자의 권리보호에 소홀하였다는 비판을 면하지 못할 것으로 보인다.

3. 피해자의견 진술 논쟁

피해자의 의견진술에 있어서는 미국의 Erez와 영국의 Ashworth의 논쟁이 대표적이다. 이 제도의 도입 여부에 있어서 긍정론자인 Erez는 피해자의 진술은 피해자에 대한 치료적 효과가 있으며, 양형의 질을 향상시킬 수 있다고 주장한다. 이는 피해자를 형사소송에서의 당사자로 인정하여, 피해자의 소외감을 감경하고 사법에 대한 만족도를 향상하여 피해자의 존엄성을 회복하자는 데에 있다.[9] 뿐만 아니라 피해자의 진술은 피고인을 엄벌화하는 것이 아니라, 오히려 피해자의 피해와 피해의 과정을 비례성에 입각하여 보다 많은 정보를 확보할 수 있게 된다는 데에 그 의의를 찾을 수 있다.[10]

---

9) E. Erez, "Integrating a Victim Perspective in Criminal Justice Through Victim Impact Statements", in Adam Crawford and Jo Goodey(eds), *Integrating Victim Perspectives in Criminal Justice,* 2000, 165쪽.

10) E. Erez, "Who's Afraid of the Big Bad Victim? Victim Impact Statements as Empowerment and Enhancement of Justice", 1999, Crime L. R, 1999, 545쪽.

이에 대한 Ashworth의 반론은 예견할 수 없는 양형결정의 문제, 피고인 권리보호의 유지, 피해자의 기대를 증대시키는 등의 어려운 문제가 있다고 주장한다.[11] 뿐만 아니라 사적인 고려를 공적인 절차에 개입하게 하는 문제, 공적인 재량권에 피해자의 주관적인 요소가 개입되면 법원의 냉정한 결정과정을 위태화하여, 결과적으로 불균형을 더욱더 초래한다고 비판을 하고 있다.[12]

피해자의 진술권을 가장 잘 발전시킨 법체계로서는 미국을 들 수 있다. 그 방법은 피해자가 양형절차에서 피해결과를 진술하거나, 양형에 대한 의견을 진술하는 것이다. 이하에서는 미국의 양형절차에서의 피해자 의견진술의 찬·반론과 구체적인 조사연구의 결과에 대하여 살펴보고자 한다.

1) 논 쟁

① 찬성론

양형절차에 피해자의 진술을 지지하는 자는 자기에게 유리한 다양한 도덕, 형벌, 실무상의 이유를 들고 있다. Rubel의 주장에 의하면 양형의 효과(범죄에 대한 공중의 비난)는 피해자가 그 감정을 전하는 경우에는 더욱더 큰 효과가 나타날 것이라고 보고 있다.[13] 양형절차에서의 피해자의 참가는 당사자의 지위를 인정하는 것뿐만 아니라 개인의 존엄을 인식시키는 계기가 된다. 또한 양형절차를 보다 민주적으로 운영할 수 있고, 지역사회의 반응을 잘 조절할 수 있다.[14] 그 결과 피해자는 형사사법의 적극적인 협력을 통하여 효율을 높일 수 있다.[15]

---

11) A. Ashworth, "Victim Impact Statements and Sentencing", Criminal Law Review, 1993, 498쪽.

12) A. Ashworth, "Victims' Right, Defendants' Rights and Criminal Procedure", in Adam Crawford and Jo Goodey(eds), Integrating Victim Perspectives in Criminal Justice, 2000, 185-204쪽.

13) H. Rubel, "Victim participation in sentencing proceeding", Criminal Law Quarterly(28), 1986, 228쪽.

14) L. Handerson, "The wrong of victim's right", Stanford Law Review(37), 1985, 1003-1005쪽.

뿐만 아니라 피해자의 양형참가를 통한 진술은 양형에 있어서 균형성과 정확성, '신상필벌'을 통한 '공정성'을 증진시킬 수 있다. 중요한 것은 형사사법의 배후에 사건이 얼마나 해결되었는가를 진지하게 이해를 가진 자가 있다는 것을 법관, 배심원, 검사 등이 생각할 수 있다는 것이다.[16]

한편 피해자는 감정을 표현하는 기회를 가짐으로써 정신적 고통과 가해자와의 불평등한 감정을 감소시킬 필요가 있고, 형사사법의 만족, 심리적인 치유, 회복을 가지는 것도 필요하다.[17]

공정이라는 것은 법원이 가해자, 가해자의 변호사, 가족 등과의 대화에 피해자와 관련된 자와도 발언을 할 기회를 허락하는 것을 의미한다.[18] 또한 피해자의 참가는 소추의 효율성과 제재의 확실성도 높이고, 억지력을 향상시킬 수 있다. 특히 피해자가 가해자의 미래의 범죄행위에 관한 잠재적 가능성에 있어서 특별한 지식을 가지는 경우에는 그로 하여금 죄를 짓지 않게 할 가능성을 높인다. 피해자의 진술이 무엇보다 중요한 것은 가해자의 사회복귀를 촉진할 가능성도 있다는 것이다.[19]

② 반대론

양형절차에 피해자의 진술을 반대하는 자들은 대부분 재판외부와 재판의 실제에 관한 법률상의 논쟁으로 실무와 밀접하게 관련되어 있다. 즉 피해자의 양형에 관한 진술은 불균형의 양형과 자의적 양형이 증가할 가능성이 있다. 후자는 사형사건에 있어서 피해자 진술(VIS)의 사용을 거부한 근거였다(Booth v. maryland, 1987). 한편 검사는 사건에 대한 제어가 침범되고, 결과에 대한 예측 가능성이 감소되는 것을

---

15) A. Goldstein, "Defining the role of the victim in criminal prosecution", Mississippi Law Journal(97), 1982, 488-507쪽.

16) D. Kelly, "Victims", Wayne Law Review(34), 1987, 76쪽.

17) E. Erez, "Victim participation in sentencing: Rhetoric and Reality", Journal of Criminal Justice(18), 1990, 19-31쪽.

18) C. Summer, "Victim participation in the criminal Justice system", Australian and New Zealand Journal of Criminology(20), 1987, 204쪽.

19) P, Talbert, "The relevance of victim impact statements to the criminal sentencing decision", U. C. L. A. Law Review(36), 1987, 212쪽.

두려워하기 때문에 피해자의 양형참가를 반대하고, 변호인은 피해자의 관여를 방어권의 방해로 이해한다.

그러나 피해자의 참가에 대한 반대론은 사상적 근거에 기초를 두고 있다. 즉 피해자가 획득한 모든 권리는 피고인이 상실한 권리라는 것이다. 뿐만 아니라 피해자를 절차에 참가하는 것은 고대의 응보적, 억압적, 복수로 되돌아가는 것을 의미한다.[20] 피해자가 형사절차에 참가하여 진술하는 것은 피고인에 대한 보다 가혹한 형벌을 과하는 것을 목적으로 하는 또 하나의 시험대라고 볼 수 있다. 또한 피해자는 법관이 자기의 진술을 양형에 참작할 것이라는 기대를 하고 참가하였는데 참작하지 않고 무시하는 것을 알게 되면 오히려 분개할 수도 있다.[21] 뿐만 아니라 피해자의 참가는 피해자가 다시 범죄를 상기하게 되어 제2의 피해를 초래할 수 있을 뿐만 아니라 피해자의 심리를 불안하게 할 소지가 있다.

2) 설문을 통한 피해자의 진술의 영향

공판정에서의 피해자의 진술을 반대한 자가 우려한 문제점은, 대부분 조사연구에서 검증되지 않았다. 특히 우려했던 피해자의 피고인에 대한 엄벌화의 요구는 일반공중에 비하여 결코 징벌적이지 않으며, 대부분의 피해자는 통상 최고형을 요구하지도 않는다는 것이다.

VIS의 내용을 검토한 연구에 의하면, 중범죄의 1/3의 피해자만이 가해자의 구금을 통한 처벌을 요구하고 있다는 것이다.[22] 또한 폭행·협박의 피해자가 원하는 것은 가해자에 대한 형벌의 부과보다도 원조 또는 카운슬링의 제공이다. 심지어 가해자를 알지 못하는 경우조차도 그렇다. 피해자의 형사사법에 대한 평가를 보면, 가해자는 충분한 형벌을 받지 아니한다고 대부분의 피해자가 알고 있지만, 그 감정은

---

20) L. Sebba, "Victim and the parameters of justice system, Paper presented at the Fifth International Symposium on Victimology", Zagreb, Yugoslavia, 1985. 10쪽.
21) L. Handerson, 앞의 논문, 1006쪽.
22) E. Erez·P. Tontodonato, "The effect of victim participation in sentencing on sentence outcome", Criminology, 28(3), 1990, 451-474쪽.

일반 공중을 대변하고 있다.

형벌에 대한 조사에 의하면, "공중의 태도는 현실의 실무보다도 징벌적 경향이 있다"는 것이다.[23] 대부분의 피해자는 법원의 결정이 피고인에게 관대하다고 인식함에도 불구하고 약 1 / 3의 피해자만이 보다 엄한 양형을 요구하고 있다.

양형에 있어서의 피해자가 종종 요구하는 '응보적' 요소는 피해자가 다른 처우방법을 알지 못하기 때문이라는 것이다. 즉 피해자가 가해자의 구금을 요구하는 경우는 통상 피해자가 사회봉사명령 또는 치료처분 기타 배상과 같은 처분을 알지 못하기 때문으로 보인다. 또한 대부분의 피해자는 검사가 행한 처분결정의 제안을 받아들이는 경향이 있고, 심지어 피고인의 변호인이 의뢰한 처분제안조차도 받아들이는 경향이 있다.

한편 형사사법 과정에 있어 있어서 많은 정보를 피해자에게 제공하는 것은 형사사법제도를 적극적으로 평가하는 원인이 될 뿐만 아니라 그것은 보다 엄한 양형을 과하는 것과 같은 중요한 원인이 된다. 피해자에게 최신의 정보를 제공하는 것은 피해자에게 사건을 제어할 감각을 부여할 뿐만 아니라 피해자에게 권리를 침해당한 당사자라는 것을 인식시키는 것도 된다.[24]

Hudson에 의하면, 피해자의 참가가 신속한 재판을 위반하고, 비용을 많이 들게 하는 것은 아니라는 것이다. 때로는 오히려 사건을 보다 신속하게 처리할 기능성도 있다.[25] 다수의 검사들은 피해자의 진술을 논리와 절차의 이유를 들어 곤란성을 지적하고 있지만, 일반적으로 피해자의 참가를 적극적으로 고려하고 있다. 이와 같은 생각은 법관도 공유하고 있다. 뿐만 아니라 피해자의 진술은 배상액과 양형의 종류·장기의 영향을 미침으로 인하여 형사사법의 질을 개선시킬 수 있다고 대부분의 법관과 검사는 생각하고 있다. 피해자의 참가가 사건 해결을 악화시킬 수 있다는 생각은 실무가는 극히 소수에 지나지 않는다.

---

23) S. Zimmerman · D. Alystyne · C. Dunn, The National Punishment Survey and public policy consequences, Journal of Research in Crime and Delinquency(25), 1988, 120쪽.

24) M. McLeod, 앞의 논문, 1986, 510쪽.

25) P. Hudson, "The crime victim and the criminal justice system": Time for a change, Pepperdine Law Review(11), 1984, 23쪽.

그러나 대부분의 법관이 피해자의 참가를 양형 결정에 있어서 중요하다고 느끼고 있지만, 피해자의 참가와 정보의 제공을 등한시하고 있다는 것이다. Erez와 Tontodonato 의 연구에 의하면, 피해자가 스스로 진술권이 있다고 알고 있는 자는 과반수가 되지 않고, 극히 소수의 피해자(약 6-8%)만이 권리를 행사하고 있다. 특히 1/5의 피해 자는 VIS가 무엇인지 알지 못하며, 또한 같은 비율의 피해자는 실제로 서면진술이 있음에도 불구하고 VIS의 기재사항을 기입하지 않고 있다고 한다.26) 법관은 스스로 주재한 대부분의 사건에서 서면으로 피해 진술서를 작성하도록 요구하고 있지만, 작성하는 피해자는 거의 없고, 작성하는 피해자는 법원 사건의 8-15%에 불과하다.

한편 오하이오 주의 강간피해자의 VIS를 통한 양형절차의 참가에 관한 연구에 의하면, 법원은 피해자의 진술이 법원이 생각하고 있는 양형과 일치하는 경우에는 피해자가 진술을 받아들이지만, 그렇지 않는 경우에는 피해자의 진술은 양형에 영 향을 미치지 않는다는 것이다.27) 또한 법원은 피해자가 수용형(구금)보다도 보호관 찰을 원하는 경우에는 양형에 관한 피해자의 요구를 무시하는 경향이 있다.

Erez와 Tontodonato는 가해자가 형을 받은 500건의 중죄사건을 검토한 결과 피해 자의 응보감정과 구금형의 요구는 법원의 양형의 선택에 영향을 미치지 않는 것을 발견하였다.28) 보호관찰을 결정할 것인가 구금형을 결정할 것인가는 범죄의 중대성, 전과의 유무, 법률상 고려할 사항에 의하여 주로 결정된다. 그렇다고 하더라도 이 연구에 의하면, 피해자의 진술이 구금형을 과할 가능성에 영향을 미치고 있다는 것 을 밝혀냈다. 이처럼 피해자의 특정의 응보요구보다도 가해자가 피해자에게 부여한 영향이 보호관찰의 가능성에 영향을 미친다는 것이다. 피해자 진술(VIS)의 효과에 관하여 법관에 대하여 행한 조사에 의하면 다음과 같은 사실을 알 수 있다. 즉 법 관은 '주관적'인 정보와 특히 양형에 있어서의 의견보다도 '객관적'인 정보가 양형 결정에 영향을 미친다고 한다.29)

---

26) E. Erez · P. Tontodonato, 앞의 논문, 460쪽.
27) A. Walsh, "Placebo Justice: Victim recommendations and offender sentences in sexual assault cases", Journal of Criminal Law and Criminology(77), 1986, 1126-1141쪽.
28) E. Erez · P. Tontodonato, 앞의 논문, 1990, 465쪽.
29) S. Hillenbrand · B. Smith, "Victim Rights Legislation: An assessment of its impact on

Ⅲ. 각국의 피해자 의견진술제도

1. 서 설

공판정에서의 피해자진술권은 사인소추제도가 인정되지 않는 국가에서 문제된다. 대표적인 국가로는 미국을 들 수 있다. 미국은 사인소추를 인정하지 않는 대신에 피해자진술권을 광범위하게 인정하고 있다. 즉 미국은 피해자가 양형절차에서 피해결과를 진술하는 것(victim impact statement, VIS)과 양형에 대한 의견을 진술하는 것(victim statement of opinion, VSO)을 규정하여 피해자 진술권을 최대한 보장하고 있다.[30] 영국은 피해자의 권리 중 가장 강력하다고 할 수 있는 '사인소추권'을 인정하여 피해자의 공판절차에의 참여를 인정하고 있다.[31] 사인소추권이 인정되고 있음에도 1986년부터 6개 지역에서 pilot사업의 일환으로 시험적으로 시행하였다. 독일은 부대공소(Nebenklage)제도를 도입하여 검사가 제기하는 공소절차에 피해자가 보조적으로 참여할 수 있다.[32] 이는 피해자의 공판절차 참여를 가장 포괄적이고 가장 강력하게 보장하는 제도라 할 수 있다. 프랑스 또한 사인소추제도 인정함으로써 피해자를 공판절차에 참가시키고 있다. 즉 피해자가 예심판사에게 소를 제기하여 예심판사가 정식재판을 하기에 충분한 혐의가 인정된다고 판단하여 절차를 개시하면

---

criminal justice practitioners and victims", Report of the American Bar Association to the National Institute of justice, 1989, 80쪽.

30) 미국 연방 형소규칙은 피해자 및 증인보호법 제3조에 의거하여 양형절차에서 보호관찰관이 법관에게 제출하는 보고서에 피해자의 범죄피해결과에 관한 진술을 반드시 기재하여야 한다는 규정을 두고 있다: Federal Rules of Criminal Procedure, §32(c) (2).

31) 1985년 '기소에 관한 법률'이 제정되어 사인소추에 대한 규정이 체계화되기 시작하였다. 사인소추가 제기되는 사건은 전체 사건의 약 0.7% 정도이다.

32) 참가할 수 있는 범죄는, 살인미수죄, 상해죄, 성범죄 등이다. 매년 5~12% 정도 사건에서 피해자가 부대공소로 공판절차에 참가하고 있다.

검사가 이를 인수하여야 하고, 피해자는 사소당사자로서만 절차에 참여할 수 있다. 일본은 우리나라와 마찬가지로 사인소추권이 인정되지 않고 있다. 대신에 형사소송법 제292조의 2를 신설하여 피해자를 공판절차에 참여시켜 진술하도록 하고 있다.

이하에서는 미국의 피해자진술제도, 영국의 pilot사업의 시행결과와 우리나라와 유사한 일본의 제도를 살펴보고자 한다.

2. 미국의 피해자 의견진술

1) 입법과정

미국도 다른 나라와 마찬가지로 대다수의 피해자가 경제적 · 심리적으로 고통을 당하고 있고, 특히 형사사법에 대한 부정적인 관념이 지배하였다. 따라서 피해자의 궁박을 개선하고 피해자에 대한 다양한 권리를 부여하자는 운동이 전국적으로 시작되었다.

1980년 중반 개혁을 실현하려는 운동의 노력은 범죄로부터 발생하는 경제적 곤란의 대응에 초점이 맞춰졌다.[33] 국가(주)로부터 보상 및 가해자로부터의 배상의 프로그램이 거의 모든 주에서 제정되었다.[34] 범죄에 기인하는 정신적 고통을 치료하기 위한 임상심리학적인 카운슬링 및 기타 원조도 또한 제공되었다.[35] 이와 같은 과정이 계속되어 피해자의 권리를 획득하기 위한 도전은 처음 계획했던 영역을 초월하여 형사사법과정에서의 피해자의 복권(reintegration)이 중심적인 위치에 자리잡게 되었다.[36]

---

33) P. Hudson, 앞의 논문, 1984, 23 − 62쪽: B. Smith, "Trends in the victims' right movement and implication for future research", Victimology(10), 1985, 34 − 43쪽.

34) B. Galaway, "Restitution as innovation or unfilled promise?", Federal Probation(51), 1988, 3 − 14쪽.

35) S. McGuire, "Victims' rights laws in Illinois", Two decades of progress, Crime and Delinquency(33), 1987, 532 − 540쪽.

일반적으로 형사사법제도에 있어서 피해자의 불만은 절차의 지연, 불필요한 재판의 진행, 불쾌한 대기실, 범인의 협박의 우려 등을 들 수 있다. 그러나 피해자의 가장 중대한 고통은 소송절차에 있어서 '당사자적격'(standing)과 발언권(voice)이 없다는 것이다.

검사가 피해자를 대변하는 것은 피해자의 경험과는 모순된다. 피해자는 수사 기간에 고소하는 것을 제외하고는 형사사법의 절차에 배제되어 있다. 즉 피해자는 소추권이 없고, 법원은 검사의 소추결정의 심사에 소극적이다. 뿐만 아니라 공소기각, 공소사실의 변경, 답변의 결정권, 양형결정권도 없다.

공공의 이익과 피해자의 이익이 충돌하는 경우에는 전자가 후자에 우선한다. 공공의 이익의 고려는 피해자의 사건에 있어서의 증거의 질·양과 피해자가 받았던 상해의 정도와는 무관하다. 형사절차에 있어서 피해자의 관여와 의견이 무시되면 피해자의 소외감은 증대하기 마련이다. 많은 사건에 있어서 피해자는 사건의 상황과 결과에 대하여 알지 못한다. 검사는 공소사실이 변경된 이유 등을 피해자에게 고지할 필요도 없다. 법원은 또한 피해자를 소송의 주체가 아닌 사건의 '증인'으로 보고 있다. 하지만 피해자 스스로는 당사자로 생각하고 있고, 공판절차에 있어서 당사자는 아닌 이유와 공판절차를 제어할 권한이 없다는 것을 이해하지 못한다.[37]

피해자에게 공판절차에 있어서 발언할 기회를 주지 않는 것은 형사사법의 불신을 초래하는 계기가 된다. 따라서 피해자에게도 최소한도 범죄와 가해자의 처우에 있어서의 관심과 희망을 발언할 기회를 주어야 한다는 여론이 확산되었다. 미국의 대통령특별위원회보고서에서도 "피해자는 피고인과 동등하게 법정에서 발언할 권리가 있다"고 명시되어 있다.

형사절차에 있어서 피해자의 권리를 보호하는 것은 여러 가지 있을 수 있지만 그 중에서 가장 중요한 것이 바로 공판절차에서의 피해자의 의견진술권의 입법화라 할

---

36) D. Kelly, Victims, Wayne Law Review(34), 1987, 69-86쪽: H. Rubel, "Victim participation in sentencing proceedings", Criminal Law Quarterly(28), 1986, 226-250쪽.

37) M. Young, "A constitutional amendment for victims of crime: The victims' perspective", Wayne Law Review(34), 1987, 51-68쪽.

수 있다.[38] 미국은 1982년 범죄피해자에 관한 대통령 특별위원회((President's Task Force on Victim of Crime)에서 수정헌법 제6조를 "피해자는 피고인과 동등하게 모든 형사소추에 관련하여 법관이 관여하는 모든 단계에 출석하여 청문을 받을 권리가 있다"라는 규정을 첨가하도록 제안하였다.[39] 이러한 제안은 당시 미국의 많은 주에서 채택하였다.

형사사법과정에 피해자가 참가한다고 하여 피고인의 권리를 축소, 형사사법의 비용의 증가를 초래하는 것은 아니다. 피해자의 형사절차의 참가는 체포로부터 양형 후의 처우 결정까지의 형사사법의 전 단계에 적용되어야 한다. 그러나 당시 미국은 양형과 교정의 단계에 주로 적용하였다.

피해자의 권리의 영역에서 가장 중요한 입법상의 개혁은 범죄에 의해 피해자가 입었던 영향의 진술을 양형단계에서 피해자의 지위를 회복하는 것이었다.[40] 보통 VIS는 범죄에 의해 재정적, 사회적, 심리적, 신체적 결과에 있어서의 손해를 포함한다.

일반적으로 현재 양형절차에 피해자가 관여하는 형태는 2개의 모델을 들 수 있다. 제1의 모델은, 양형절차에서 피해결과를 진술하는 것(victim impact statement, VIS)이고, 제2모델은 제1의 모델의 범위로 넘어 양형에 대한 의견을 진술하는 것(victim statement of opinion, VSO)을 의미한다.[41]

범죄에 의하여 피해자가 입었던 정보를 알아야 할 책임 있는 당사자는 보호관찰국과 검찰청이다. VIS는 그 내용 및 형태에 있어서 주마다 다르다. 주에 따라서 단순히 체크만 하는 주, 직접 진술하는 주도 있다. 1987년 당시 48개 주가 양형의 부과와 관련하여 어떠한 형태로 피해자가 참가할 것인가의 규정을 만들었다.[42] 또한

---

38) R. Davis · F. Kunereuther · E. Connick, "Expanding the victim's role in the criminal court dispositional process: The results of an experiment", Journal of Criminal Law and Criminology(75), 1984, 491-505쪽.

39) 이 보고서의 내용에 관한 자세한 사항은, 法務總合研究所研究部報告(9), 諸外國における犯罪被害者施策に關研究する法務總合研究所, 2000, 6쪽: Peggy M. Tobolowsky, "Crime Victim Rights and Remedies", Carolina Academic Press, 2001, 193-199쪽.

40) M. McLeod, "Victim participation at sentencing", Criminal Law Bulletin(22), 1986, 501-517쪽.

41) M. McLeod, 위의 논문, 503-504쪽.

연방정부는 그 참가의 권리를 1982년의 '총합적 피해자 및 증인보호법' 및 1984년 의 '범죄피해자에 관한법률'에서 인정하였다.

2) 의견진술의 형식과 내용

피해자가 법정에서 자기의 의견을 진술을 할 수 있는 방법은 양형절차에서 피해 결과를 진술하는 VIS(victim impact statement)와 양형에 대한 의견을 진술하는 VSO (victim statement of opinion)로 분류할 수 있다. 피해결과 진술(VIS)이 증명된 사실 정보에 초점을 두는 반면에, 피해자의 의견진술권(VSO)은 보다 주관적으로 피해자 가 피고인에게 부과되어야 할 형벌의 종류 및 형량에 대하여 자신의 의견을 법원에 제시할 수 있다는 점에서 차이가 있다. 그러나 통상 피해결과 진술(VIS)과 피해자의 의견진술권(VSO)을 VIS(victim impact statement)로 혼용하여 사용하고 있다.

피해 결과 진술(VIS)을 통하여 피해자는 범죄로 인한 의학적, 정신적, 경제적 피 해에 대하여 상세히 설명할 수 있고, 이것은 양형에서 판단자료로 사용될 수 있다. 이는 피해자의 적극적 지위의 일환으로 인정되는 것으로 증인신문절차와는 다르다. 피해자의 피해의 진술(VIS)은 법관에 대하여 서면[43]이나 구두로 할 수 있다. 서면의 경우 보통 판결전보고서(presentence report)[44]에 첨부하는 경우가 대부분이지만, 개

---

42) 28개 주에서는 신체적 피해, 27주는 심리적 영향, 33개 주는 경제적 영향을 그 내용으로 하고 있다. 특히 16개 주에서는 형량이나 원상회복 제안에 대한 피해자의 의견을 포함하 고 있다: 법무부, 형사법상 범죄피해자의 원상회복제도(미국·프랑스를 중심으로), 2002, 39쪽 재인용.

43) 미국 연방 형사소송규칙은 피해자 및 증인보호법 제3조에 근거하여 양형절차에서 보호 관찰관이 법관에게 제출하는 보고서에 피해자의 피해결과에 관한 진술을 반드시 기재하 여야 한다고 규정하고 있다: Federal Rules of Criminal Procedure, §32(c)(2).

44) 우리나라는 미국의 판결전보고서와 유사한 판결 전 조사제도를 소년형사범에 한하여 실 시하고 있다(보호관찰등에관한법률 제19조). 판결 전 조사제도란 유죄가 인정된 자에게 적합한 처우를 찾아낼 수 있도록 판결을 하기 전에 피고인의 인격·소질·환경에 대한 과학적 조사를 양형의 기초로 사용하는 제도를 말한다. 미국은 보호관찰(probation)제도와 관련하여 널리 채택하고 있지만, 대륙법계 국가에서는 양형절차가 유무죄의 판단과 구별 되지 않는 소위 소송절차가 이분화가 되어 있지 않아 이 제도를 전면적으로 도입하기는 어렵다는 견해가 지배적이다. 판결전조사제도는 양형의 합리화와 개별적인 교정의 합리

별적이고 독립적인 문서로도 할 수 있다.[45] 서면의 형식은 보통 보호관찰관이나 검사가 피해자와 협의한 후에 보고서 형식으로 제출하는 것이 일반적이다. 하지만 피해자가 직접 질문서에 기재하거나 피해자가 진술한 것을 담당자가 작성하여 제출하는 경우도 있다.[46]

구두의 경우는 피해자가 직접 법관의 양형심리에 진술하는 경우를 말한다.[47] 법관 앞에서의 의견진술은 주에 따라 권리로 되어 있는 경우도 있고, 법관의 재량인 경우도 있다. 예컨대 California에서는 피해자가 양형절차에 참석하여 자신의 입장을 논리적으로 진술할 수 있는 성문법상의 권리를 가지고 있다.[48] 그러나 연방관할 사건에 있어서는 폭력범죄나 성범죄의 경우에만 피해자 진술을 요구하고 있으며, 법원이 피해자 진술을 경청할 것을 요구하는 어떠한 원칙도 존재하지 않는다. 이러한 제도는 '피해자영향조서'(VIS)와 함께 오늘날 미국의 형사절차에서 매우 중요하고 일반적인 제도로 정착되어 있다.

VIS는 크게 두 가지의 내용으로 분류할 수 있다. 즉 피해자의 피해상황에 대한 객관적인 자료만을 대상으로 하는 것과, 객관적 자료 외에 범죄행위와 범죄자 및 양형제안에 대한 피해자의 주관적인 내용도 포함하는 것이다. 예컨대, Connecticut 주에서는 "사건의 사실관계와 범죄로 인하여 직접 야기된 신체피해, 경제적 손실과

화에도 유용하게 이용될 수 있다는 장점이 있지만, 유죄판결 후에 양형선고 전에 조사를 하는 경우에는 조사결과에 대한 피고인의 반론의 기회가 없다는 것이 문제이다. 따라서 이 제도가 정착하기 위해서는 조사결과를 피고인에게 공개하고, 피고인이 유죄를 인정하거나 사실인정에 대해 이의를 제기하지 못하도록 확정된 때부터 조사를 하여야 하는 것이 바람직하다고 본다: 자세한 사항은, 배종대, 형사정책, 홍문사, 2003, 352-253쪽 참조; 서울보호관찰소, 판결전조사 사례연구집, 1999, 47쪽 참조.

45) S. Hillenbrand · B. Smith, "Victim Rights Legislation: An assessment of its impact on criminal justice practitioners and victims", Report of the American Bar Association to the National Institute of justice, 1989, 69쪽(Table 5-7).

46) VIS의 기재양식에 관하여는, L. Boland, "Crime Victim's Guide to Justice", Sourcebooks, Inc, 2001, 175-178쪽 참조.

47) 1987년 당시 32개 주에서 구두를 허용하였다: M, McLeod, "An examination of the victim's role at sentencing: Results of a survey of probation administrators", Judicature(71), 163-164쪽.

48) Cal. Penal Code §1191.1.

일실이익의 범위"로 제한하고 있다.[49] 이와 달리 Oklahoma 주에서는 "범죄의 상황, 범죄행위의 실행 방법 및 제안된 형량에 대한 피해자의 의견"을 포괄적으로 진술할 수 있도록 하고 있다.[50]

3) 판 례

미국 연방최고법원은 처음에는 미국변호사협회(ABA)의 주장처럼 피해자의 양형 참가는 가혹한 처벌을 초래할 우려가 있다는 의견을 표명하였다. 특히 사형사건에 있어서 VIS은 피고인에 있어 부적절하고 수정헌법 제8조[51]에 위반한다는 견해를 취하였다.[52] 그러나 1991년 6월 27일 Pervis Tyrone Payne v. Tennessee 州 사건[53]에 서 위헌판결을 변경하여 사형사건의 경우에도 피해자의 양형절차에 있어 피해자의 참가를 인정하였다.[54] 인정한 이유는 범죄에 의해 야기된 피해는 피고인의 형사책 임 및 적정한 양형을 결정함에 있어 중요한 참작요인이 된다는 것이다. 이는 양형

---

49) Conn. Gen, Stat. Ann, §54-91c(b), 1994.

50) Okla. Stat. tit. 22, §984(1), 1996.

51) 수정헌법 제8조는 "잔인하고 비정상적인 형벌이 부과되어서는 안 된다"라고 규정되어 있다.

52) VIS가 피고인의 권리를 침해하는지의 여부가 처음으로 연방최고법원에 의해 문제된 것 은 Maryland 주의 '피해자영향법'(Victim-Impact Law)과 관련된다. 1987년 Booth v. Maryland 州 사건(Booth v. Maryland, 482 U. S. 496, 1987)에서 연방최고법원은 사형사 건에 있어서 배심의 양형단계에서 VIS 이용은 피고인에게 有害할 뿐 아니라 부적절하고 수정헌법 제8조에 위반된다고 판시하였다. 그 이유는 피고인의 개인책임과 도의적인 책 임만이 사형의 양형에 있어 고려된다고 주장한다. 최고재판의 다수의견에 의하면 피해자 의 영향(이 사건에서는 살인피해자의 유족)은 피고인의 유책성과 관계없지만 배심을 선 동하여, 범죄와 피고인으로부터 시선을 돌리게 한다고 판단했다. 이 견해는 5 대 4의 근 소한 차이로 인정되었다. 연방최고 법원은, 1989년의 South Carolina v. Gather의 사건 (South Carolina v. Demetrius Gather, 490 U. S 805, 1989)에 있어서도 같은 의견을 표시 했다: Judith M. Sgarzi·Jack McDevitt, "Victimology: A Study of Crime Victims and Their Roles", Upper Saddle River, New Jersey, 2002, 338-339쪽.

53) Payne v. Tennessee, 501 U. S. 808, 1991.

54) 자세한 사건의 과정은, Judith M. Sgarzi·Jack McDevitt, 앞의 논문, 2002, pp.339-340쪽 참조.

판단을 함에 있어서 가능한 많은 자료를 기초로 하여 피고인에게 가장 적합한 형을 결정하여야 한다는 것에 입각한 것으로 보고 있다.[55] 그러나 Payne 사건의 재판은 피고인의 특성을 설명하거나 적절한 형량에 대한 의견을 개진하는 진술의 허용에 대하여는 심사하지 않았다. 이 판결을 계기로 지금까지 연방 및 州 법원은 양형의 단계에 피해자참가를 인정하고 있다.

3. 영 국

1) 입법과정

영국은 1964년 폭력범죄의 피해자에 대한 범죄피해자보상제도를 실시한 것을 시작으로 피해자에 대한 관심을 가지기 시작했다. 그 후 1972년 정부주관으로 세대조사(the General Household Survey)를 통한 피해자문제를 다루었고, 1974년에는 민간단체가 중심이 된 '피해자구제조직'이 탄생되었다. 이 조직을 기초로 1979년에는 '전국피해자원조계획협회'(Victim Support)가 설립되어 본격적인 피해자의 지원이 시작되었다. 1990년에는 형사사법에 있어서 범죄피해자지원의 기준과 피해자의 기본 권리를 규정한, '피해자헌장'(Victim's Charter: A statement of rights of crime)을 발표하였다. 그러나 이 헌장에서는 형사사법기관이 해야 할 과제만 개괄적으로 규정한 것에 불과하였고, 정보제공 등을 포함한 구체적인 문제는 규정하지 않았다. 따라서 1996년 개정된 새로운 '피해자헌장'(Victim's Charter: A statement of service standards for victim of crime)이 공포되었다. 이 새로운 헌장에는 피해자가 경찰, 검찰, 법원, 보호관찰소 등의 형사사법기관으로 보호받을 내용 및 기준을 제시되었을 뿐만 아니라, 피해자의 불복 방법도 규정되었다.[56] 이 헌장 자체는 법적 구속력이 없었지만, 형사

---

55) The 1996 Victims' Rights Sourcebook: A Compilation and Comparison of Victims' Rights Laws, NCVC, 231쪽.

56) 이 규정의 내용에 관해서는, 法務總合硏究所, 諸外國における犯罪被害者施策に關する硏

사법기관은 정부가 국민에게 한 공약의 실천을 위해서 이 헌장에 따라 피해자에 대한 다양한 서비스를 제공하였다.

1996년 새로운 '피해자헌장'의 목적의 중의 하나는 범죄피해자와 형사사법기관 간의 의사소통을 향상시키는 것으로서, 구체적으로는 피해자에 대한 정보제공의 개선과 피해자의 형사사법에의 관여를 활성화시키는 것이었다. 그것들의 실현을 위해서 일부 지역에서 project가 실시되었다. 그 project 중의 하나는 피해자에 대한 정보제공창구일원화(One Stop Shop, OSS)이고, 또 하나는 피해자진술(Victim Statement)이다. OSS는 기소, 공판, 판결에 이르는 형사절차 일련의 정보(결정사항)에 대하여 피해자가 각각의 기관으로 정보제공을 받을 수는 없고, 창구를 경찰에 일원화하여 피해자의 부담을 감경하는 것이다. VS는 범죄에 의해 입은 물리적, 경제적, 정신적인 피해 등에 대하여 피해자에게 진술할 기회를 부여하고, 경찰이 피해자를 면접하여 그 결과를 서면으로 검찰청에 보고하는 방법 외에 피해자가 직접소정의 양식에 기입하여 검찰청에 송부하는 방법을 사용하는 것을 말한다. 이 피해자진술은 피해자가 가해자와 판결 등에 대하여 의견을 진술할 기회를 부여하는 것은 아니고 어디까지나 피해의 정도에 관한 진술에 한정하고 있다. 영국의 피해자 원조는 정부에 의한 경제적 지원, 자원봉사단체에 의한 개별적·실제적인 원조, 형사사법기관에 의한 피해자보호가 각각 유기적 연관관계 속에 발전하고 있다는 것이 특징이다.[57]

2) 양형결정에의 관여

공판정의 심리과정에서 피해자에게 부여한 권리는 미약하다는 지적에 따라 피해자헌장은 피해자는 스스로 범죄에 의해 입었던 영향에 관한 정보를 제공할 권리가 있다고 규정하고 있다.[58] 경찰과 검찰청(Crown Prosecution Service: CPS)의 정책보고서

究, 法務總合研究所研究部報告(9), 2000, 59쪽 참조.

57) 영국의 피해자의 지원·보호에 관해서는, 이경재, "영국 피해자학의 발전과정과 그 주요 동향, 피해자학 연구", 한국피해자학회, 1998(제6호), 3-26쪽; 岡本美記, "イギリスにおける被害者學の刑事司法システム上の支援", 피해자학연구, 일본피해자학회, 1999(9호), 83-95쪽 참조.

도 이와 같은 권리의 실현을 표명하고 있지만. 모든 사건의 피해자가 이 권리를 향유하고 있는 것은 아니다. 또한 보호관찰관은 판결 전 보고서(pre-sentence report)를 작성함에 있어 피해자에게 미쳤던 영향에 대해서 자의적인 고려를 행할 가능성이 있다고 말하고 있다. 그래서 1995년의 '개정전영보호관찰관 프로젝트'에서는 판결 전 보고서를 준비하는 과정에 피해자가 입었던 영향을 고려하여 작성할 것을 보다 명확화하였다. 즉 보고서 중에 범죄분석에 관한 항목에서는 범죄결과 평가의 일부로서 피해자가 입었던 영향을 반드시 작성하여야 한다. 그러나 이렇게 되기 위해서는 피해자를 방문할 필요가 있는 경우도 있지만, 실제로 방문한 경우는 거의 없었다고 전해지고 있다. 특정의 피해자에 있어서는 그 자가 언급한 범죄의 영향이 양형에 어느 정도 효과를 발하고 있다고 하는 경우도 있지만, 위의 기준 규정은 피해자와의 대화를 필요로 하지 않고, 양형을 둘러싼 견해를 피해자가 표명하는 것도 허용되지 않는다.[59]

1990년의 피해자헌장은 '금후의 과제'(Question for the Future)라고 하는 항목가운데 피해자는 현재 법원에 의견을 요구할 권리가 없다고 지적하면서, 미국을 모방하여 영국에도 VIS를 법원에 제출하는 기회를 부여하자고 제안 하였다.[60] 이 영향으로 1995년에 VIS의 제출 가능성을 검토하였다. 현재 규정되어 있는 절차는, 피해자가 경찰에 진술하고, 경찰이 그것을 경찰·검찰청(CPS)에 제출하고, CPS는 법원에 보내는 사건서류 가운데 그 진술을 첨부하고, 양형 시 법원에 알리는 사건의 사실 가운데 그 상세한 진술을 포함하고 있지만, 피해자가 법원에 직접진술을 하고 진술 가운데 양형의 견해를 표시하는 것은 고려되지 않고 있다.[61]

또한 이 특별조사위원회의 제안에 대해서는 '王座法院首席裁判官(Lord Chief Justice)이 VIS를 도입할 경우 피해자의 진술이 법정에서 반대심문으로 노출될 가능성이 있고, 이 자체가 스트레스를 초래할 가능성이 있다고 지적하고 있다.

1996년의 새로운 '피해자헌장'은 VIS의 제출하는 권리에 대해서 언급하고 있다.

---

58) At 3 of the 1996 Victims Charter.
59) H, Fenwick, "Procedural 'Right' of Victims of Crime: Public or Private Ordering of the Criminal Justice Process?", Modern Law Review, Vol.60, No.3, 1997, 328쪽.
60) Home Office, Victim's Charter, 1990, 8쪽.
61) H, Fenwick, 위의 논문, 329쪽.

즉 "피해자는 본인의 이익을 위하여 범죄가 본인에게 어느 정도의 영향을 미치고 있는가를 설명할 기회가 있고, 경찰은 재피해화에 대해서 불안, 피해·손해·상해의 상세 등에 대해서 피해자에게 묻고, 경찰관, 검찰관, 치안판사(magistrate) 및 판사(judge)는 결정을 할 때 피해자의 정보를 고려한다"라고 규정하고 있다. 더구나 "피해자가 원하면, 범죄가 어느 정도 피해자에게 영향을 미치고 있는가를 상세하게 설명할 기회를 부여하고 있다"라고 규정하고 있다.[62] 이것은 불명확한 표현이지만, 현재 제한된 범위에서 인정하고 있는 진술의 권리를 넓히고, 상세한 피해 진술이 양형 결정에 영향을 줄 수 있다고 본다.[63]

한편 피고인의 책임성과는 관련이 없는 영향을 진술하는 경우가 있어 주관성과 자의성이 절차에 편입되어 적정절차가 침해되는 가능성을 지적하는 견해가 있다.[64] 이에 대하여 범죄에 의해 실제 발생한 결과가 일반적으로 예상되는 범위 내의 것의 경우에는 적정절차와 피해자의 이익을 서로 양보하여 달성시킬 수 있다는 주장이 제기되고 있다.[65]

3) pilot 사업 및 조사

영국은 미국과 달리 피해자의 의견진술제도에 대하여 신중한 자세를 취하고 있다. 재판이 진행되면 피해자는 검찰 측의 증인으로서 법정에서 증언을 할 수 있다. 그러나 피해자가 피해당한 피해의 영향을 진술하고, 양형에 대해서 의견을 진술할 권리가 인정되어 있다고는 할 수 없다. 즉 미국과 오세아니아(Oceania)에서와 같은 VIS는 인정되지 않는다. 단지 법관은 유죄인정 후 양형을 검토하기 위해서 보호관찰관에 대하여 판결 전 조사보고서의 작성을 요구하고 있다.

피해자를 돕고 있는 자원단체의 봉사자들도 많은 발언권을 피해자에게 부여하는

---

62) At 26 of the 1996 Victims Charter.
63) H, Fenwick, 앞의 논문, 329쪽.
64) A. Ashworth, "Victim Impact Statements and Sentencing", Criminal Law Review, 1993, 498-509쪽.
65) H, Fenwick, 위의 논문, 330쪽.

것은 오히려 그들에 대한 구제보다도 부담을 주게 되는 것은 아닐까 하는 염려를 하고 있다. 1996년부터 6개의 지역에서 피해자의 의견진술을 pilot사업으로 시험적으로 시행하였다.[66] 이것은 피해자가 범죄로 인한 영향을 서면으로 작성하던지 그렇지 않으면 경찰이 피해자의 진술을 청취하여 진술조서의 형태로 작성하게 하여 이를 형사사법의 각 결정과정에서 정보로 이용하는 것을 말한다.

이 진술서 또는 진술조서는 상해 등에 대한 보상의 유무, 감정적·정신적 영향 등의 참작해야 할 피해자의 이익과 관련되는 정보를 내용으로 하고 있다. 따라서 피해자의 의견표명은 아니라고 할 수 있다. 이렇게 제출한 정보의 기능은 무엇보다도 사법기관으로 하여금 무엇이 피해자의 이익에 해당하는 것인가를 평가하는 데에 있다. 그러므로 진술서는 양형의 결정에 직접적으로 영향 주는 것은 아닐 뿐 아니라 피해자의 피고인에게 향한 처벌의 감정 표명이라고는 할 수 없다.

이 사업에 대하여 두 가지 실증적 평가연구가 실시되었다. 첫째는 이 제도에 의하여 피해자의 만족도가 높아졌는지 여부 등의 피해자 측의 상황을 조사한 것이고,[67] 둘째는 진술서가 결정권자에게 영향을 끼치는지 등의 형사사법 담당자의 상황을 조사한 것이다.[68]

첫 번째 조사결과는 다음과 같다.[69] 피해자가 어떤 목적으로 진술을 하고 있는가에 대하여, 60%가 정화작용(katharsis)의 효과를 포함한 표현적 또는 치료적인 것이라고 하였다. 55%가 보다 무거운 형벌을 요구하는 도구적 이유라고 하였고, 43%가 형사사법 결정과정의 개선 등 절차적 이유라고 하였다.

이와 같이 피해자 진술은 어느 정도 피해자에게 만족을 주지만, 치료목적에 관한 약 15%만이 혜택을 받고 있다고 하였다. 이것은 다른 조사결과와 차이가 없다.

---

66) 이에 관한 자세한 내용은, 福島至, "イギリス犯罪 '被害者' 衝撃陳述をめぐるパイロット事業", 光藤景皎先生古稀祝賀論文集 下卷, 成文堂, 2001, 579쪽 이하 참조.

67) 이 조사보고서는, Carolyn Hoyle·Ed Cape·Rod Morgan and Andrew Sanders, "Evaluation of the 'One Stop Shop' and Victim Statement Pilot Projects", London, Home Office Research Development and Statistics Directorate(1998)이다.

68) 이 조사보고서는, Rod Morgan·Andrew Sanders, "The Uses of Victim Statement Pilot Projects, London", Home Office Research Development and Statistics Directorate(1999)이다.

69) 위 주(67), 587쪽 이하 참조.

절차적 및 도구적 목적에 대하여는 정형화되기가 어려웠지만, 사건의 종결시점에서 피해자의 90%가 자기의 진술서가 적용되었는가의 여부, 그리고 어느 정도로 적용되었는가에 대하여 알고 싶다고 했다. 이러한 점을 알지 못하게 된 경우에는 불만족을 표시하였다. 이 결과를 근거로 조사자는 피해자는 대부분이 불만을 가지고 있다고 결론을 내렸다.

두 번째 조사결과는 다음과 같다.[70] 조사에 의한 형사사법기관의 반응은 대개 호의적이었다. 그 이유는 진술서에 의하여 피해자는 스스로 발언권을 가지고, 정화작용(katharsis) 또는 중대한 사건에 있어서는 더욱 상세한 정보를 얻을 수 있는 수단이 되기 때문이다. 하지만 진술서가 정화작용(katharsis)의 효과만 하고, 그 이외의 효과를 갖지 못하게 되면 대다수의 피해자는 실망감을 나타낸다.

일부 검사와 법관은 '수사로 얻은 정보이상의 것은 얻지 못하였고', '내용이 과장·부적절하다'는 등의 부정적 견해를 나타냈다. 즉 도구적 및 절차적 기능에 있어서 실제적으로 실무가들은 자기들이 원하는 정보의 입수에 기울이고 있지만, 진술서에 의하여 새로운 정보를 입수된 예는 거의 없었다고 한다. 실질적 효과에 있어서도 진술서는 결코 결과에 대하여 영향을 주지 못한 것으로 평가하고 있다.

피해자 진술(VS)을 이용한 피해자도 그 과반수 이상은 이용 후에도 VS의 제도에 대하여 긍정적이었지만, 긍정하는 자의 비율은 이용 전에 비하여 감소하였고, 또한 VS의 제도에 부정적인 의견을 가지는 자의 비율은 이용 후(20%)가 이용 전(2%)의 10배 증가하였다.[71]

이와 같은 이용자의 실망감은 VS의 목적이 불명확하기 때문으로 보인다. VS의 대하여 피해자에게 요구하는 것은 피해의 정보제공이고, 가해자의 처분에 대한 의

---

70) 위 주(68), 589쪽 이하 참조.
71) VS의 이용에 대한 피해자의 의견을 보면 아래 표와 같다.

의 견	이용개시 시(%)	이용종료 시(%)
올바른 선택	77%	57%
잘못한 선택	2	20
기 타	20	20

견 제출은 할 수 없다. 그러나 VS를 이용한 대다수의 피해자는 당초 가해자의 처분을 무겁게 하는 것은 아닐까 하는 기대를 하였다. 실제로는 VS가 형사사법기관의 결정에 영향을 미치는 것은 보기 드물지만, 그 현실을 알지 못하는 피해자는 가해자에게 부과된 처분이 기대에 반할 뿐 아니라 스스로가 무시된다고 느낄 때 이것이 이용 후의 실망감의 수로 나타나고 있다. 또한 형사사법기관 특히 법관은 VS를 사실에 관한 정보와 가해자 처분을 바라는 것과의 경계선을 넘는 위험이 있다고 지적하고 있다.

보고서의 결론은 대부분 피해자헌장의 목적과 일치하지만, 이용한 피해자의 만족도는 낮다. 개선책으로서는 VS의 목적을 명확화하여 보다 신중한 실시를 요한다. 결국 피해자가 진지하게 진술할 장소가 필요하다. 또한 피해자의 감정·의견의 표출할 기회의 확보를 목적으로 한다면, 가해자의 처분에 영향력을 기대하는 것은 불가능하다. 반대로 VS를 가해자의 처분결정의 요소로 하려면, 지금까지 본 바와 같이 피해자가 원하는 VS를 제출할 수 없도록 하고 대신에 법원이 필요로 인정하는 경우에 한하여 피해자로부터 VS를 제출하게 하는 것을 제안한다.[72]

4) 조사실행자의 고찰

조사자인 Andrew와 Carolyn에 따르면, 피해자진술제도는 피해자의 이익을 증진시키기 위하여 도입되었지만, 다음과 같은 결과를 밝히고 있다.[73] ① 피해자는 증언으로 한 개의 진술만 요구되는 것이 아니라, 그 이상의 진술을 요구당하고 있고, ② 대부분 피해자가 무척 많은 사실을 말하고 있지만, 그 내용들은 별로 중요하지 않는 것들이고, 피해자는 법적으로 무엇이 중요한가를 알고 있지 못하고 있으며, 따라서 사법기관과 접촉이 없는 경우에 제도가 요구하는 것과 피해자가 중요하다고 여기는 것

---

72) A. Sanders·R. Morgan, "The Victim's Charter－An Evaluation of Pilot Project", Home Office RDSD Research Findings, 1999, 107쪽.

73) Andrew Sanders·Carolyn Hoyle·Rod Morgan·Ed Cape, "Victim Impact Statements: Don't work, Can't work, Crime" L. R, 2001, 447－458쪽.

과는 거리가(gap)가 있고, ③ 피해자에게 보다 많은 사실을 설명하게 하면, 그들이 느꼈던 공정하지 못하고 이해하지 못한 것 등을 어느 정도 해소할 수 있을 것으로 보고 있다.

그들은 피해자진술제도가 법원과의 관계에서 역할을 하지 못하는 이유를 대다수의 사건은 전형적이고, 이용 불가능한 정보의 진술을 새롭다고 하는 것은 아닐까 하고 지적한다. 또한 피해자의 진술이 그다지 효과가 없다는 것을 알았다. 그들은 피해자의 형사사법의 과정이 공정하다고 느끼려면, 결과가 설령 불만족할지라도 그 제도는 공정해야 한다고 한다.

4. 일 본

1) 입법과정

일본도 우리나라와 마찬가지로 형사절차에 있어서 범죄피해자는 절차의 당사자로서의 지위를 가지고 있지 않는다. 따라서 피해자는 고소 또는 피해서류의 제출에 의한 수사의 단서를 제공하는 외에 참고인 또는 증인으로서 수사 단계 및 공판단계에 있어서 정보를 제공할 수 있는 것에 한정된다.

그러나 2000년 5월에 제정된 소위 犯罪被害者保護二法(형사소송법 및 검찰심사회법74)과 범죄피해자 등의 보호를 위한 형사절차에 부수하는 조치에 관한 법률)에서 형사절차의 참가라는 측면에서도 피해자의 특별의 지위를 인정하였다. 이 두 법률에서 지금까지 제도적 대응이 없었던 공판절차에서의 피해자에 대한 배려와 보호

---

74) 일본은 '공소권의 실행에 관해 민의를 반영시켜서 그 적정을 도모'하기 위하여 지방법원 및 그 지부 소재지에 검찰심사회를 설치하고 있다. 검찰심사회는 중의원의원(衆議院議員) 선거권을 가진 자 중에서 추첨으로 선출된 11명의 검찰심사원으로 구성되어 있으며 독립된 '검찰심사회법'을 제정하고 있다. 주요활동은 피해자나 고소인 등이 불기소처분에 불복의 신청이 있으면 심사원 전원이 출석하여 사건기록의 조사, 증인소환, 공무소 조회 등의 방법으로 불기소처분의 타당 여부를 검토하여 결정한다.

를 도모하기 위한 여러 가지 제도 등이 규정되었다. 그중 하나가 피해자의 의견진술제도의 도입이다(형사소송법 제292조의 2). 이에 따라 피해자는 증인으로서의 입장이 아닌 특별한 지위를 기초로 절차의 관여가 인정되었다. 그러나 이 의견진술은 피해자의 법적 권리로서의 지위가 부여된 것은 아니고,[75] 그 제도의 취지도 피해자에 대한 절차의 결과에 영향을 미치는 적극적인 소송행위를 행하는 것을 인정하기보다도 오히려 공판에서 본인의 생각을 주체적으로 서술하는 장소를 설정하는 것을 주된 목적으로 하는 것이라고 할 수 있다.[76] 또한 광의의 의미에서의 피해자의 절차참가라고 할 수 있는 '우선방청'[77]도 피해자의 공판절차 출석권을 인정하는 것은 아니라고 할 수 있으며, 방청 그 자체도 법적 권리는 아니고, 법원의 배려의무를 정하는 것에 지나지 않는다.[78]

2) 형사소송법 제292조 제2항

형사절차에 대하여 국민의 신뢰를 확보하고, 범죄피해자에게 증인의 지위에 그치지 아니하고 일정한 범위에서 주체적으로 공판절차에 관여할 수 있는 제도가 마련되었다. 이는 피해자가 보복감정에 빠질 위험을 방지하고, 가해자에게도 피해의 심정 및 피해실태를 인식시킴으로써 반성과 재사회화에 도움이 될 수 있다는 취지하에 형사소송법이 개정되었다고 할 수 있다.

공판정에서의 피해자 진술이 필요한가의 설문조사를 보면, 경찰관은 137명의 응답 중 110명인 80.3%, 검찰관은 36명 중 19명인 52.8%, 보호관찰관은 40명 중 24명인 60%가 필요하다고 하였다. 특히 수사실무가의 적극적인 의견이 주목할 만하다. 필요

---

75) 松尾浩也編著, 逐條解說 犯罪被害者保護二法, 有斐閣, 2001, 102쪽.
76) 酒巻匡, "犯罪被害者による意見の陳述について", 曹時52卷11号, 2000, 17쪽.
77) 범죄피해자 등의 보호를 위한 형사절차에 부수하는 조치에 관한 법률 제2조는, "형사피고사건이 계속되는 법원의 재판장은 당해 피고사건의 피해자 등 또는 당해 피해자의 법정대리인으로부터 피고사건의 공판절차의 방청신청이 있는 때에는 방청석 및 방청희망자수 기타 사정을 고려하여 신청자가 방청을 할 수 있도록 배려하여야 한다"라고 규정되어 있다.
78) 川出敏裕, 犯罪被害者つ刑事手續への參加, 有斐閣, Jurist, No 1302, 2005. 12, 36쪽.

하지 않다고 한 자는 법관이 약간 높다(18 / 52 = 34.6%). 법관의 다수는(23 / 52 = 44.2%), 변호사(30 / 66 = 45.5%)와 더불어 '어느 쪽이라고 말할 수 없다'로 권리부여에 대한 자세가 명확하지 않았다.[79]

피해자 등의 의견진술제도를 규정한 형사소송법 제292조 2항은 형사절차에서 피해자를 일정한 한도의 주체로 참여시키는 새로운 시도라는 의의라고 파악된다. 이 의견진술은 형사소송법 제293조 제2항의 피고인의 의견진술과 유사한 점이 있지만, 의견진술이 인정되지 아니한 경우 불복 신청권이 있는가의 여부 등에서 양자의 권리는 다른 것이다. 절차상의 주요 부분은 다음과 같다. 우선 피해자 또는 법정대리인이 피해에 관련한 심정 및 기타 사건에 관련된 의견의 진술을 검사에게 제기하면, 검사는 의견을 붙여서 법원에 통지한다(동조2항). 법원은 공판기일에 피해자 등에게 진술의견을 하도록 하지만(동1항), 상당하지 않다고 인정되면 의견진술에 대신하여 서면의 제출을 요구하든가 또는 의견진술을 하지 못하게 할 수도 있다(동7항). 의견진술 후에는 재판장 및 소송의 관계자는 그 취지를 명확하게 하기 위하여 피해자 등에게 질문을 할 수 있다(동3, 4항). 그러나 의견의 진술 및 이를 대신하는 서면은 범죄사실을 인정을 위한 증거로는 할 수 없다(동9항).

피해자의 의견진술은 도대체 어느 정도의 목적 및 기능을 갖고 있는 제도인가는 명확하지 않다. 입법관계자에 의하면 피해자의 의견진술제도는 '재판이 피해자 등의 심정 등 의견을 기초로 하기에 명확하게 되고, 형사사법에 대한 피해자 등 국민의 신뢰를 한층 확보하며, 피해자 등이 형사재판의 주체가 되어 관여, 과도한 응보감정으로 흘러가지 않도록 방지하는 역할도 있으며, 피고인에 대한 피해자 등의 심정이며 의견을 인식시켜, 피고인으로 하여금 반성을 하여 새롭게 태어나도록 하는 데에 있다'고 하는데,[80] 이는 매우 포괄적이며 막연한 느낌을 준다고 할 수 있다. 여기서 진술하고 있는 것이 심정이냐 아니면 의견이냐에 대한 논쟁이 법제심의회에서도 진행되고 있지만, 그 논의는 심도 없이 중도에서 끝나고 말았다.[81]

79) 宮澤浩一, 田口守一, 高橋則夫, 犯罪被害者の 研究, 成文堂, 1996, 183 - 184쪽.
80) 酒卷匡, "犯罪被害者保護等のための新法律", 松尾浩也編著, 「逐條解說 犯罪被害者保護二法」, 有斐閣, 2001, 100쪽.

의견의 진술이 적극적으로 양형에 영향을 주고 있는지의 여부도 불명확하다. 입법관계자에 의하면 의견의 진술은 양형자료의 일부로써 가능하지만,[82] 적극적인 양형자료가 되기 위한 진술이라는 데에는 언급되지 않고 있다.[83]

3) 운용 및 해석상의 검토

영국의 pilot 사업 및 이에 대한 평가연구의 결과를 시사점으로 하여, (일본)형소법 292조 2항에서 규정하고 있는 관련 제도의 해석 및 운용에 대하여 검토하기로 한다. 영국의 경험에 의하면 의견진술제도는 효과가 없는 것으로 나타나고 있다. 오히려 역효과를 얻고 있다는 결론이 제시되고 있다. 양형의 고려사유로서 새로운 것을 부가해 주고 있는 것도 아니며, 치료적 표현적 효과도 기대하는 만큼 없는 것이다.

특히 영국에서는 진술을 서면으로만 하도록 되어 있지만, 예외적으로 서면을 요구하고 있는 일본의 현행제도와는 다른 것이다. 또한 기재한 내용도 그인 형식화되어, 진술의 내용이 보통 피해자 자신이 하고 있는 일본의 방식과는 다른 것이다. 이외에도 절차도 2분화되어, 판결 전의 조사제도가 있다. 즉 이러한 차이가 있음을 인식하고 있을 필요가 있다는 것이다.

중요한 것은 피해자 진술이 양형에 영향을 주는가의 여부를 중심으로 고찰할 필요가 있다. 첫째, 의견진술제도가 양형에 영향을 주는 제도라고 간주하면 많은 경우에 피해자의 진술은 피고인에게 분노 및 중한 처벌을 희망할 것이라고 짐작할 수 있고, 이렇게 되면 피고인에 있어서 양형상 불이익한 작용이 된다. 이러한 의견진술에 대하여 피고인은 292조 2항에 근거하여 '그 취지를 명확하게 하기 위하여'라는 질문밖에 하지 못하게 되어, 피고인의 증인대질권을 침해할 소지가 있다.

---

81) 이에 관한 자세한 사항은, 法制審議會刑事法部會第78, 80回會議議事錄, 31쪽 이하 참조; 淺田和茂, "刑事司法における被害者の地位", 梶田英雄判事守屋克彦判事退官記念論文集, 刑事・少年司法の再生, 現代人文社, 2000, 142쪽.
82) 酒卷匡, 앞의 논문, 有斐閣, 2001, 101쪽.
83) 福島至, "犯罪被害者意見陳述制度の檢討", 日本刑法學會刑法雜誌(제42권 제1호), 有斐閣, 2002. 7, 91쪽.

양형에서 불리한 작용을 하게 되는 사실에 대하여 엄격한 증명을 요구하는 설도 있으며, 양형에 영향을 주는 피해자의 진술은 의견진술의 형식이 아닌, 증인의 증언으로 간주할 필요가 있는 것이다. 따라서 피해자의 의견진술에서 검사는 그것이 양형에 영향 줄 가능성이 조금이라도 있다고 판단되면, 피해자를 증인으로 신청하게 해야 하지 않을까? 또한 마찬가지의 경우에 법원도 피해자의 신청을 받아들여 증인으로 채택해야 한다. 이처럼 의견진술이 양형에 영향을 줄 가능성이 있을 경우를 대비하여 형사재판이 보복적 징벌적 장이 되지 않도록 정화해 줄 필요가 있으며, 피고인에 있어서는 의견진술이 피해자 및 사회 전체가 희망하여 생겨난 것이라고 생각하지 않을 것이다.

한편 피해자가 범죄로 인하여 영향, 심정, 의견을 양형에서 고려하게 된다면, 당연히 의견진술 이외의 수단을 이용하게 된다. 즉 양형에 필요한 정보를 제공하게 되고, 재판을 위한 유익한 정보가 되어, 피해자의 주도권이 아니라 오히려 법원의 주도권으로 취급되는 정보가 된다. 또한 피해자의 의견진술 이외의 수단을 가급적이면 제한하는 것은 피고인의 반대질문권을 침해하게 되는 이유 외에도, 의견진술에는 이익의 폐단이 크기 때문이다. 예를 들면 감정적 표현을 한 경우가 양형에 영향을 준다고 가정하면, 동일한 사안에서 진술을 한 피해자와 하지 아니한 피해자에는 차이가 있게 된다. 그래서 범죄 자체에 관계없는 사정에 의하여 양형상의 차이가 있게 하는 것은 타당하지 않는 결론이 나오게 된다. 영국에서도 지적되고 있다시피 피고인에게 양형상의 차이를 주게 될 뿐만 아니라, 의견진술을 하지 아니한 피해자에 대하여도 사회적 비난과 압력이 있을 가능성이 있는 점을 유의해야 한다.

둘째, 의견진술이 양형에 영향주지 아니한 제도를 가설해 보기로 한다. 이렇게 되자면 사전에 피해자의 의견진술이 형사재판에 있어서 양형에 아무런 영향을 주지 않음을 설명해야 한다. 그렇지 않으면 피해자는 자기의 진술이 영향력이 있을 거라고 기대하게 되고 결과적으로 2차적 피해를 입게 된다.

사전의 설명을 누가 해야 할 것인가? 292조 2항의 규정을 보아서는 의견진술을 검사가 받아들이는 것이 적합함을 보여주고 있다. 하지만 공익의 대표자로써 유죄판결을 목적으로 하고 있는 검사로서는 입증활동을 함에 있어서 이것을 적절하게 실행할 수 있을지가 의문시되며, 오히려 형사사법의 담당자가 아닌 피해자를 위한 사회적 support의 한 내용으로 실행되는 것이 합리적이라 판단된다.

셋째, 양형에 있어서의 영향과 관계하여 또 하나의 문제를 제기하고자 한다. 법원이 무죄라는 심증을 하고 있는 단계에 피해자의 의견진술을 받게 되면, 또다시 문제가 야기하게 된다. 이러한 단계에서 피해자의 진술은 재판에 영향을 끼치지 말아야 하는 요소가 되어, 피해자는 기대를 많이 하다가 나중에는 실망하게 될 수도 있다. 이러한 의견진술은 있지 말아야 할 것이다. 형소법 제292조 2의 '상당성' 해석의 한 요소로 고려해야 할 것이다.

공판에 청구된 자 중에서 99%가 유죄가 되고 있는 일본의 상황에서, 게다가 절차의 2분화를 하지 않고 있는 법제도에서, 양형에 영향을 주는 피해자의 감정적 진술을 인정하는 것은 피고인을 유죄로 인정하게 되는 예단과 편견을 조장하는 데에 불과하다. 따라서 감정적이고 과도한 형벌을 요구하는 피해자의 의견진술은 무죄추정원칙에 반하게 된다. 이런 문맥에서 법원은 상당하지 않는 피해자의 의견진술은 제한할 필요가 있다. 일본의 의견진술제도는 어떤 목적으로 어떠한 성격을 갖추고 있는지 명확하지 않다. 여러 목적을 가지고 제도를 설계하였지만, 애매한 제도로 전락한 느낌을 주고 있다. 피해자를 위한 제도인가, 아니면 법원을 위한 것인가에 대하여도 불명확하다. 실질적으로 어떠한 기능을 하고 있는 제도인가는 앞으로의 운용에서 결정될 것으로 보인다.

결과적으로 이번에 도입한 의견진술제도는 사실상 별 효과가 없는 제도라고 판단된다. 그 이유는 의견진술이 제기되는 대부분의 경우가 앞서 설명한 바와 같이 피해자를 증인으로 취급하여 신문하고 순수한 피해자로서의 진술은 거의 하지 않는다. 따라서 형소법 292조 2항의 사실상의 의의는 피해자의 진술을 공판기일에 실행시키는 것보다도 피해자를 증인으로 하여 질문하는 기회를 촉진하는 데에 지나지 않는다고 할 수 있다.[84]

---

84) 福島至, 앞의 논문, 有斐閣, 2002. 7, 95쪽.

Ⅳ. 우리나라

1. 입법과정

우리나라의 범죄피해자에 관한 시책을 보면 1981년의 소송촉진등에관한특례법을 시작으로, 1986년의 법률구조법, 1987년의 헌법, 1988년의 범죄피해자구조법 등을 들 수 있다. 특히 1987년 제9차 헌법개정에서 신설된 피해자의 재판진술권(헌법 제27조⑤)[85]은 헌법에서 피해자의 진술권을 인정하는 세계 최초의 규정으로 그 의의가 크다. 이에 따라 1987년 형사소송법의 개정을 통하여 "범죄로 인한 피해자의 신청이 있는 경우 법원은 그 피해자를 증인으로 신문하여야 한다"고 규정하였다. 또한 최근 시행된 범죄피해자의 기본법이라 할 수 있는 '범죄피해자기본법' 제8조에서는 피해자의 형사절차 참여를 통한 진술권을 보장하였다. 뿐만 아니라 최근 검찰청에서는 고소인이나 범죄피해자들이 재판에 적극 참여하여 자신의 의견을 진술할 수 있는 내용의 '형사재판절차 참여기회 확대 방안'을 마련하였다. 따라서 앞으로는 고소인이나 피해자들도 공판기일을 미리 통보받아 재판 전에 자료를 제출하거나 법정진술권을 행사하는 등 권리를 누릴 수 있게 된다.[86]

이 외에도 범죄피해자의 보호를 위하여 비디오중계 장치를 통한 증인신문, 형사절차의 진행상황에 대하여 피해자의 통지 등이 마련되어 시행되고 있다. 이와 같은 시책의 배경에는 20세기 후반 범죄피해자의 권리·피해회복의 관심이 세계적으로

---

85) 헌법 제27조⑤는 "형사피해자는 법률이 정하는 바에 의하여 당해 사건의 재판절차에서 진술할 수 있다"고 규정되어 있다.
86) 사법제도개혁추진위원회에서도 최근, 재판 중인 형사사건의 피해자도 재판기록을 열람·등사할 수 있도록 '재판기록공개 개선방안'을 의결하였다. 이는 재판절차 진술권을 실질적으로 보장하기 위한 계기기 된다고 본다: 자세한 사항은, 법률신문, 2006년 1월 18일자 참조.

고양되어 1980년 전후부터 다양한 분야에 있어서 피해자에 관련하는 문제에 눈을 돌린 결과로 볼 수 있다.

그러나 피해자 진술에 관한 개정 형사소송법은 피해자 진술권의 배제 사유[87]를 지나치게 제한하고 있을 뿐만 아니라 헌법상 보장된 범죄피해자의 진술권을 침해할 우려가 있는 것이 문제점으로 지적되고 있다. 또한 실무상 증인으로의 지위 외에 진술기회를 부여하는 경우는 거의 없다.

1) 법무부 형소법 개정안

형사소송법은 검사, 피고인 및 법원을 형사절차의 당사자 또는 주체로 규정하고 있는 반면에 피해자는 이러한 지위에 포함되지 아니하고, 참고인(증인)의 지위에 한정하고 있다. 다만, 형사소송법에 의하면 범죄피해자는 고소권과 증인으로서 진술권만 형식적으로 보장되어 있다.

피해자의 공판정에서의 의견진술은 피해자에게 자신의 이익이나 주장을 형사절차에 적절하게 반영할 수 있는 기회를 제공하는 것이어서 통상의 증인신문절차와는 그 성질을 달리하는 것이다. 따라서 피해자 진술권을 증인신문의 연장으로 규정하고 이를 광범위하게 제한하고 있는 현행 형사소송법 규정은 문제가 있다. 피해자가 증인으로 이미 신문받았는지 여부에 관계없이 피해자에게는 의견진술의 기회가 부여되어야 한다.

또한 피해자의 의견진술은 그 성질상 법정에서 증명을 요하는 사실관계에 관한 것은 아니라고 할 수 있다. 따라서 범죄피해결과나 처벌의 정도에 관한 의견을 그 내용으로 하는 것이므로 양형절차의 영역에 속하는 것이다. 피고인에 대한 적정한 양형의 결정이 단순히 범죄의 경중에 따라야 하는 것이 아니라 피해자가 경험한 구체적인 피해와 형사사법에 대한 피해자의 정당한 기대를 고려해야 한다는 점에서도 그러하다.

---

87) 배제사유는, ① 피해자가 아닌 자가 신청한 경우, ② 신청인이 이미 당해 사건에 관하여 공판절차 또는 수사절차에서 충분히 진술하여 다시 진술할 필요가 없다고 인정되는 경우, ③ 신청인의 진술로 인하여 공판절차가 현저하게 지연될 우려가 있는 경우 등이다.

이러한 이유에서 법무부에서는 2004년 형사소송법 개정안을 내놓았다. 개정안은 다음과 같다. 현 형사소송법 제294조의2의 제목을 '피해자의 진술권'을 '피해자 등의 진술권'으로 하고, 동조 제1항 제1호를 삭제하고, 제2호 중 '신청인'을 '피해자 등'으로, '공판절차 또는 수사절차'를 '공판절차'로 하며, 제3호 중 '신청인'을 '피해자 등'으로 한다. 법원은 범죄로 인한 피해자 또는 그 법정대리인(피해자가 사망한 경우에는 배우자·직계친족·형제자매를 포함한다)의 신청이 있는 때에는 그 피해자 등을 증인으로 신문하여야 한다. 제294조의2 제2항을 "법원은 제1항의 규정에 의하여 피해자 등을 신문하는 경우에는 피해의 정도 및 결과, 피고인의 처벌에 관한 의견 그 밖에 당해 사건에 관한 의견을 진술할 기회를 주어야 한다"라고 하고, 동조 제3항 중 "신청인의 수가 다수인 경우에는 증인으로 신문할"을 "신청인이 수인인 경우에는 진술할"로 하며, 동조 제4항 중 '소환'을 '출석통지'로 한다. 또한 제294조의3를 신설하여 "법원은 범죄로 인한 피해자를 증인으로 신문하는 경우 당해 피해자·법정대리인 또는 검사의 신청으로 피해자의 사생활의 비밀이나 신변보호를 위하여 필요하다고 인정하는 때에는 결정으로 심리를 공개하지 아니할 수 있다"라고 하였다.

형사소송법 개정안은 그동안 피해자의 진술이 증인진술에 머물고 있었던 것에서 "피해의 정도 및 그 결과, 피고인의 처벌에 관한 의견, 기타 당해 사건에 관한 의견"을 진술할 수 있도록 한 것은 진일보한 것으로 보인다.[88]

이 제도를 도입함에 있어서 형사사건의 기본 구조는 피고인과 검사의 대립적 지위에 있다고 할 것인데, 피해자의 지위가 강화된다면 피고인으로서는 검사와 피해자 양자를 상대하여야 하는 상대적 불리를 감수하여야 하고, 헌법상 피고인에 대하여 무죄추정의 원칙이 보장되어 있는데, 아직 사실관계도 확정되지 않은 상태에서 피해자가 자신의 피해사실이나 양형에 관한 의견을 진술하는 것은 법관에게 불필요한 예단을 형성할 우려가 있다는 의견도 있다.

---

88) 그러나 2006년 2월 28일 공고된 '형사소송법 일부개정법률(안) 입법예고'에는 이러한 입법안에 제외되었다: 입법예고에 관한 자세한 사항은, 2006년 법무부공고 제2006-13호 참조.

2. 피해자의 진술의 문제점과 대안

공판절차에서의 피해자 진술권을 인정하는 것은 피해자의 인권을 위해서 당연하다고 본다. 특히 현재 우리 형사사법이 피해자를 위한 정의의 실현(Opfergerechtigkeit)이 미흡하다는 것을 보충한다는 의미에서 더욱더 그렇다. 문제는 어떠한 방법으로 어느 범위까지 인정할 것인가가 문제된다.

1) 증인신문과 피해자진술

피해자 진술은 증인신문과는 구별되어야 한다. 증인신문은 피고인의 유무죄를 확정하기 위하여 필요한 절차이고, 피해자 진술은 피해자가 범죄과정에서 겪은 영향을 진술하는 것이다. 그러나 현재 형사소송법이나 법무부 개정안은 증인신문처럼 소송관계인이 질문할 수 있도록 허용하여 그 취지가 반감된다.

피해자 진술권은 피해 이후 자신의 생활상의 고통에 관한 사항이나 가해자에 대한 처벌의사를 밝히는 것인데 이를 공개적으로 하고 피고인이나 변호인의 반대신문을 허용하는 것은 부적절하다.

따라서 증거로서 증인신문과 구별하고 피고인의 방어권과의 조화를 위하여 피해자 진술권은 별도의 절차에서 이루어져야 한다. 최후진술의 형태로 구성하는 것도 하나의 방안이 될 수 있다고 본다.

그러나 미국의 경우와 같이 공판절차가 이분화 되어 있지 않는 상태에서의 피해자 진술이 증인으로서의 진술과 단순히 피해자로서 피해상황이나 처벌에 대한 의견으로서의 진술이 구별이 가능할 것인가가 문제된다. 즉 피해자가 증인으로 진술하여야 하는 공소사실에 관한 진술과 피해자의 단순한 의견진술을 구별하기는 쉽지 않다는 것이다.

이러한 문제점을 보완하기 위해서는 증거조사 단계에서는 증인으로 신문하고, 피해자의 진술은 최후진술의 형태로 하는 것이 바람직하다고 본다.

2) 직권과 서면에 의한 진술

현행 형사소송법은 피해자의 신청이 있는 경우에 한하여 피해자를 증인으로 신문하고, 의견을 진술할 기회를 부여하고 있다. 그러나 피해자가 출석하지 아니하고 서면으로 진술하는 형태와 법원의 직권으로 피해자의 증인신문과 의견진술을 하게 할 수 있도록 하는 것이 바람직하다고 본다. 피해자는 탄원서, 진정서 등의 형식으로 법원에 제출하는 것이 관행이다. 따라서 진정서 등에서 나타난 새로운 사실들의 확인을 통하여 양형의 참작사유로 할 수 있다. 이렇게 될 때 재판결과에 대한 피고인 및 피해자 양측으로부터 신뢰를 얻을 수 있다고 본다.

3) 피해자 진술의 증거

피해자의 진술을 증거로 삼을 수 있는가가 문제다. 당연히 피해자의 진술은 선서 없이 하고 이를 증거로 사용하지 말아야 한다. 왜냐하면 피해자 진술은 사실에 관한 진술이 아니기 때문이다. 그러나 피해자의 진술은 간접적으로 증거의 형성에 영향을 미치지 않는다고 볼 수 없다. 사실에 대한 진술과 단순한 의견을 구별하기는 쉽지 않다. 이러한 문제는 법적으로 한계를 명백히 하기는 불가능하다고 본다. 따라서 위에서 살펴본 바와 같이 피해자가 다소 번거롭지만 증인으로서 진술과 단순한 의견진술이라는 두 단계를 구분하여 시행하는 것이 바람직하다고 본다.

V. 결 론

형사절차에서 소외되었던 피해자의 지위가 최근 범죄피해자보호법 등의 제정으로 부각되기 시작하였다. 피해자의 권리 가운데 공판정에서의 피해자 진술권은 무엇보다 중요하다. 최근의 공판중심주의로 나아가고자 하는 형사사법 시스템하에서의 피해자의 출석을 통한 진술은 더욱더 그러하다.

지금까지 우리 형사사법은 피해자에 대한 권리 보장에는 소홀했다. 현행 처벌의 적정성이나 피해구제의 효율성을 알아보기 위해, 직접 범죄 피해를 당한 경험이 있는 응답자만을 대상으로 범인 처벌 및 피해 배상 측면에서 현 형사재판이 그 목적에 충실하게 이루어지고 있는가를 조사한 결과, 범인 처벌 측면에서는 그렇지 않다는 부정적 응답이 89.7%, 배상 측면에서는 93.2%로 나타나, 대부분의 응답자가 현 형사재판이 범인 처벌 및 피해 배상 측면에서 효과적이지 못하다고 생각하는 것으로 나타났다.[89] 따라서 이러한 문제점을 시정하기 위해서 필요한 것이 피해자도 형사소송에 참여하는 주체성을 인정하여야 한다고 본다.

현재 공판정에서의 피해자 진술은 형사소송법에서 인정하고는 있지만, 예외사유가 너무 많을 뿐만 아니라 피해자가 신청한 경우에 한하여 증인의 지위에서밖에 진술할 수 없는 한계가 있다. 2004년 법무부에서 제정한 형사소송법 개정안도 신청 대상자만 확대하였지 여전히 ·증인신문으로서의 피해자진술에 머물고 있다. 그나마이 입법안도 최근의 입법예고에서 제외되었다. 따라서 앞으로 피해자의 권리보장을 위해서 공판정에서 자유롭게 진술할 수 있는 제도가 시급하다고 본다.

외국의 피해자의 진술은 앞에서 본 바와 같이 반대론자들이 우려했던 피고인의 엄벌화 등과 같은 현상은 나타나지 않았으며, 실무가들도 찬성하고 있다. 그러나 피해자들은 이러한 제도들이 들에 대해서 잘 알고 있지 못하였으며, 알고 있더라도 공판정에서 무엇을 진술해야 하는지 또한 피고인의 처벌이 어떠한 것들이 있는지를 모르고 있는 경우가 대부분이었다. 따라서 이러한 외국의 문제점들을 보완하여 우리나라에서도 빠른 시일 내에 실시되어야 한다고 본다.

피해자 진술의 형태는 구두에 의한 진술을 원칙으로 하고 부득이한 경우에 서면으로 하면 될 것으로 본다. 다만 피해자의 진술을 어디까지 허용할 것인가가 문제된다. 즉 단순한 의견에 그칠 것인가 아니면 사실증명의 경우도 포함할 것인가이다.

---

89) 2003. 12. 대법원 자체 여론조사 결과.

이러한 문제는 증인으로서의 진술은 사실에 관한 진술을 하고, 피해자에게도 최후의 진술을 하게 하여 이 단계에서는 단순한 의견만을 할 수 있게 하면 피고인과 피해자 모두에게 이익이 되리라 본다.

피고인의 인권도 중요하지만 이에 못지않게 피해자의 인권도 중요하다. 1960년에 찾아온 '피해자의 르네상스'가 우리에게는 이제 찾아 왔지만, 지금부터라도 이러한 피해자 진술을 제도화하여 피해자의 권리를 보호하여야 한다고 본다. 이렇게 될 때 바로 우리 형사사법이 추구하는 공판중심주의와 일치하게 된다.

범죄피해자의 지위가 최근 범죄피해자보호법(Crime Victim Protect Law)의 제정으로 다시 고양되기 시작했지만 아직 형식에 그치고 있다. 통상 형사절차에 있어 피해자보호는 수사단계, 공판(재판)단계, 형집행단계로 구분할 수 있다. 특히 이 가운데 공판단계에 있어서 피해자의 의견진술권(Victim Impact Statement)은 무엇보다 중요하다. 따라서 우리나라 헌법(Constitution Law) 제27조 제5항과 형사소송법(Criminal Procedure Law) 제294조의 2에서 피해자의 의견진술권이 규정되어 있지만 여러 가지 문제점으로 제대로의 역할을 못하고 있다.

미국의 경우 피해자가 양형절차에서 피해결과를 진술하는 VIS(Victim Impact Statement)와 양형에 대한 의견을 진술하는 VSO(Victim Statement Opinion)을 규정하여 피해자를 최대한 보장하고 있다. 이러한 규정들의 찬·반이 논쟁되고 있지만 미국의 대부분의 주에서는 시행하고 있다. 영국, 독일, 프랑스는 사인소추(action civil)가 존재하고 특히 독일은 부대공소(Nebenklage)제도를 두어 피해자의 공판절차의 참여를 보장하고 있다.

하지만 우리나라는 이러한 제도들은 인정하지 않고 단지 법률에서 형식적으로 피해자의 공판절차에서의 의견진술권을 보장하고 있다. 따라서 앞으로 이러한 선진국들의 제도들의 도입이 시급하다고 본다.

본 연구는 현재의 우리나라의 피해자의견진술제도를 문제점을 비판하여 대책을 강구하고, 특히 미국의 VIS와 VSO를 검토하여 우리나라에서도 적용할 수 있는지를 살펴보는 데 중점을 두었다.

참고문헌

배종대, 형사정책, 홍문사, 2003.

福島至, "犯罪被害者意見陳述制度の檢討", 日本刑法學會刑法雜誌(제42권 제1호), 有斐閣, 2002.

宮澤浩一, 田口守一, 高橋則夫, 犯罪被害者の 研究, 成文堂, 1996.

岡本美記, "イギリスにおける被害者學の刑事司法システム上の支援", 피해자학연구, 일본피해자학회, 1999(9호).

法務總合研究所研究部報告(9), 諸外國における犯罪被害者施策に關研究する法務總合研究所, 2000.

福島至, "イギリス犯罪 '被害者' 衝撃陳述をめぐるパイロット事業", 光藤景皎先生古稀祝賀論文集 下卷, 成文堂, 2001.

松尾浩也編著, 逐條解說 犯罪被害者保護二法, 有斐閣, 2001.

이경재, "영국 피해자학의 발전과정과 그 주요 동향, 피해자학 연구", 한국피해자학회, 1998(제6호).

酒卷匡, "犯罪被害者保護等のための新法律", 松尾浩也編著, 「逐條解說 犯罪被害者保護二法」, 有斐閣, 2001.

酒卷匡, "犯罪被害者による意見の陳述について", 曹時52卷11号, 2000.

川出敏裕, 犯罪被害者つ刑事手續への參加, 有斐閣, Jurist, No 1302, 2005.

M. McLeod, "Victim participation at sentencing", Criminal Law Bulletion(22), 1986, .Edna Erez(椎僑隆幸 譯), 量刑手續への被害者の參加: 量刑の結果そして被害者の福祉, 被害者と刑事司法, 成文堂, 1995.

A. Ashworth, "Victim Impact Statements and Sentencing", Criminal Law Review, 1993.

A. Walsh, "Placebo Justice: Victim recommendations and offender sentences in sexual assault cases", Journal of Criminal Law and Criminology(77), 1986.

D. Kelly, Victims, Wayne Law Review(34), 1987, 69-86쪽: H. Rubel, "Victim participation in sentencing proceedings", Criminal Law Quarterly(28), 1986.

L. Handerson, "The wrong of victim's right", Stanford Law Review(37), 1985.

S. Hillenbrand · B. Smith, "Victim Rights Legislation: An assessment of its impact on criminal justice practitioners and victims", Report of the American Bar Association to the National Institute of justice, 1989.

S. Welling, "Victims in the criminal process: A utilitarian analysis of victim participation in the charging decision", Arizona Law Review(30), 1988.

S. Zimmerman · D. Alystyne · C. Dunn, The National Punishment Survey and public policy consequences, Journal of Research in Crime and Delinquency(25), 1988.

A. Ashworth, "Victims' Right, Defendants' Rights and Criminal Procedure", in Adam Crawford and Jo Goodey(eds), Integrating Victim Perspectives in Criminal Justice, 2000.

A. Goldstein, "Defining the role of the victim in criminal prosecution", Mississippi Law Journal(97), 1982.

A. Sanders · R. Morgan, "The Victim's Charter-An Evaluation of Pilot Project", Home Office RDSD Research Findings, 1999.

B. Galaway, "Restitution as innovation or unfilled promise?", Federal Probation(51), 1988.

B. Smith, "Trends in the victims' right movement and implication for future research", Victimology(10), 1985.

C. Summer, "Victim participation in the criminal Justice system", Australian and New Zealand Journal of Criminology(20), 1987.

D. Kelly, "Victims", Wayne Law Review(34), 1987.

E. Erez · P. Tontodonato, "The effect of victim participation in sentencing on sentence outcome", Criminology, 28(3), 1990.

E. Erez, "Victim participation in sentencing: Rhetoric and Reality", Journal of Criminal Justice(18), 1990.

E. Erez, "Integrating a Victim Perspective in Criminal Justice Through Victim Impact

Statements", in Adam Crawford and Jo Goodey(eds), Integrating Victim Perspectives in Criminal Justice, 2000.

E. Erez, "Who's Afraid of the Big Bad Victim? Victim Impact Statements as Empowerment and Enhancement of Justice", 1999, Crime L. R, 1999.

H, Fenwick, "Procedural 'Right' of Victims of Crime: Public or Private Ordering of the Criminal Justice Process?", Modern Law Review, Vol.60, No.3, 1997.

H. Rubel, "Victim participation in sentencing proceeding", Criminal Law Quarterly(28), 1986.

Judith M.Sgarzi·Jack McDevitt, "Victimology: A Study of Crime Victims and Their Roles", Upper Saddle River, New Jersey, 2002.

L. Sebba, "Victim and the parameters of justice system, Paper presented at the Fifth International Symposium on Victimology", Zagreb, Yugoslavia, 1985.

M. Hoffma, "Victim impact statements", Western State University Law Review(10), 1983.

M. McLeod, "Victim participation at sentencing", Criminal Law Bulletin(22), 1986.

M. Young, "A constitutional amendment for victims of crime: The victims' perspective", Wayne Law Review(34), 1987.

P, Talbert, "The relevance of victim impact statements to the criminal sentencing decision", U. C. L. A. Law Review(36), 1987.

P. Hudson, "The crime victim and the criminal justice system": Time for a change, Pepperdine Law Review(11), 1984.

Peggy M. Tobolowsky, "Crime Victim Rights and Remedies", Carolina Academic Press, 2001.

R. Davis·F. Kunereuther·E. Connick, "Expanding the victim's role in the criminal court dispositional process: The results of an experiment", Journal of Criminal Law and Criminology(75), 1984.

S. Hillenbrand·B. Smith, "Victim Rights Legislation: An assessment of its impact on criminal justice practitioners and victims", Report of the American Bar Association to the National Institute of justice, 1989.

S. McGuire, "Victims' rights laws in Illinois", Two decades of progress, Crime and Delinquency(33), 1987.

제3부 회복적 사법에 관한 연구

I. 서 론

오늘날 세계 각국은 전통적인 응보적 형사사법으로는 범죄로 인해 야기된 문제를 해결할 수 없다는 주장이 제기되고 있다. 범죄로 인하여 발생한 갈등의 해결은 형사사법의 문제이기 이전에 사회문제이다. 따라서 범죄를 국가와 범죄자만이 해결할 것이 아니라 피해자, 지역사회가 공동으로 참여하는 가운데 해결하자는 형사사법의 새로운 관점이 부각되고 있다.

현대 형법과 형사정책의 중요한 변화 중의 하나는 형벌과 정의에서 '처벌과 응보' 외에 '치료와 화해'의 개념이 도입되고 있다는 점이다. 범죄를 한 개인의 잘못이 아니라 공동체 전체의 흠 또는 잘못으로 보아야 한다는 것이다. 즉 범죄로 인한 피해의 회복에 초점을 두면서 가해자는 왜 자신이 죄를 지었는지 알게 되고, 피해자는 '왜 내가 범죄의 대상이 되었나' 하는 의문을 가지고 범죄를 해결하자는 것이다.

이렇게 범죄피해자를 형사사법의 주체로 편입하여 피해자의 권리와 피의자의 인권을 동시에 존중하면서 범죄를 해결하자는 것이 회복적 사법(Restorative Justice)이다.[1] 즉 회복적 사법이란 범죄과정에서 이해관계를 가지고 있는 사람들이 화해와 조정을 통하여 범죄로 야기된 문제들을 함께 해결하는 것을 말한다.[2] 회복적 사법

---

1) 2005년 서울고등법원에서는 이와 같은 회복적 사법을 최초로 시험실시하였다. 이 실험은 앞으로 범죄와 형벌, 더 나아가 정의의 개념과 사법제도의 변화에 큰 영향을 줄 것으로 기대된다.
2) John Braithwaite, "A Future Where Punishment Is Marginalized: Realistic or Utopian?", *UCLAL. Rew(46)*, 1999, p.1743.

의 주장자들은 현행 형사사법시스템이 피해자들에 대한 관심과 배려가 없다는 데에서 출발한다. 물론 회복적 사법은 범죄피해자만의 이익을 위한 것은 아니다. 범죄자에게도 구금을 통한 처벌 대신에 피해자에 대한 피해회복, 사죄 등으로 범죄를 해결하자는 것이기 때문에 이익이 될 수 있다. 원래 형사사법의 과제는 범죄자의 사회복귀 가능성을 유지하면서도 만족할 만한 형벌을 요구하는 피해자의 감정을 고려하는 제도를 말한다. 이렇게 범죄피해자에 대한 배려와 가해자의 갱생이라는 두 가지 목표가 서로 조화를 이루어야 진정한 형사사법의 이상을 달성할 수 있다.

한편 지금까지 우리 형사사법의 가장 큰 문제는 재범의 증가이다.[3] 이는 교정행정에도 원인이 있겠지만 근본적인 이유는 형사사법이 기능을 못했기 때문으로 보인다. 즉 범죄해결이 국가와 범죄자만이 주체가 된다는 데에 있다.[4] 이렇게 피해자를 제외한 일방적인 범죄해결은 결코 범죄예방과 사회질서를 유지할 수 없다고 본다.

따라서 범죄문제를 범죄자만의 문제로 단순화하여 대응하고 있는 기존의 형사사법의 태도를 수정하여야 한다. 범죄는 과거의 일회적인 사건이지만 그 범죄사건의 영향은 장래에까지 미친다는 것을 고려하면 범죄의 해결은 피해자뿐만 아니라 피해자와 범죄자가 다 같이 평화롭게 살아가야 할 지역사회의 참여가 필수적이라 본다. 이와 같은 형사사법의 새로운 패러다임이 서구사회에서 각광(boom)을 받고 있다.[5]

회복적 사법은 1990년대 이후 미국, 유럽, 뉴질랜드, 오스트레일리아를 중심으로 발전되어, 현재는 세계 각국에서 여러 가지 형태의 프로그램으로 시행되고 있다. 즉 회복적 사법은 피해자-가해자조정(Victim-Offender Mediation, VOM), 가족단위협

---

3) 우리나라의 재범률은 평균 60%를 넘고 있다.
4) 우리나라 형사담당 법관은 일주일에 평균 30-60건을 처리하고 있다. 대법원 판결 건수는 매년 증가하여 지난해 처음으로 2만 건을 넘어섰다. 2005년 1만 8801건에 비해 14% 증가하였다. 대법원장을 제외한 12명의 대법관이 1년에 각각 1786건의 판결을 했다. 1주일에 35.7건, 하루에 약 7건의 사건을 처리하고 있다. 이렇게 기계적으로 재판을 하다 보니 피해자를 주축으로 하는 화해, 조정제도는 설 자리를 잃고 있다. 이러한 이유로 우리나라 재판을 역설적으로 재판이 아니라 전과자 양성제도라는 비판이 제기되고 있다.
5) 우리나라에서도 2005년 10월 창원지방검찰청이 검찰청 최초로 민간인으로 구성된 '구속심사위원회'를 구성하여 피의자의 구속 여부를 심의하고 있다. 이러한 지역사회 구성원의 참여로 피의자의 구속 여부를 판단하는 것이 회복적 사법의 실천의 첫 단계로 볼 수 있다.

의회(Family Group Conferencing, FGC), 서클(Circles) 등의 형태로 운영되고 있다.

많은 국가에서 형사사법의 절차로 인정하고 있는 회복적 사법은 우리나라에서는 아직 생소하다. 이제 겨우 회복적 사법의 개념 정립과 이론적 모델과 실천모델을 소개하는 정도에 그치고 있다. 따라서 본 연구는 미국, 캐나다, 오스트레일리아, 뉴질랜드에서 시행되고 있는 회복적 사법을 우리나라에서의 도입 가능성을 전망해 보고자 하는 데 그 목적이 있다.

Ⅱ. 회복적 사법의 개념과 연혁

1. 회복적 사법의 개념

회복적 사법은 종종 응보적 형사사법에 대응하는 개념으로서,[6] 범죄를 피해자·가해자·지역사회가 조정 등을 통하여 해결하자는 것이다. 일반적으로 전통적인 응보적 형사사법은 범죄자의 고의성(culpability) 정도를 입증해서 거기에 알맞은 형벌을 부과하는 형사사법 시스템을 말한다.

하지만 회복적 사법은 위해(harm)에 대한 책임 정도(accountability)를 입증해서, 범죄의 이유와 결과에 대해서 서로 간에 이해를 촉진하고, 치료하기 위한 절차를 마련하는 데 있다. 회복적 사법 패러다임 내에서는 범죄자는 구금되지 않는 것이 일반적이며, 가해자는 피해자의 사과와 용서, 보상을 통하여 지역사회의 공동체로 다시 재통합되게 된다.

---

6) John Braithwaite, "Restorative Justice: Assessing Optimistic and Pessimistic Accounts", *Crime and Justice(25)*, 1999, p.4.

2. 회복적 사법의 이념

회복적 사법은 ① 범죄를 국가에 대한 위반으로서가 아니라 시민 간의 침해로 파악한다. ② 과거의 행위에 대한 비난보다도 미래의 문제해결에 초점을 둔다. ③ 절차는 대화와 교섭을 중심으로 한다. ④ 응보와 예방을 위한 고통이 아니라 배상을 중시한다. ⑤ 사회적 손해의 회복은 가해자에 의해 이루어진다. ⑥ 지역사회는 방관자가 아니라 회복적 과정의 촉진자이다. ⑦ 국가와 범죄자가 주체가 아니라 해자와 가해자가 회복의 주체자이다. ⑧ 범죄에 대해 책임을 지는 방법은 형벌을 받는 것이 아니라 범죄의 영향을 이해하고 의무를 이행할 방법을 탐구·실행하는 것이다. ⑨ 범죄에 의한 의무·책무는 국가에 대해서가 아니라 피해자에 대해서 발생한다. ⑩ 목표는 화해와 관계회복에 둔다.

3. 회복적 사법의 연혁

회복적 사법은 피해자가 주체가 되어 범죄를 해결하는 인류 역사상 가장 오래된 형사사법의 한 형태이다. 그러나 국가권력이 강화되고 국가법체계가 공동체사회의 규범을 대체하면서 국가가 범죄문제의 해결사로 등장하여 피해자를 범죄문제 해결의 장에서 몰아내게 되었다. 즉 형사사법의 장을 범죄인과 피해자의 관계에서 국가와 범죄인의 관계로 변화시켰다. 국가권력의 강화는 배상형이 벌금형으로 변모하는 전기가 되었다. 범죄인에게 부과되는 벌금은 피해자 개인에 대한 손해가 아니라 국가에 대한 죄악으로 파악되었다. 그 결과 피해자는 형사사법의 장에서 완전히 주체적 지위를 상실하게 되었다.

그러나 이러한 국가독점의 징벌적 형사사법은 이미 19세기부터 형사법학계의 내외에서 다양한 형태의 비판이 제기되면서 다시 피해자를 형사사법의 장으로 편입하기 시작했다. 이 시기를 Stephen Schafer는 '피해자의 부활시대'라고 하였다. 특히

1878년부터 1900년 사이에 유럽에서 개최된 '감옥 및 형벌에 관한 會議'에서 피해자의 다양한 형태의 배상과 보상이 논의되었다.

이와 같이 피해자의 부활과 함께 회복적 사법은 국제적인 관심사항으로 발전하였다. 특히 2000년 4월 비엔나에서 열린 'UN 제10차 범죄예방과 범죄자 처우에 관한 제10회 UN범죄방지회의'(Congress on Crime Prevention and Treatment of Offenders)에서 채택된 '범죄와 사법에 관한 비엔나 선언'(Vienna Declaration)에서 회복적 사법 프로그램을 적극 활용할 것을 결의했다.[7] 이에 영향받은 'UN범죄방지형사사법위원회'는 제9회 회의에서 '형사에 관련한 계획에 있어서 회복적 사법의 이용에 관한 기본원칙'을 채택하였다.[8]

이렇게 회복적 사법은 근대 형사사법제도 성립 이전부터 존재하였지만, 실질적인 운영은 1974년 캐나다 온타리오 주의 Kitchener에서 시행된 '피해자와 가해자의 화해(Victim Offender Mediation)' 프로그램을 오늘날 회복적 사법의 시초로 본다.[9] 이를 시작으로 하여 현재는 미국의 45개 이상의 주에서 약 300개, 유럽에서는 약 900개 이상의 피해자·가해자 조정(VOM) 프로그램이 실시되고 있다.

---

7) 비엔나 선언 제27항에서 국제적인 범죄피해자를 지원하는 행동을 계획, 조정 및 회복적 사법을 위한 계획을 도입하는 것을 결의했다. 제28항에서는 피해자, 범죄자, 지역사회 및 모든 관계자의 권리, 필요성, 이익을 존중하는 동시에 회복적 사법에 근거한 정책, 절차의 과정을 개발하는 것을 장려한다는 내용을 채택했다.

8) 이 원칙은 각 국가가 회복적 사법을 도입할 때 지침으로 삼고 이것을 근거로 하여 회복적 사법이 새로운 단계로 진행될 것으로 예상되며, 회복적 사법의 전개는 21세기 사법의 본질에 관한 것이고 실천적 전개와 이론적 전개가 함께 이루어지면서 앞으로 주된 논제(Thema)로서의 지위를 유지할 것이다.

9) 이에 관해서는, Peachy, "The Kitchener Experiment", in: Wright / Galaway(ed.), Meadiation and Criminal Justuce, 1989, pp.14−26.

Ⅲ. 회복적 사법의 이론적 모델

1. 순수 모델(Purist Model)

순수 모델(Purist Model)은 범죄와 직접 관련된 관계자들이 모여 서로 협력하여 그들의 욕구(needs)를 충족함으로써 피해자, 가해자 기타의 사람들의 재통합이 가능하다고 보는 모델이다.

회복적 사법은 범죄를 사람들과 그들의 관계에 대한 침해로 이해한다. 따라서 관련 당사자의 참가를 절대적 요건으로 한다.[10] 즉 순수 모델은 피해자, 가해자 및 지역사회가 직접 대화를 하고 이에 따라 그 성과를 결정하기 때문에 관련 당사자들의 적극적인 참여가 필요하다. 순수 모델을 실천하고 있는 실무의 형태는 '가족집단협의(FGC)', 지역사회 회의, 평화 Circle 등이 있다. 순수 모델은 전통적인 형사사법으로부터 회복적 사법으로의 패러다임 전환을 지향하고 국가에 의한 분쟁해결보다 지역사회에 의한 분쟁해결을 선호한다.

한편 순수 모델은 피해자의 회복, 가해자의 행위에 대한 책임, 양자에 대한 지역사회의 지원이라는 3개의 요소를 절대적으로 필요로 한다. 즉 피해자, 가해자 및 지역사회의 3자가 직접 대화할 수 있는 기회를 가지는 것을 회복적 사법이라고 하며, 이러한 정의의 출발점으로 직접적인 당사자와 간접적인 관계자 등의 욕구가 충족되는 것이 순수 모델이다.

---

10) 高橋則夫, 修復的司法の 探究: 回復的司法のパラダイム, 成文堂, 2003, 87면.

2. 순수 모델에 대한 비판

순수 모델(Purist Model)은 첫째, 당사자가 한 장소에 모여 토론하는 과정만을 중요시하고 피해를 회복하는 노력을 하지 않는 경우에도 회복이라고 해석한다. 둘째, 순수 모델이 직접적인 대화 과정과 자발적인 참가를 요구한다는 점에 있다. 셋째, 순수 모델은 자발성을 요건으로 하기 때문에 범죄 전체에 대한 포괄적인 대응을 제공할 수 없고, 개인적 법익의 침해 사건에만 한정된다고 하는 비판도 있다. 결국 최대화 모델에서는 순수 모델을 '이상향(Utopia)에 불과하고 실천하기는 어려운 모델'이라고 파악한다.

3. 최대화 모델(Maximum Model)

최대화 모델은 순수 모델을 포함하면서도 그것에 한정되지 않고 회복적 사법을 더욱더 확장하여 이해하는 모델이다. 회복적 사법은 일정한 과정(process) 및 가해자에게 의무를 부과한 '意圖'와 그 '成果'를 중시한다는 점에서 응보적 사법과는 구별된다. 즉 회복적 사법은 그 중심을 '피해의 회복'으로 이해하기 때문에 형사사법이 '피해의 회복'을 목표로 하는 한 회복적이라고 말할 수 있으며, 회복의 과정(process)보다도 가해자에게 의무를 부과한 '意圖'와 '成果'가 회복적인가 아닌가를 중시한다.[11]

---

11) 독일에서는 회복적 사법을 최대화 모델로 보는 경향이 있다. 왜냐하면 독일에서의 회복적 사법은 순수 모델에서 주장하는 지역사회를 반드시 필요로 하지 않으며, 당사자의 화해 프로그램만이 존재하고, 동시에 '피해'의 회복을 형법 혹은 형사소송법에 규정하려고 하는 입법활동이 중심과제로 되고 있기 때문이다. 또한 영미에서는 피해자와 가해자의 화해(Victim-Offender Reconciliation)라는 용어를 사용하고 있는 데 반하여, 독일에서는 가해자와 피해자의 화해(Täter-Opfer-Ausgleich)라는 용어를 사용하고 있다는 점도 독일에서의 회복적 사법이 최대화 모델이라고 판단하는 근거 중의 하나라고 볼 수 있다.

4. 최대화 모델에 대한 비판

순수 모델은 최대화 모델에 대해 다음과 같이 비판한다.[12] 첫째, 최대화 모델은 사회복귀 및 응보적인 목표를 포함하기 때문에 이론적으로 명확성이 결여되어 있다. 둘째, 강제를 회복적 사법의 실무에 공식적으로 포함시키는 것은 타당하지 않다. 셋째, 현행의 사법시스템에 대한 도전이라기보다 오히려 현행의 사법시스템을 강화시키고 있다.

5. 사 견

순수 모델과 최대화 모델이 응보적 사법에 대응하여 회복적 사법을 지향하는 점에서는 서로 견해를 같이한다. 그러나 순수 모델은 관련당사자들의 자발적 참가를 통한 사건해결의 과정을 중요시하면서 반드시 지역사회를 포함하고 있는 데 반하여, 최대화 모델은 자발적 참가를 통한 사건해결의 과정보다도 강제를 하더라도 피해자의 '피해 회복' 여부를 중요시하면서 지역사회를 반드시 필요로 하지 않는다. 이러한 모델의 특징에 따라 순수 모델은 피해자에게, 최대화 모델은 가해자에게 더 큰 비중을 둔다. 따라서 용어에서도 나타난 것처럼 독일은 가해자를 축으로 하는 최대화 모델이고, 영미에서는 피해자를 축으로 하는 순수 모델을 채택한 것으로 판단된다.

---

12) McCold, "Toward a Holistic Vision of Restorative Juvenile Justice: A Reply to the maximalist Model", Contemporary Justice Review, 2000, pp.388－399.

표 1 순수 모델과 최대화 모델

구 분	순수 모델	최대화 모델
범 죄	개인적 법익 침해에 한정(사인간의 분쟁)	개인적 법익 침해, 사회적·국가적 법익 침해 범죄도 해당
절차·참가자	가해자·피해자·지역사회 제3자의 직접적·자발적 참가가 필수	지역사회의 참가는 필수가 아니고, 가해자·피해자의 간접적·강제적 참가도 인정
강 제	참가자의 자발적인 해결에 한하고, 강제요소는 불인정	회복목표에 봉사하는 것에 한하여 강제적 요소를 허용(회복을 命)

Ⅳ. 회복적 사법의 실천 모델과 평가

회복적 사법의 평가는 대부분 '피해자, 가해자 조정'과 '가족단위협의제'에 대해서 집중되어 있고, 서클이나 민간패널에 대하여는 아직 묘사적인 것에만 그치고 있고, 몇 가지 성공적인 사례들이 제시되고 있을 뿐이다.

회복적 사법은 그 효과의 방법에 대하여 논쟁이 되고 있다. 실제 성공을 측정하는 방법에 대한 아무런 합의가 없다. 일반 범죄학에서 있어서의 주요한 평가요소였던 '재범률'(recidivism)도 유일한 측정방법은 아니다. 대개 평가방법은 다음과 같은 일반적인 주제들을 다룬다. 즉 피해자의 가해자의 만족도, 합의에 대한 이행률, 자원봉사자들의 참여 정도, 피해자와 가해자의 삶의 질, 절차적 정당성(procedural justice) 등을 들고 있다.

특히 참가자들의 전반적인 만족, 제3자에게 권유, 재참여 등 절차적 정당성의 기준들은 점차 세분화되고 공정성의 다양한 측면들을 고려하게 된다. 회복성의 측정방법에는 진실한 죄책감, 합의, 용서, 감정의 표현, 재결합의 감정이 포함된다.

1. 피해자와 가해자의 조정 모델
(Victim－Offender Mediation Program: VOMP)

1) 실시 형태

이 모델은 1970년 초반에 캐나다의 온타리오(Ontario)의 Kitchener의 보호관찰관이 부랑행위로 유죄판결을 받은 가해자를 피해자와 만나게 해야 한다고 법관을 설득시키면서, 보호관찰에 토대를 둔 형선고의 대안으로 시작되었다. 이를 계기로 VOMP은 1970년 중반 이후 북미, 유럽까지 확대되었으며, 현재 회복적 사법의 이념을 담을 수 있는 최적의 모델 중 하나로 간주되고 있다.[13)

이 모델은 분쟁해결과 피해배상을 결합시킨 것으로 법원의 지시에 의하여 당사자가 서로 만나 피해사실과 상호감정을 대화로 논의하며, 이때 전문적인 조정자가 제3자의 입장에서 화해를 하도록 조언한다.[14) 이는 현행 형사사법체계의 문제점을 해결할 수 있는 가능성을 가지고 있는 프로그램으로 받아들이고 있다.[15)

2) 평 가

재범률뿐만 아니라 피해자, 가해자의 만족도 면에서도 대체적으로 긍정적으로 나타났다. 만족률, 합의율, 성취율은 대개 75－100%로 평가되고 있다. Umbreit와 Coates의 오리건 주에 있어서의 조정의 분석에 따르면 가해자의 만족도는 76%, 피해자의

---

13) Leena Kurki, "Restorative and Community Justice in the United States", 27 Crime and Just, 2000, p.235.
14) VOMP가 탄생된 배경을 Bakker는, ① 범죄해결 방법의 개혁성, ② 피해자가 형사사법에 중요한 역할을 하여야 한다는 피해자권리운동의 재현, ③ 구금의 문제점을 손해배상으로 해결하고자 하는 이유에서 사법형벌의 하나로 등장하였다고 설명하고 있다; Mark Bakker, "Reparing the Breach and Reconciling the Discordant: Mediation in the Criminal Justice System", North Carokina Law Review, vol.72, 1994, pp.1491－1499.
15) Tony Marshall, "Restorative Justice on Trial in Britain", Mediation Quarterly(vol.12), 1995, p.230.

만족도는 89%로 나타났다.16)

Umbreit와 Greenwood의 116개의 피해자-가해자 조정 프로그램에 대한 전화조사에 의한 분석을 보면, 합의율은 87%, 이행률은 99%로 나타나고 있다.17) Latimer 등의 35개의 회복적 사법계획에 대한 포괄적 분석에서도 피해자, 가해자 모두가 만족을 하고 있다는 것을 밝혀냈다.18) 일반적으로 조정참여자 10명 중 8-9명은 만족하고 있는 것으로 나타났다.

대체적으로 피해자, 가해자 조정(Victim-Offender Mediation: VOM)은 만족률, 합의율, 성취율, 재범률에서 기존의 형사사법시스템보다 낮다는 평가를 받고 있다. 즉 피해자의 범죄에 대한 두려움이 회복적 사법으로 해결한 경우가 그렇지 않은 경우보다 약 15% 낮고, 배상의무 가능성은 약 20% 높고, 재범률은 약 10% 낮게 나타났다는 것을 알 수 있었다.

형사사법에 있어서 피해자가 원하는 것은 가해자의 진정한 용서를 통한 제2차 피해에 대한 두려움의 감소, 피해에 대한 원상회복을 들 수 있고, 국가는 재범률을 감소를 통하여 건전한 사회질서를 유지하는 것이라 볼 수 있다.

대부분의 경우 피해자들은 범죄로 야기된 자신의 상황과 고통을 나눌 기회를 가진 것만으로도 만족감을 느끼고 있을 뿐만 아니라 피해자 스스로 조정에 참여하여 사건을 해결함으로써 범죄의 두려움으로부터 해방될 수 있다는 데 피해자, 가해자 조정제도는 큰 의의를 가진다고 할 수 있다.

---

16) M. Umbreit, R. Coates and B. Vos, "Juvenile Victim-Offender Mediation in Six Oregon Counties", OR: Oregon Dispute Resolution Commission, 2001, p.35.

17) M. Umbreit and J. Greenwood, National Survey of Victim-Offender Mediation Programs in the United States, US Department of Justice, Office of Justice Programs, Washington DC, 2000, p.20.

18) J. Latimer, C. Dowden and D. Muise, *The Effectiveness of Restorative Justice Practices: A Meta-Analysis,* Departement of Justice, Ottawa, 2001, p.15.

2. 가족집단회의 모델(Family Group Conference: FGC)

1) 실시 형태

이 모델은 뉴질랜드 마오리족의 'Whanau회의'[19])에 착안하여 시행된 전통적인 시스템으로서 회복적 사법의 기본적인 원칙을 공유하기 위해서 청소년범죄를 다루는 한 형태로 1989년 뉴질랜드[20])에 처음으로 도입되었으며, 현재는 성인범죄까지 확대 실시되고 있다.[21]) 오스트레일리아에서도 1990년 중반까지 모든 주에서 도입되어 실시되고 있다.

오스트레일리아의 회복적 사법은 일반적으로 Wagga-Wagga(경찰 단계에서의 diversion)를 제외하고는 뉴질랜드의 FGC 모델에 근거하고 있다.[22]) FGC은 피해자와 가해자뿐만 아니라 피해자의 가족과 친구, 가해자의 가족과 친구 등도 참가하는 점에서 VOMP와 구별된다. 프로그램에 따라서는 범죄자를 체포한 경찰관, 범죄자의 변호사 등도 참여할 수 있으며, 보통 청소년범죄에 많이 활용되고 있다. 당사자 이외의 참가자는 범죄에 의해 영향을 받은 자들이며 최종적인 합의가 실현될 때까지 참가한다.

FGC에 있어서 주목할 만한 것은 1995년부터 오스트레일리아의 캔버라에서 실시한 프로젝트이다.[23]) 이것은 Braithwaite의 '재통합적 수치심 이론'의 실천적 전개라

---

19) 와나우(whanau)는 뉴질랜드 마오리족의 대가족적 구조를 의미한다. 이에 관한 자세한 내용은 http://www.headspace.org.nz/family-whanau 참조.

20) 前野育三, "被害者問題と修復的司法: ニュージーランドのFamily Group Conferenceを中心に", 犯罪と非行(제123호), 2002, 12면.

21) 1989년 아동, 소년 및 그 가족에 관한 법률에서 제도화되었다; Leena Kurki, "Evaluating Restorative Justice Practices", in: Hirsh·Roberts·Bottoms·Roach and Schiff(ed.), *Restorative Justice & Criminal Justice*, Hart Publishing, 2003, p.297; Sara Sun Beale, "Still Tough on Crime? Prospects for Restorative Justice in the United States", Duke Law School(No.35), 2002, p.11.

22) Sara Sun Beale, 앞의 논문, p.12.

23) 이 프로젝트를 Rise의 재통합적 수치심 실천(Reintegrative Shaming Experiment)이라 한다. 이에 관해서는 浜井浩一·橫地環, "諸外國における犯罪被害者施策に關する硏究: オセ

할 수 있다. 이 이론은 가해자에게 낙인의 효과를 부여하지 않는 대신에 가해자보다 가해자의 범죄행위를 비난하는 동시에 가해자에게 수치심을 부여하고, 가해자의 사죄에 의한 지역사회의 재통합을 추진하는 이론이다.

대표적인 모델로는 Pennsylvania의 경찰의 가족단위협의제도, Indianapolis의 소년에 대한 회복적 사법에 대한 실험, South Australia Juvenile Justice(SAJJ) 협의제도, Canberra에서의 재통합적 수치심 실험(Reintegrative Shaming Experiment, RISE) 등을 들 수 있다.

2) 평 가

Rise는 FGC를 Wagga Wagga 모델을 활용하여 조사하였다. 이 프로젝트에서는 경찰관을 중재자로 하였고, 조사대상의 그룹은 음주운전자, 개인을 피해자로 하는 18세 미만의 재산범 소년, 30세 미만의 폭력범죄자, 18세 미만의 절도범이었다. 연구방법은 대상자를 무작위로 선정하여 FGC와 통상의 재판절차를 분리하여 1년간의 재범률, 피해자와 가해자의 절차의 공평성, 피해자의 절차에 대한 만족감을 비교하였는데 결과는 FGC가 모든 면에서 긍정적 효과를 얻었고, 특히 재범률이 현저히 낮았다고 한다.[24] 뉴질랜드에서는 FGC가 시행된 초창기부터 피해자들이 관심을 가졌고 대체로 만족하였다. Maxwell의 조사에 의하면 피해자의 41%가 참가하였고, 참가한 피해자의 51%가 절차와 계약에 대하여 만족한 것으로 조사되었다.[25]

그러나 이 모델의 시행 중반부터는 거의 90%가 만족하였고,[26] 再犯率을 낮추는

アニアにおける犯罪被害者施策", 法務總合研究所研究部報告(9), 法務總合研究所, 2000, 281－282면; Leena Kurki, 앞의 논문, pp.301－303.

24) 이에 관해서는 浜井浩一・橫地環, 위의 논문, 281－282면.

25) G. Maxwell・A. Morris, Family Victims and Culture: Youth Justice in New Zealand, Victoria University of Wellington, 1993, p.17; G. Maxwell・A. Morris, Understnding Reoffending, Victoria University of Wellington, 1999, p.20.

26) Moore의 'Wagga Wagga 협의(conferencing)'에서의 조사에 의하면, 피해자의 90%이상이 참가하여 과정과 결과에 만족하였고, 95%가 계약대로 이행되었다고 한다. 또한 Fercello 와 Umbreit의 미네소타에서의 조사에 의하면, 참가자 중 90%이상 만족한다고 하고 있다:

데 있어서도 성공한 것으로 평가되고 있다.[27]

3. Circles모델

1) 실시 형태

서클은 미국 원주민과 캐나다 원주민의 전통적인 범죄해결 방법을 현대적으로 변형한 것이다.[28] 캐나다에서는 1991년 Yokon 주를 시작으로 전국적으로 실시하고 있고, 미국은 1995년 Minnesota 주를 시작으로 대부분의 주에서 실시하고 있다. Circles 과정은 토의과정이 판사 및 지역사회 연장자의 감독하에 진행된다는 점 이외에는 가족집단협의제와 비슷하다. 모든 참가자들은 Circle에서 서로 마주 앉아 지역사회의 보호를 위한 필요와 범죄자의 사회복귀라는 양자를 모두 고려하면서 소송을 처리하는 가장 좋은 방법에 대하여 합의를 한다. Circles은 양형 Circles(Sentencing Circles), 화해장려 Circles(Peacemaking Circles), 그리고 지역사회 Circles(Community Circles) 등으로 분류되며, 학교나 직장에서부터 형사 사법제도에 이르기까지 다양한 환경에서 사용된다. 특히 지역 간의 문제, 학생의 퇴학·정학, 어린이 보호사건 등을 주된 대상으로 하고 있다.

대표적인 범죄의 해결 방법인 '양형서클(sentencing circles)'은 피해자와 가해자, 그들의 후원자들뿐 아니라 지역사회의 구성원들까지도 포함하며, 지역사회의 누구에게도 열려 있다. 우선적인 목표는 지역사회의 구성원들에게 발언권을 주고 합의에

Leena Kurki, 앞의 논문, p.298.

27) 폭력범죄를 저지른 청소년을 상대로 조사한 결과를 보면, 가족들이 참가한 경우는 49%가 감소하였고 형사사법기관이 참가한 경우는 11%가 감소하였다고 한다. Leena Kurki 앞의 논문, p.303.

28) M. Schiff, "Models, Challenges and The Promise of Restrative Conferencing Strategies", edited by Hirsh·Roberts·Bottoms·Roach and Schiff, *Restorative Justice & Criminal Justice*, Hart Publishing, 2003. p.321.

이르는 것이지만, 더 큰 목표는 장기적으로 지역사회에서의 공동체를 만들고, 그들에게 더 많은 기능과 권한을 줄 수 있는 서로 간의 신뢰와 감정적 유대를 만드는 것이다.

2) 평 가

서클(Circle)에 관한 만족도와 재범률에 평가에 대해서는 아직 구체적으로 분석된 것이 없다. 그러나 소수의 연구들에서 참여한 사람들에 대하여 긍정적인 영향을 미치는 것으로 나타났다.

Milaca와 Princeton(미네소타)의 '양형서클(sentencing circles)'에 의하면, 6명 중 5명의 범죄자가 만족하였고, 지역사회의 공동체 구성원들은 구체적으로 그들을 돕고 신뢰해 주었다. 하지만 몇몇 범죄자들은 자신들의 의견을 자유로이 나타낼 수 없었다고 느꼈거나 서클의 공정성에 대한 의문을 표시하기도 했다. 이 서클(Circle)의 긍정적인 효과는 범죄자보다 지역사회에서의 공동체 구성원에게 더 강하게 작용한다는 것을 알 수 있다. 지역사회의 구성원들은 그들 자신이 서클의 참여를 통하여 긍정적인 삶의 영향을 미쳤다고 한다. 이는 범죄자의 긍정적인 삶의 효과보다 훨씬 크다고 생각하고 있다.[29]

한편 재범률의 평가에 대하여는 Matthews와 Larkin의 연구를 들 수 있다. 그들에 의하면 2년 동안 이 프로그램을 받은 65명에 대하여 사후추적을 한 결과 재범률이 80% 감소되었다고 보고하고 있다.[30] 재범에 관한 통계는 많지 않지만 재범의 억제 효과가 있다는 것은 분명하다.

---

29) J. Campbell, *Milaca and Princeton Community Justice Circles: First Year Evaluation Report*, Unpublished manuscript, 1999. p.18.

30) S. Matthews, A. Larkin, Guide to Community-based, Alternatives for Low Risk Juvenile Offenders, Topeka, KS: Koch Crime Institute, 1999, p.25.

Ⅴ. 회복적 사법의 과제

1. 공평한 재판을 받을 권리

회복적 사법 절차에 의한 분쟁 해결은 피해자의 의사에 따라 결과가 다르게 나타난다. 이것은 헌법이 보장하고 있는 공평한 재판을 받을 권리의 보장과 저촉되는 가능성을 보여주고 있다. 따라서 회복적 사법 절차의 대상이 되는 사건은 사전에 조정자 등이 신중하게 평가·선택(screening)하여야 하고, 대화·조정 등의 과정을 통하여 공평한 결과를 확보하기 위해 조정자가 적극적으로 개입해야 한다. 또한 회복적 사법 절차의 결과에 불복이 있는 경우 통상의 재판절차로 이행하는 길을 확보하는 등의 대책을 모색하여야 한다.

2. 무죄추정원칙

무죄추정의 원칙이란 형사절차에서 피고인 또는 피의자가 유죄판결이 확정될 때까지 무죄로 추정된다는 원칙을 말한다. 현행법상 무죄추정의 원칙은 피고인에게만 인정하고 있지만, 피의자에게도 인정한다는 것에 의견이 일치한다.

회복적 사법은 보통 수사기관의 기소단계에서 이루어지는 경우가 대부분이다. 이 단계에서의 가해자와 피해자가 조정을 통한 사건을 해결하기 위해서는 가해자가 스스로의 행위에 대하여 시인할 것을 전제조건으로 하는 경우가 대부분이다. 가해자가 자기의 행위를 부정하는 경우에 회복적 사법의 절차를 진행하는 것은 곤란하다.

특히 문제되는 것은 가해자가 유죄를 인정하지 않는 경우에 가해자를 회복적 사법의 절차에 참여케 하여 '피해회복'을 위한 합의를 유도하는 경우와 가해자가 피해자와 합의하면 그 자체가 가해자 스스로 죄를 인정하는 결과가 된다. 가해자의 입장에서 보면 끝까지 자기의 죄를 부인하다 유죄를 선고받는 것보다 합의를 하는 것이 유리하기 때문에 대부분 회복적 사법의 절차에 참여하여 동의할 것이 예상된다. 이렇게 이해하면 '합의'가 유죄의 자백으로 해석될 수 있다.[31]

독일에서는 수사절차에서 행위자가 명시적이든 묵시적이든 자기의 범행을 자백하고 자발적으로 회복적 사법의 절차에 참여하여 피해자에게 원상회복을 해 주는 것은 무죄추정의 원칙에 반하지 않는다고 한다.[32]

3. 자발적 참가

회복적 사법의 절차에 있어서 가해자는 자발적 참여를 전제로 하지만 사실은 가혹한 형벌을 피하기 위하여 참가하는 것이 일반적이다. 즉 가해자는 종래의 형사절차를 통한 유죄의 판결보다 회복적 사법의 절차에 참여하여 신속하게 사건을 해결하고자 하는 생각이 내포되어 있다. 만약 가해자가 회복적 사법의 절차에 참가하지 않으면 검사의 기소 여부의 판단과 법원의 양형의 판단에 결코 유리하지 않을 것이다.

이처럼 선택의 강제성 문제는 회복적 사법의 제도하에서 문제된다. 즉 회복적 사법이라는 제도가 없었다면 어떠한 국가적 제재도 받지 않았을 가해자가 회복적 사법의 절차에 참여해야 하는 문제가 발생한다. 그러나 이러한 문제는 지금까지 형사사법체계에서 일반적으로 통용되어 왔다고 할 수 있다. 예컨대, 우리나라에서 시행 중에 있는 약식명령과 즉결심판에 있어 정식재판의 길을 열어 놓고 있다는 점에서 선택의 여지를 부여하고 있다.[33]

---

31) 미국의 경우에는 이러한 경우에, 조정절차에서 진술한 내용은 형사절차에서 유죄인정의 증거로 할 수 없도록 하고 있다: American Bar Association, Victim-Offender Mediation/Dialogue Program Requirements, 1994, p.5.

32) 이진국, "독일 형법상 원상회복 옹호론과 비판론", 한국형사정책학회, 12권 제1호, 2000, 4쪽.

33) 미국의 경우는 미국의 유죄인정협상(plea bargain)을 경우를 들 수 있다.

4. 화해중재기관의 확보

회복적 사법 절차에서는 피해자, 가해자를 비롯하여 지역사회도 중요한 절차의 주체가 된다. 따라서 회복적 사법이 성공하기 위해서는 지역사회의 연대가 존재한다는 것을 전제로서 가능하기 때문에 도시화된 익명성 사회에서 가능한가라는 문제가 제기된다. 또한 이와 같은 사회에서 잠재적 결합력을 끌어내는 것이 문제이다.

지역사회의 仲介에 의한 대면방식을 취하면 지역사회의 연대가 강화된다고 하는 효과도 있다.[34] 즉 범죄 문제의 해결에 있어 지역사회의 연대강화와 국가의 역할의 저하는 21세기의 사회와 또는 사회와 국가와의 관계를 전망함에 있어 피할 수 없는 과제다.

이 경우 지역사회는 그 피해자 자신이 몸담고 있는 곳인 동시에 피해자와 범죄자 간의 평화의 회복을 통하여 양자를 재통합하는 주체로 된다.[35] 지역사회를 뉴질랜드 마오리(maori)족[36]의 사회와 같은 것으로 이해할 수 있다.

우리나라의 경우에는 가해자와 피해자 그리고 지역사회가 모두 신뢰할 수 있는 합리적인 중재기관으로서의 역할을 담당할 주체가 매우 부족한 실정이다. 독일은 보호관찰 담당관이 관할하는 것이 보통이다.[37] 미국이나 북유럽의 경우에는 무보수의 자원봉사자와 교회를 중심으로 활동하고 있다.[38]

보통 시민단체(NGO), 변호사, 인권옹호위원, 보호관찰위원, 선도위원, 保護司[39]

---

34) 前野育三, "修復的司法について", 刑法雜誌, 제40권 제2호, 日本刑法學會, 2001, 90면.

35) Van Ness, "Restorative Justice and International Human Rights", in Restorative Justice: International Perspectives, edited by Burt Galaway and Joe Hudson, Monsey, NY, U. S. A., Criminal Justice Press, 1996, pp.23－24.

36) 뉴질랜드의 원주민으로서, 이들은 중대한 사건, 관혼상제, 교육, 오락, 다른 부족의 환영회 등과 같은 행사를 '파'라는 집회소에서 결정하고 있다.

37) Martin Wright, "Can Mediation be an Alternative to Criminal Justice?", in: Burt Galaway and Joe Hudson(Eds.), Restorative Justice: International Perspectives, 2002, p.231.

38) Sara Sun Beale, "Still Tough on Crime?: Prospects for Restorative Justice in the United States", Utah L. Rev, 2003, p.1.

39) 保護司는 일본에 특유한 제도로서 1888년부터 시작된 민간독지가가 전과자를 보호하기 위한 활동으로부터 유래되었다. 보호사는 일정한 자격을 갖춘 자원봉사자 중에서 법무부 장관이 임명하며, 범죄자의 개선 및 갱생을 돕고 범죄예방을 위한 여론 형성에 노력하

등이 중재역할을 하는 경우가 많지만, 대체적으로 법원이나 검찰에서 후원을 하고 있다.

5. 형사의 민사화

회복적 사법의 도입에 있어서 가장 문제점으로 제기되는 것이 바로 형법의 민사화라 할 수 있다. 즉 형법의 문제를 민법상의 손해배상의 문제로 해결한다는 것이다. 근대법 이후 민법과 형법은 엄격히 분리되어, 형벌은 국가의 문제이고 손해배상은 민법의 사항이라고 강조되어 왔다. 민법과 형법은 분리하여야 한다고 하는 실질적 근거로서 중요한 것은 민사책임을 위해서 피고인의 책임의 양을 초과하는 형벌을 과할 위험이 있기 때문이다.[40] 따라서 형사화해(배상)를 통한 회복적 사법을 형법에 도입하는 것을 반대하고 있다.[41]

그러나 배상의 문제가 오로지 민사법적인 문제이고 형법의 문제는 아니라는 것에 대한 의문이 제기되고 있다. 즉 범죄자의 행위에 대하여 방향을 설정해 주는 수단을 제재수단으로 보고, 이 제재수단에는 형벌만 속한다고 보지 않으면 이러한 문제는 해결될 수 있다. 이러한 의미에서 Rössner는 회복적 사법을 통한 원상회복은 "민사법적 수단으로 뿐만 아니라 형사법적 수단으로도 가능하다"고 하고 있다.[42] 오늘날 '민·형 분리의 원칙'이 강조되고 있기 때문에 형사소송에 있어 피해자가 수사의 단서 제공 또는 사실인정의 자료를 제출하는 데 그치고 있다.

는 등 지역사회의 정화와 복리증진을 위해 활동한다(保護司法 제1조). 구체적으로는 보호관찰 대상자에 대한 지도·감독과 보호, 교정시설 수용자의 가정환경조사·조정 및 기타범죄 예방활동에 종사한다.

[40] 平山幹子, "わが國ベの'刑事和解'モデルの導入に向けて", Japan Criminal Policy Society, 1997, 7면.

[41] H. J. Hirsch, "Wiedergutmachung des im Rahmen des materiellen Strafrechts", ZStW 102, 1992, S. 534－562.

[42] D. Rössner, "Wiedergutmachen statt Übelzufügen", in; E. Marks·D. Rössner(Hrsg.), Täter－Opfer－Ausgleich, 1989, S. 8.

한편 민사상의 손해배상은 통상의 손해에 대하여 금전적으로 해결하는 데 반해, 형사제재로서의 피해배상은 피해자의 물질적, 정신적 피해를 배상하여 범죄 이전의 상태로 회복하는 것을 의미한다. 또한 피해배상에는 금전에 한하지 않고 노무, 정신적 위로, 사회봉사 등이 포함된다.[43] 따라서 민사상의 손해배상과 형사상의 피해배상은 서로 구별될 수 있다고 본다.

우리나라에서도 '민·형 분리의 원칙'이 강조되고 있지만, 이것에 의해 배상(형사화해)에 의한 범죄 해결을 부정하지는 않는다. 민사책임 때문에 범죄자의 책임보다 중한 형벌을 부과할 위험은 '형사화해(배상)' 그 자체를 형벌의 목적으로 하지 않으면 문제가 없다고 본다. 민법과 형법은 서로 엄격하게 분리되어 있는 것이 아니라 상호 연결되어 있거나 종속되어 있다. 예컨대, 독일 연방대법원은 '위자료'의 법적 성질을 피해자에 대한 배상기능과 보상기능으로 보고 있다.[44]

여기서 보상 내지 응보(Genugtuung)는 속죄(Buße)와 유사하며, 본질적으로는 형벌적 요소로 보고 있다.[45] 이러한 의미에서 위자료의 보상기능은 민법의 손해전보라는 기능을 초월하는 형법의 요소로 볼 수 있다. 따라서 민법과 형법의 엄격한 분리는 오늘날 그 의미를 상실했다고 볼 수 있다.

Ⅵ. 우리나라 회복적 사법의 운영 형태

우리나라에서는 아직 회복적 사법을 형사사법을 공식적으로 인정하고 있지 않다. 다만 회복적 사법프로그램들이 우리나라의 공식적 형사사법시스템 속으로 통합될

---

43) 김성돈, "원상회복의 형사제재로서의 적격성과 형법의 과제", 피해자학연구 제5호, 한국피해자학회, 1997, 132－140면.
44) BGHZ 18, 149.
45) B. R. Kern, "Die Genugtuungsfunktion des Schmerzensgeldes－ein pönales Element im Schadensrecht?", ACP 1991, S. 249, 251.

수 있는 가능성이 있다면, 그러한 가능성은 소년범의 경우에 적정하다는 주장이 제기되고 있다.[46] 각국에서 운영되고 있는 회복적 사법은 원래 소년범의 해결과정에서 탄생하였기 때문에 우리나라의 경우도 소년범의 경우가 적정하다고 보인다. 즉 소년보호사건을 소년부에서 해결하기보다는 앞에서 언급한 가족협의모델을 통하여 해결하는 것이 가해자에겐 재범을 줄이고 피해자에겐 진정한 용서와 배상 등에 있어서 유리하다고 본다. 뿐만 아니라 가해자는 자신의 범죄가 상대에게 어떤 영향을 끼쳤는지 알게 되고 피해자는 '왜 내가 범죄의 대상이 되었나' 하는 의문을 직접 풀고 화해함으로써 지역공동체의 결속을 다지는 계기가 된다고 할 수 있다.

현재 우리나라에서 회복적 사법의 실천이라 할 수 있는 것은 법원에서의 시험실시, 범죄피해자지원센터에서 운영되고 있는 화해·중재위원회, 민간인으로 구성된 '구속심사위원회'를 들 수 있다.

1. 법원에서의 회복적 사법의 실험

우리나라에서도 2005년 8월 서울고법에서 최초로 회복적 사법의 프로그램의 하나인 '피해자-가해자 조정 제도'를 도입하여 시험실시하였다.[47] 즉 우리 법원도 각국의 형사사법의 흐름의 변화에 따라 '처벌과 응보(應報)'에서 '치료와 화해'의 개념을 도입하여, 범죄를 한 개인의 잘못이 아니라 공동체 전체의 흠 또는 잘못으로 보고 있다는 점이다. 범죄로 인한 피해의 회복에 초점을 맞추자는 것이다.

그러나 이 실험 재판에서 재판장은 "처벌만큼 중요한 것이 서로 마음의 상처를 씻는 것"이라며 가해자는 피해자의 가족들에게 용서를 빌고 가해자는 피해자가 가해자를 용서하도록 권고하였지만, 피해자의 유족들은 오히려 용서를 하지 않고 엄한

---

46) 김은경, "각 국의 회복적 소년사법 정책동향", 한국형사정책연구원 연구보고서(04-32), 2004, 223쪽.
47) 이 사건은 1심에서 징역 20년이 선고된 피고인(강도살인죄)을 항소심 법원에서 가해자가 피해자의 가족에게 용서를 빌고 서로 화해를 할 것을 권고하였다.

처벌을 요구하였다. 화해는 끝내 이뤄지지 않았고, 피고인은 항소가 기각되어 1심대로 징역 20년을 선고받았다. 결국 법원의 첫 실험이 직접적인 성과를 거두지는 못하였다.

이 실험은 법관이 마치 민사사건에서처럼 조정자가 되어 범죄를 해결하려고 하는 최초의 시도라는 점에서 의의가 있다고 보인다.

2. 범죄피해자지원센터에서의 회복적 사법

검찰청은 2004년 10월부터 범죄피해자를 보호·지원하고 있다.[48] 현재 전국 55개의 범죄피해자지원센터는 크게 순수민간주도형의 센터와 관주도의 센터로 구분된다. 순수민간형태의 범죄피해자지원모델은 김천·구미 하나이고 그 외에는 모두 관주도의 지원모델[49]이라 할 수 있다.

이 피해자지원센터에서 하는 역할 중의 하나가 중재를 통한 범죄해결이다. 아무리 훌륭한 명판결보다 조정(중재)이 낫다는 말이 있다.[50] 하지만 이러한 형태는 아래 표에서 알 수 있듯이 대전을 제외하고는 거의 이루어지지 못하고 있다. 대전은 범죄예방위원회에서 설립한 단체이기 때문에 이 위원회에서 적극적인 중재를 하는 것으로 보인다. 부산과 광주는 화해·중재위원회 자체가 존재하지 않는다.

---

48) 대검찰청은 2004년 10월 1일부터 범죄로 인해 피해를 입은 사람이 수사와 재판과정에서 입게 되는 2차 피해를 방지하고 피해회복과 형사사법 절차에의 참여를 확대 보장하기 위해 일선 지검·지청에 피해자지원담당관제도, 피해자지원실 설치 등 범죄피해자를 지원하기 위한 검찰 내부시스템을 마련, 운영하고 있다.
49) 관주도의 지원모델은 대전이 효시이고, 이곳에서는 범죄예방위원회가 중심이 되어 설립되었다.
50) 우리나라에서 운영되고 있는 범죄피해자센터의 화해·중재위원회는 대부분 그 지역의 변호사, 법무사, 교수 등으로 구성되어 있다.

표 2 범죄피해자 지원센터의 운영 실적(2006년 1월 현재)

지역	상담	화해중재	법정동행	의료지원	기타	계	비고
진주	210	5	4	20	66	302	
순천	138	45	4		80	267	
성남	837	4		8	38	887	2004. 10 현재
광주	230	−			40	270	화해·중재 자체가 없음
부산	587	−	46	4	263	900	화해·중재 자체가 없음
김천·구미	450	4				454	
대전	21	139	7		1	168	2004. 10 현재

3. 검찰의 구속심사위원회

범죄자의 구속취소 여부는 기소독점주의와 기소편의주의를 취하고 있는 우리 형사절차에서는 검사의 고유권한이다. 그렇다 보니 종래의 형사절차에서는 구속의 절차가 검사의 재량권의 남용, 연고나 변호사의 로비 등에 좌우된다는 오해의 소지도 있었다. 따라서 이러한 문제점을 해소하기 위하여 창원지방검찰청에서 전국 최초로 구속취소 여부결정과정에 외부인사들의 다양한 의견을 반영하여 검찰권 행사의 공정성과 투명성을 확보하기 위하여 '구속심사위원회'를 운영하고 있다.[51] 이는 불구속수사 원칙을 확립시킴으로써 검찰업무에 민주적 정당성과 신뢰도가 제고될 수 있다고 본다.

이러한 '구속심사위원회'제도는 사회적으로 명망 있는 외부인사의 참여를 통한 범죄의 해결로 회복적 사법의 실천형태로 볼 수 있다.

---

51) 창원지방검찰 외에도 현재 대전, 인천지방검찰청에서도 실시하고 있다.

Ⅶ. 결 론

회복적 사법은 아직은 우리에게 생소한 개념이다. 세계 각국에서도 보편적인 형사사법의 제도는 아니고 소년범과 경미한 범죄를 중심으로 한 실험단계에 있다고 볼 수 있다. 특히 우리나라에서는 아직 형사사건을 조정(중재)자를 통하여 해결한다는 것은 쉽지 않다고 본다. 이는 아마도 우리의 정서가 회복적 사법의 프로그램이 성공적으로 운영되고 있는 국가와는 다르기 때문으로 보인다.

원래 회복적 사법은 기회원칙(the opportunity principle)을 고수하는 국가들(미국, 캐나다, 호주, 뉴질랜드)에서는 잘 운영되지만 죄형법정주의가 지배하는 대륙법 국가(독일, 프랑스, 일본) 등에서는 형사사법의 시스템이 변화되지 아니하는 한 잘 운영되기가 어렵다.

특히 회복적 사법은 범죄의 유형, 무죄추정의 원칙 문제, 생활의 보호 문제, 처벌의 약화 등의 문제점이 제기되고 있다. 이는 참가자들 사이의 이해의 결핍과 전문적이고 유능한 중재자가 없는 점 등에서 원인을 찾을 수 있다. 이러한 문제점들을 잘 보완하여 운영하면 앞으로 우리나라에서도 성공적으로 정착될 것으로 보인다.

그러나 회복적 사법의 프로그램의 분석을 통하여 보았듯이 피해자, 가해자, 지역사회 등은 대부분 만족하고 있다는 것을 알 수 있었다. 뿐만 아니라 회복적 사법은 많은 문제점을 가지고 있는 현행 형사사법제도에 대한 대안이 될 수 있고, 이 시대가 요구하는 '미래지향적 형사사법'이라 할 수 있다.

오늘날 많은 국가에서 범죄의 증가, 재범의 증가, 범죄자의 재사회화의 실패 등으로 기존의 응보적 형사사법의 시스템을 비판하고는 있지만, 그에 대한 대안을 찾지 못하고 있는 것이 사실이다. 범죄자를 처벌하여 낙인을 찍는 것만이 능사가 아니라는 것을 이제 모든 국가에서 인식하고 있다. 이에 대한 대안이 바로 회복적 사법이다. 재범을 예방하고 범죄를 감소시키기 위해서는 범죄자에는 책임을 통감케 하고,

어떠한 방법으로든 피해자에게 사과와 보상을 하게 하며 재통합의 기회를 주어야 한다.

특히 우리나라에서도 최근 범죄피해자보호법이 제정되고 범죄피해자지원센터가 설립되어 지역사회의 구성원들이 화해를 통한 범죄의 해결을 시도하고 있다. 이러한 시도는 바로 외국에서 시행되고 있는 회복적 사법의 프로그램의 하나라고 볼 수 있다.

본문에서 고찰했듯이 회복적 사법은 범죄자가 진심으로 자기의 죄를 부끄러워하고 뉘우치게 하여 다시는 죄를 짓지 않게 하는 데 목적이 있다. 이때 반드시 필요한 것이 범죄자의 행위를 비판하고, 범죄자가 진심으로 존경하는 누군가가 존재해야 한다는 것이다. 그들은 바로 가족이 될 수 있고, 사회적으로 덕망 있는 자가 될 수 있고, 시민단체 등이 될 수 있다. 이러한 사람들이 주체가 되어 시행되고 있는 프로그램이 피해자·가해자 조정, 가족단위협의제, 서클, 민간 패널 등이다.

이러한 프로그램들을 통한 범죄의 해결이 비록 범죄자의 삶에 긍정적인 변화를 가져오는지는 증명하지 못했지만, 모두가 크게 만족하고 있다는 것은 알 수 있었다. 회복적 사법의 시행에 있어서 가장 중요한 것은 피해자의 참여, 가해자에 의한 진실한 사죄와 죄책감의 표현, 의사결정에의 공평한 참여, 결정사항에 대한 동의 등이라는 것이 증명되었다.

회복적 사법은 기존의 형사사법의 패러다임을 전환하여 피해자, 가해자 모두가 지역사회의 공동체에 재결합하게 하는 이상적인 형사사법의 전망을 보여주고 있다. 앞으로 본문에서 언급하고 있는 과제들을 원활하게 해결하여 우리나라에서도 빠른 시일 내에 도입되길 기대한다. 회복적 형사사법은 종래의 응보적 형사사법의 개혁에 투입된 '토로이의 목마'라 할 수 있다.

참고문헌

김성돈, "원상회복의 형사제재로서의 적격성과 형법의 과제", 피해자학연구 제5호, 한국
　　피해자학회, 1997.
김은경, "각 국의 회복적 소년사법 정책동향", 한국형사정책연구원 연구보고서(04-32),
　　2004.
이진국, "독일 형법상 원상회복 옹호론과 비판론", 한국형사정책학회, 12권 제1호, 2000.
高橋則夫, 修復的司法の 探究: 回復的司法のパラダイム, 成文堂, 2003.
浜井浩一・横地環, "諸外國における犯罪被害者施策に關する研究: オセアニアにおける
　　犯罪被害者施策", 法務總合研究所研究部報告(9), 法務總合研究所, 2000.
前野育三, "被害者問題と修復的司法:ニュ-ジ-ランドのFamily Group Conferenceを中心
　　に", 犯罪と非行(제123호), 2002.
前野育三, "修復的司法について", 刑法雜誌, 제40권 제2호, 日本刑法學會, 2001.
平山幹子, "わが國べの'刑事和解'モデルの導入に向けて", Japan Criminal Policy Society,
　　1997.

H. J. Hirsch, "Wiedergutmachung des im Rahmen des materiellen Strafrechts", ZStW
　　102, 1992.
Leena Kurki, "Evaluating Restorative Justice Practices", in : Hirsh・Roberts・Bottoms・
　　Roach and Schiff(ed.), *Restorative Justice & Criminal Justice*, Hart Publishing,
　　2003.
M. Schiff, "Models, Challenges and The Promise of Restrative Conferencing Strategies",
　　edited by Hirsh・Roberts・Bottoms・Roach and Schiff, *Restorative Justice &
　　Criminal Justice*, Hart Publishing, 2003.
M. Umbreit and J. Greenwood, National Survey of Victim-Offender Mediation Programs
　　in the United States, US Department of Justice, Office of Justice Programs,

Washington DC, 2000.

McCold, "Toward a Holistic Vision of Restorative Juvenile Justice : A Reply to the maximalist Model", Contemporary Justice Review, 2000.

G. Maxwell·A. Morris, Family Victims and Culture: Youth Justice in New Zealand, Victoria University of Wellington, 1993, p.17; G. Maxwell·A. Morris, Understnding Reoffending, Victoria University of Wellington, 1999.

J. Campbell, *Milaca and Princeton Community Justice Circles: First Year Evaluation Report*, Unpublished manuscript, 1999.

John Braithwaite, "A Future Where Punishment Is Marginalized: Realistic or Utopian?", *UCLAL. Rew(46)*, 1999.

John Braithwaite, "Restorative Justice: Assessing Optimistic and Pessimistic Accounts", *Crime and Justice(25)*, 1999.

Leena Kurki, "Restorative and Community Justice in the United States", 27 Crime and Just, 2000.

M. Umbreit, R. Coates and B. Vos, "Juvenile Victim-Offender Mediation in Six Oregon Counties", OR: Oregon Dispute Resolution Commission, 2001.

Mark Bakker, "Reparing the Breach and Reconciling the Discordant : Mediation in the Criminal Justice System", North Carokina Law Review, vol.72, 1994.

Martin Wright, "Can Mediation be an Alternative to Criminal Justice?", in : Burt Galaway and Joe Hudson(Eds.), Restorative Justice : International Perspectives, 2002.

Peachy, "The Kitchener Experiment", in : Wright/Galaway(ed.), Meadiation and Criminal Justuce, 1989.

S. Matthews, A. Larkin, Guide to Community -based, Alternatives for Low Risk Juvenile Offenders, Topeka, KS: Koch Crime Institute, 1999.

Sara Sun Beale, "Still Tough on Crime? Prospects for Restorative Justice in the United States", Duke Law School(No. 35), 2002.

Van Ness, "Restorative Justice and International Human Rights," in Restorative Justice: International Perspectives, edited by Burt Galaway and Joe Hudson, Monsey, NY, U.S.A., Criminal Justice Press, 1996.

제4부 회복적 사법 실천모델의 효과에 관한 연구

제4부
회복적 사법 실천모델의 효과에 관한 연구

Ⅰ. 서 론

오늘날 세계 각국은 전통적인 응보적 형사사법으로는 범죄로 인해 야기된 문제를 해결할 수 없다는 주장이 제기되고 있다. 범죄로 인하여 발생한 갈등의 해결은 형사사법의 문제이기 이전에 사회문제이다. 따라서 범죄를 국가와 범죄자만이 해결할 것이 아니라 피해자, 지역사회가 공동으로 참여하는 가운데 해결하자는 형사사법의 새로운 관점이 부각되고 있다.

현대 형법과 형사정책의 중요한 변화 중의 하나는 형벌과 정의에서 '처벌과 응보' 외에 '치료와 화해'의 개념이 도입되고 있다는 점이다. 범죄를 한 개인의 잘못이 아니라 공동체 전체의 흠 또는 잘못으로 보아야 한다는 것이다. 즉 범죄로 인한 피해의 회복에 초점을 두면서 가해자는 왜 자신이 죄를 지었는지 알게 되고, 피해자는 '왜 내가 범죄의 대상이 되었나' 하는 의문을 가지고 범죄를 해결하자는 것이다.

이렇게 범죄피해자를 형사사법의 주체로 편입하여 피해자의 권리와 피의자의 인권을 동시에 존중하면서 범죄를 해결하자는 것이 회복적 사법(Restorative Justice)이다.[1] 즉 회복적 사법이란 범죄과정에서 이해관계를 가지고 있는 사람들이 화해와 조정을 통하여 범죄로 야기된 문제들을 함께 해결하는 것을 말한다.[2] 회복적 사법

---

1) 2005년 서울고법에서는 이와 같은 회복적 사법을 최초로 시험실시하였다. 이 실험은 앞으로 범죄와 형벌, 더 나아가 정의의 개념과 사법제도의 변화에 큰 영향을 줄 것으로 기대된다.
2) John Braithwaite, "A Future Where Punishment Is Marginalized: Realistic or Utopian?", *UCLAL. Rew(46)*, 1999, 1743쪽.

의 주장자들은 현행 형사사법시스템이 피해자들에 대한 관심과 배려가 없다는 데에서 출발한다. 물론 회복적 사법은 범죄피해자만의 이익을 위한 것은 아니다. 범죄자에게도 구금을 통한 처벌 대신에 피해자에 대한 피해회복, 사죄 등으로 범죄를 해결하자는 것이기 때문에 이익이 될 수 있다. 원래 형사사법의 과제는 범죄자의 사회복귀 가능성을 유지하면서도 만족할 만한 형벌을 요구하는 피해자의 감정을 고려하는 제도를 말한다.

지금까지 우리 형사사법의 가장 큰 문제는 재범의 증가이다.[3] 이는 교정행정에도 원인이 있겠지만 근본적인 이유는 형사사법이 기능을 못했기 때문으로 보인다. 즉 범죄해결을 국가와 범죄자만이 주체가 된다는 데에 있다.[4] 이렇게 피해자를 제외한 일방적인 범죄해결은 결코 범죄예방과 사회질서를 유지할 수 없다고 본다.

따라서 범죄문제를 범죄자만의 문제로 단순화하여 대응하고 있는 기존의 형사사법의 태도를 수정하여야 한다. 범죄는 과거의 일회적인 사건이지만 그 범죄사건의 영향은 장래에까지 미친다는 것을 고려하면 범죄의 해결은 피해자뿐만 아니라 피해자와 범죄자가 다 같이 평화롭게 살아가야 할 지역사회의 참여가 필수적이라 본다. 이와 같은 형사사법의 새로운 패러다임이 서구사회에서 각광(boom)을 받고 있다.[5]

최근 아파르트헤이트(인종분리정책)로 얼룩졌던 남아프리카 공화국은 1996년 '진실과 화해 위원회'(The Truth and Reconciliation Commission)를 설치하여 과거 청산을 하였다. 이 위원회는 진상에 대한 철저한 규명을 추구했지만, 가해자를 처벌하기보다는 화해를 추진했다. 가해자는 죄를 고백하고 사죄를 조건으로 사면을 받았다. 진실과 화해 위원회는 진상규명과 가해자 사면, 피해자 보상을 통한 평화적 청산과

---

3) 2000－2004년 동안 우리나라의 재범률은 평균 60%를 넘고 있다.
4) 우리나라 형사담당 법관은 일주일에 평균 30－60건을 처리하고 있다. 이렇게 기계적으로 재판을 하다 보니 피해자를 주축으로 하는 화해, 조정제도는 설 자리를 잃고 있다. 이러한 이유로 우리나라 재판을 역설적으로 재판이 아니라 전과자 양성제도라는 비판이 제기되고 있다.
5) 우리나라에서도 2005년 10월 창원지방검찰청이 검찰청 최초로 민간인으로 구성된 '구속심사위원회'를 구성하여 피의자의 구속 여부를 심의하고 있다(2006년 4월 대전지방검찰청에서도 시행). 이러한 지역사회 구성원의 참여로 피의자의 구속 여부를 판단하는 것이 회복적 사법의 실천의 첫 단계로 볼 수 있다.

화해 추구라는 기념비적인 선례를 만들었다.

회복적 사법은 1990년대 이후 미국, 유럽, 뉴질랜드, 오스트레일리아를 중심으로 발전되어, 현재는 세계 각국에서 여러 가지 형태의 프로그램으로 시행되고 있다. 즉 회복적 사법은 피해자－가해자조정(victim－offender mediation), 가족단위협의회(family group conferencing), 서클 제도(circle processes), 시민 패널(citizen panel) 등의 형태로 운영되고 있다.

많은 국가에서 형사사법의 절차로 인정하고 있는 회복적 사법은 우리나라에서는 아직 생소하다. 이제 겨우 회복적 사법의 개념 정립과 이론적 모델[6]과 실천모델을 소개하는 정도에 그치고 있다. 따라서 본 연구는 미국, 캐나다, 오스트레일리아, 뉴질랜드에서 시행되고 있는 회복적 사법의 실천 모델을 통계를 중심으로 분석하여 우리나라에서의 도입을 촉진하고자 하는 것이 목적이다.

Ⅱ. 회복적 사법의 특징과 현황

1. 회복적 사법의 개념과 특징

회복적 사법은 종종 응보적 형사사법에 대응하는 개념으로서,[7] 범죄를 피해자·가해자가 지역사회와 조정 등을 통하여 해결하자는 것이다. 일반적으로 전통적인 응보적 형사사법은 범죄자의 고의성(culpability) 정도를 입증해서 거기에 알맞은 형벌을 부과하는 형사사법 시스템을 말한다. 하지만 회복적 사법은 위해(harm)에 대한

---

6) 이에 대한 내용은, 박상식, "범죄피해자와 회복적 사법의 모델", 피해자학연구, 2005, 134쪽 이하 참조.

7) John Braithwaite, "Restorative Justice: Assessing Optimistic and Pessimistic Accounts", *Crime and Justice(25)*, 1999, 4쪽.

책임 정도(accountability)를 입증해서, 범죄의 이유와 결과에 대해서 서로 간에 이해를 촉진하고, 치료하기 위한 절차를 마련하는 데 있다. 회복적 사법 패러다임 내에서는 범죄자는 구금되지 않는 것이 일반적이다. 대신 피해자에게 사과와 용서, 보상을 통하여 지역사회의 공동체로 다시 재통합되게 된다.

회복적 사법은 그 개념이 명확하지 않음에도 불구하고 보통 조정(Victim－Offender Mediation), 협의(Conferencing), 서클(Circles) 등의 형태로 시행되고 있다. 이러한 형태의 프로그램들은 기존의 형사사법과는 전혀 다른 가치를 지니고 있다. 따라서 회복적 사법과 전통적인 형사사법시스템이 어떻게 화해하고 관계를 정립할지가 앞으로의 과제이다.[8]

2. 회복적 사법의 현황

회복적 사법은 오늘날 오스트레일리아나 뉴질랜드, 캐나다 등에서 형사절차의 과정으로 인정되고 있다. 대부분 이러한 국가들에서는 소년사법 분야에서 시작되어 점차 성인범죄 사건들에까지 확대하고 있다. 이러한 운동은 캐나다의 원주민과 뉴질랜드의 마오리 부족의 전통적인 제도에 강한 영향을 받아 1990년대 이후부터 본격적으로 실시되고 있다.

캐나다의 원주민들은 범죄의 이유와 그 결과에 대해서 토론하고, 그에 대한 치유를 위해서 범죄자와 피해자, 그들 각각의 가족들과 공동체 후원자들이 관여하는 과정인 양형서클(circle sentencing)을 통하여 해결하고 있다. 범죄의 치유(healing)를 위한 원주민 서클 제도는 가정폭력, 성폭력과 가정 내의 성 학대를 포함하는 중범죄

---

8) 이러한 관계정립은 세 가지로 분류할 수 있다. 첫째, 통합적 모델로서 회복적 사법이 형사절차를 종결 또는 중단시키거나 양형참작사유로 보는 경우로서 유럽에서 대부분 채택하고 있다. 둘째, 대안적 모델로서 회복적 사법이 기존의 형사사법을 대신하는 것으로서 뉴질랜드가 대표적이다. 셋째, 부가적 모델로서 교정단계에서 회복적 사법을 적용하는 것으로서 캐나다의 화해 패널, 서클이 대표적이다.

를 다루고 있다. 이보다 조금 더 공식적인 '피해자－가해자 조정 프로그램'은 주거 침입과 폭력과 같은 성인, 소년 범죄를 중심으로 캐나다의 몇몇 대도시에서 행해지고 있다.

뉴질랜드는 1989년 마오리 부족의 분쟁 해결제도를 기초로 한 법률을 채택하였다. 마오리 부족의 분쟁해결 제도인 '가족단위협의제(family group conferencing)'을 통해서 소년범의 가족과 지역 공동체의 직접 참여를 시킴으로써 그들의 교화 개선 방법을 마련하는 데 강조점을 두고 있다.[9] '가족단위협의제(family group conferencing)'의 주요 기능은 범죄자를 기소할 것인지 말 것인지 결정하는 것과, 보호 협정(custody arrangement) 또는 대안적 처벌에 관한 결정을 하는 것을 주된 내용으로 하고 있다.[10] 회복적 사법이 시행되기 시작한 1989년부터 뉴질랜드의 소년범은 '가족단위협의제'에서 해결하기 때문에 정식 법원에서 해결하는 사건의 수가 약 80% 감소하였고, 수감수도 반으로 줄었다. 소년범에 대해서 10년 이상 경험을 한 '가족단위협의제(family group conferencing)'는 오늘날 성인관련 범죄에까지 확대되었다.[11]

오스트레일리아의 회복적 사법 프로그램들은 경찰이 더 활발한 역할을 한다는 것만을 제외하고는 뉴질랜드 협의제 모델에 전반적으로 기초하고 있다. 처음 오스트레일리아에 정착될 때, 그 지역의 이름을 붙여 '와가－와가(Wagga－Wagga)모델'이라고 불렸다. 회복적 사법 프로그램이 주 법률에도 포함되게 되면서, 주 소년 사법 기관들이 대부분 이행하고 있다. 그렇지만 경찰이 여전히 사건들을 협의회에 회부하고, 조정과정에 조력자로 활동하고 있다. 현재까지 회복적 사법 프로그램들은 소년관련 범죄에 집중되고 있지만, 최근에는 성인 범죄자들에게까지 확대하였다. 이러한 협의제에 회부되는 범죄는 주거침입, 재물손괴(property damage), 풍기문란(disorderly

---

9) Mara Schiff, Models, "Challenges and The Promise of Restorative Conferencing Strategies", Andrew von Hirsch 엮음, *Restorative Justice and Criminal Justice: Competing or Reconcilable Paradigms?*, Oxford and Portland Oregon: Hart Publishing, 2003, 319－320쪽.

10) Mark S. Umbreit and Robert B. Coates, *Victim Impact of Restorative Justice Conferencing with Juvenile Offenders: What We Have Learned From Two Decades of Victim Offender Dialogue Through Mediation and Conferencing*, Minnesota University, 2001. 7, 9쪽.

11) Sara Sun Beale, "Still Tough on Crime?: Prospects for Restorative Justice in the United States", *Duke Law School(No.35)*, 2002, 12쪽.

conduct), 자동차 절도(motor vehicle theft), 폭력 등이다.

미국은 1970년대 후반에 시작됐지만 1990년대에 몇몇 주의 형사소송법에 포함되기 시작했고, 2005년 현재 20개 주가 입법을 검토 중에 있다. 1996년 미국 연방법무부 피해자국의 조사결과에 의하면, 미국에는 300여 개의 조정기관이 있으며, 이들 가운데 116개 기관을 조사한 결과 한 기관이 연평균 106건 정도의 사건을 조정하였고, 이 가운데 87%인 연평균 92건의 사건에서 피해자와 가해자가 조정합의서를 작성하였고, 작성된 조정합의서 중 평균 99%의 합의 내용이 그대로 이행되는 것으로 나타났다.

회복적 사법 프로그램은 유럽에서도 운영되고 있다. 오스트리아, 독일, 핀란드 등이 대표적이다. 오스트리아에서는 1985년 이후로 피해자－가해자 중재가 소년 사법 제도의 일부가 되고 있다. 그리고 범죄자에게 화해, 피해에 대한 보상, 지역 봉사를 통한 상징적인 회복 등의 기회를 제공한다. 조정 제도는 제한적인 범위 내에서 성인 범죄자들에게도 적용된다. 독일에서는 1994년 개정된 형법에 따라서 최대 1년까지 자유형이 선고될 수 있거나 단순 벌금형일 때에는 성인 범죄자에게도 조정제도를 정식적으로 적용할 수 있도록 하였다. 중요한 것은 오스트리아와 독일에서는 피해자－가해자 조정 제도가 다른 국가들보다 중한 범죄에 사용되고 있다는 것이다. 독일에서 1995년에 조정을 거쳐 간 사건 중 약 70%가 폭력 범죄였고,[12] 오스트리아에도 조정을 거쳐 간 성인 범죄의 거의 4분의 3이 유흥주점에서의 싸움(baroom brawls)이거나 노상 싸움(road rage)과 같은 폭력관련 범죄였다.[13]

---

12) 독일의 조정에 관해서는, Dieter Dölling 외 13인, 이진국 옮김, 「가해자－피해자－조정」, 『형사정책연구원』, 2002, 39－40쪽 참조.
13) Leena Kurki, "Restorative Justice and Community Justice in the United States", *Crime and Just(27)*, 2000, 235쪽.

Ⅲ. 회복적 사법의 한계에 관한 합의

1. 회복적 사법의 상한성

회복적 사법은 오늘날 세계 각국에서 급속한 변화를 겪으면서 계속 성장하고 있어, 그 개념에 대해서는 아직 명확하지 않지만, 다음과 같은 세 가지 점에 있어서는 일치된 합의를 하고 있다.[14]

첫째, 회복적 사법의 대응은 법원에 의해 정해진 처벌의 상한선은 절대 넘지 않아야 한다는 것이다. 응보주의자들은 종종 이러한 원칙에 대하여 비판을 가한다. 그러나 그들은 회복적 사법의 지지자들이 상한선을 따르지 않는다는 주장을 뒷받침하기 위해 어떠한 학문적 출처나, 회복적 사법의 규정 또는 회복적 사법 실무가들의 교본 등을 인용하지 않고 있다.

더구나 법원이 개입하여 회복적 사법 절차의 결정을 뒤집은 경험은 뉴질랜드와 캐나다에서 자주 일어나고 있다. 즉 피해자, 가해자, 기타 관련 당사자들 사이에서 합의된 징계의 정도(punitiveness)를 넘어서는 방향으로 간 경우가 많이 나타나고 있다.

Maxwell과 Morris의 연구에 의하면, 뉴질랜드 법원은 회복적 사법에서의 결정의 81%를 인정하고 있지만, 처벌의 경우에 있어서는 법원이 그 결정을 변경하는 경우가 종종 있다고 한다. 그 가운데 원래의 결정보다 가볍게 처벌한 경우는 1건이고, 형벌을 추가하여 무겁게 처벌한 경우는 8건이었다.[15] 미네소타에서 이뤄지는 성인 범죄자들을 다루는 회복적 프로젝트에서도 비슷한 결과가 나타나고 있다. 회복적

---

14) John Braithwaite, *In search of Restorative Jurisprudence*, Australian National University Law Program, Research School of Social Sciences Date Posted, November 22, 2002, 1쪽.

15) Gabrielle M. Maxwell, and Allison Morris, *Family, Victims and Culture: Youth Justice in New Zealand*, Social Policy Agency and Institute of Criminology, Victoria University of Wellington, 1993.

사법의 절차에서의 결정을 법원에서 83% 인정하였지만, 처벌의 경우 요건을 추가하여 무겁게 처벌한 경우가 요건을 삭제하여 가볍게 처벌한 경우보다 5배나 많았다.[16)

회복적 사법의 과정에서 금고형을 권하고 법원이 이를 기각한 경우는 없었던 반면, 법원이 회복적 결정에 금고형을 추가한 경우는 많았다. 응보주의자들은 회복적 사법의 결정을 법원이 무리하게 뒤엎는 행위를 비난하기보다는 회복적 사법이 상한선을 무시하고 있다는 주장만을 되풀이하고만 있다. 이렇게 주장하는 이유는 강력한 응보적 대중화(punitive populism)를 통하여 강력한 형벌로 대응하는 데 지지를 얻게 될 것이라는 확신에 두고 있다.

둘째, 회복적 사법 지지자들은 회복적 사법 절차에서는 기본적 인권(fundamental human rights)들이 지켜져야 한다는 것에는 이견이 없다. 문제는 어떤 권리를 포함시킬 것인가이다. 이에 관련하여 Braithwaite는 세계인권선언, 경제적, 사회적, 문화적 권리에 관한 국제 규약, 시민적 정치적 권리에 관한 국제 규약과 제2차 선택 의정서, 여성에 대한 폭력 추방에 관한 유엔선언과 범죄 피해자와 권력 남용에 관한 사법의 기본적 원칙의 선언에서 구체화된 기본권들을 들고 있다.[17)

셋째, 회복적 사법 지지자들은 어떠한 경우에도 기본권이 보호되지 않는 구금시설에 범죄자를 구금하는 것은 정당화될 수 없다는 데에는 의견을 같이한다. 그러나 이들도 오스트레일리아 원주민들의 구금의 대안으로 범죄자에게 '창던지기 의식(Spearing)'에 대해서는 결코 허용될 수 없다고 한다. 이 문제에 있어서 딜레마는 오스트레일리아의 원주민들은 그들이 구금당한다는 것은 인간으로서의 모든 것인 대지와의 영적인 접촉을 할 수 없게 한다는 점에서 인권에 대한 치명적인 타격을 입는 것으로 생각하고 있다. 즉 그들이 창던지기 의식(Spearing)이 구금보다 덜 잔인하고 훨씬 더 회복적인 것이라고 확실히 믿는다. 그러나 이러한 의식은 일반인들의 입장에 보면 어떤 것이 더 옳은지 판단하는 것은 쉬운 일이 아니다.[18)

---

16) Bonta James, Jennifer Rooney and Suzznne Wallace-Capretta, *Restorative Justice: An Evaluation of the Restorative Resolutions Project,* Ottawa: Solicitor General Canada, 1998, 16쪽.

17) John Braithwaite, *Setting Standards for Restorative Justice*, British Journal of Criminology, 2002(b).

회복적 사법도 처벌의 한계와 지켜야 될 권리들에 관해서는 기본적으로 응보주의 자들의 그것과 흡사하다. 즉 상한선의 정도에 있어서 차이가 있을지 모르지만 처벌 한계의 존재는 부정하지 않는다. 기본권을 기준으로 재판 과정에서 허용될 수 있는 범위를 결정해야 한다는 데는 의견을 같이한다.

2. 회복적 사법과 비례성 원칙

비례성의 문제에 있어서도 회복적 사법의 지지자와 응보주의자 사이에 상당한 의 견대립이 있다. 회복적 사법의 지지자들은 범죄자가 가한 위해(harm)에 대해서 이루 어진 보상, 회복(repair)이 어느 정도 비례하는가를 기준으로 비례성을 판단하려고 한 다. 그러나 응보주의자들은 그것을 겉으로 드러난 불법에만 초점을 둔(tort-based) 비례성 원칙의 하나로만 보기 때문에 받아들이지 않는다. 응보주의자들은 형벌은 행 위의 비난 가능성과 고의성(culpability)에 비례해야 한다고 한다. 따라서 응보주의자 들은 회복을 필요로 하는 위해(harm)는 단지 비난 가능성에 포함되는 하나의 요소에 불과하다고 한다. 예컨대, 과실상해보다 살인 미수범이 훨씬 더 비난의 대상이 된다 는 것이다.

처벌의 상한선과는 달리 비례성 원칙은 범죄 예방에 도움이 되지 않는다. 예컨대, 기업범죄자들에 대해 관용을 베푸는 것(비례성에 어긋난 관용)이 공동체를 더 안전 하게 하는 데 중요하다는 것을 설득력 있게 보여주고 있다.[19] 이것이 바로 기업규 제 당국(corporate regulator)의 관용정책(leniency policy)이라 할 수 있다.

기업규제 당국은 기업범죄에 대하여 항상 선택의 기로에 놓이게 된다. 최고경영 자를 처벌하기 위한 전면적인 전쟁에 돌입하느냐, 아니면 적당한 수준에서 합의를 보느냐이다. 즉 최고경영자들에 대한 고소를 취소하는 대가로 사내규율과 안전, 직

---

18) John Braithwaite, 앞의 논문(*In search of Restorative Jurisprudence*), 2002, 3쪽.

19) J. Braithwaite and P. Philip, *Not Just Deserts: A Republican Theory of Criminal Justice*, Oxford: Oxford University Press, 1990, 10-15쪽.

원 재교육에 대한 투자와, 나아가 산업전반에 대한 투자를 늘리고, 피해자들에 대해 보상을 해 주기로 합의하는 것이다.

이는 기업 범죄자들의 구금을 면제함으로써 공동체의 안전을 증가시킬 수 있다는 정책성 아이디어이다.

이러한 관용의 정책이 행해질 수 있는 이유는 바로 기업 범죄자들이 악행을 저지를 수 있는 능력이, 선행을 할 수 있는 능력과 맞먹는다는 데 있다. 즉 기업가들이 선행을 할 수 있는 능력을 이용하고자 한다. 일단 이렇게 관용의 정책을 쓰게 되면 발생하는 문제는, 권력(power)이 기업 범죄자들을 풀어주는 이유가 되기도 하는 반면에, 서민 범죄자들을 구속하는 이유도 된다는 사실이다. 따라서 회복적 사법의 지지자들은 여기서 힘없는 자들에게도 기업범죄자와 같이 공동체의 안전을 높이면서도 구금을 점진적으로 줄일 수 있다는 사실을 보여주어야 한다는 것이다.[20]

Ⅳ. 회복적 사법 실천 모델의 효과 분석

범죄의 해결을 회복적 사법으로 대체하게 되면 포괄적인 교섭, 책임의 인정, 상처의 치유를 증진시키고, 피해자, 가해자, 공동체 간의 관계를 재건하는 데 도움을 준다. 회복적 사법은 피해자-가해자 조정(victim-offender mediation)[21]에서부터 가족단위협의회(family group conferencing), 서클 제도(circle processes), 그리고 다양한

---

20) John Braithwaite, 앞의 논문(*In search of Restorative Jurisprudence*), 2002, 5쪽.
21) Mediation에 관한 용어를 현재 우리 학계에서는 조정, 중재 등으로 혼용하고 있다. 원래 조정은 사적 거래관계로부터 발생한 법률문제를 법관이나 법원에 설치된 조정위원회가 당사자들에게 합의를 권고하는 것으로 강제성이 없지만, 중재는 법률문제를 당사자의 합의로 법원이 아닌 제3자에게 의뢰하여 구속력 있는 판정을 구하는 것을 말한다. 따라서 회복적 사법은 당사자들이 자발적인 의사로 참여하여 합의하는 것으로 보기 때문에 조정으로 번역하는 것이 옳다고 본다.

형태의 시민 패널(citizen panel)까지 점점 변화해 왔다.[22)]

회복적 사법의 평가는 대부분 '피해자, 가해자 조정'과 '가족단위협의제'에 대해서 집중되어 있고, 서클이나 민간패널에 대하여는 아직 묘사적인 것에만 그치고 있고, 몇 가지 성공적인 사례들이 제시되고 있을 뿐이다.[23)]

이하에서는 회복적 사법을 시행하고 있는 각국의 회복적 사법의 모델 대한 실증적 분석을 통하여 그 효과를 고찰하고자 한다.

1. 회복적 사법의 효과의 요소

회복적 사법은 그 효과의 방법에 대하여 논쟁이 되고 있다. 실제 성공을 측정하는 방법에 대한 아무런 합의가 없다. 일반 범죄학에서 있어서의 주요한 평가요소였던 '재범률'(recidivism)도 유일한 측정방법은 아니다. 대개 평가방법은 다음과 같은 일반적인 주제들을 다룬다. 즉 피해자의 가해자의 만족도, 합의에 대한 이행률, 자원봉사자들의 참여 정도, 피해자와 가해자의 삶의 질, 절차적 정당성(procedural justice) 등을 들고 있다.

특히 참가자들의 전반적인 만족, 제3자에게 권유, 재참여 등 절차적 정당성의 기준들은 점차 세분화되고 공정성의 다양한 측면들을 고려하게 된다. 회복성의 측정방법에는 진실한 죄책감, 합의, 용서, 감정의 표현, 재결합의 감정이 포함된다.

회복적 사법의 효과에 대한 척도들은 지금까지 피해자와 가해자들에 대한 효과에만 초점이 맞춰져 왔다. 즉 피해자의 분노와 두려움의 감소, 가해자의 자제된 공격성과 개선된 삶의 질에 대한 것들이었다. 그러나 아직 지역공동체에 대한 결과는 측정되거나 설명되지 못하고 있는 실정이다.

---

22) 이러한 프로그램에 관해서는, 박상식, "회복적 사법에 관한 연구", 경상대학교 박사 학위 논문, 2004, 111-117쪽 참조.
23) Leena Kurki, 앞의 논문, 294쪽.

2. 회복적 사법 실천 모델의 효과 분석

1) 피해자, 가해자 조정(Victim-Offender Mediation: VOM) 모델

(1) 조정의 특징

피해자, 가해자 조정은 회복적 사법에 있어서 가장 흔한 형태이다. 범죄 피해자와 가해자는 일차적으로 배상계획을 세우기 위해 조정자들과 만난다. 그러나 종종 합의에 도달하는 것은 부차적이고, 감정적인 치유가 주가 된다. 피해자들은 일관되게 조정의 가장 중요한 요소는 그들의 감정을 표현하고 가해자에게 말할 수 있는 기회를 갖는 것이라고 하고, 가해자들도 배상에 대한 합의보다는 사건의 배경을 설명할 기회를 갖는 것이 더 중요하다고 말한다.[24]

사건이 조정될 경우에는 단기적 효과가 있다는 데에는 이견이 없다. 대부분의 피해자와 가해자는 그 절차와 결과에 대해서 만족하며, 사실상 모든 사건에서 합의를 이뤄내고 있으며, 대다수의 회복적 합의들이 가해자에 의해 이행되고 있다. 이러한 현상은 이전의 연구든 최근의 연구든, 소년 프로그램이든 성인 프로그램이든 공통된 특징이다.

(2) 조정의 분석

조정은 재판 전 전환처우(pre-trial diversion)로서 유죄인정 이전이 33%, 판결 이후 처분 전이 28%, 처분 이후 28%, 그 외의 단계 10%로 나타났다. 피해자의 참여는 자발적이며 어느 경우에도 취소·탈퇴할 수 있다. 반면 가해자는 원칙적으로 자발적이지만 강제적인 경우도 있다.

조정에 회부된 사건 가운데 중죄(felony)가 33%, 경범죄가 67%로 경범죄 중심으로 이루어지고 있다는 것을 알 수 있다. 범죄유형을 보면 반달리즘, 경미한 폭행,

---

24) M. Umbreit and W. Roberts, *Mediation of Criminal Conflict in England: An Assessment of Services in Coventry and Leeds,* University of Minnesota, The Center for Restorative Justice and Mediation, St Paul MN, 1996.

절도(theft), 침입절도(burglary) 순이었다.

재범률뿐만 아니라 피해자, 가해자의 만족도 면에서도 대체적으로 긍정적으로 나타났다. 만족률, 합의율, 성취율은 대개 75-100%로 평가되고 있다. Umbreit와 Coates의 오리건 주에 있어서의 조정의 분석에 따르면 가해자의 만족도는 76%, 피해자의 만족도는 89%로 나타났다.[25]

Umbreit와 Greenwood의 116개의 피해자-가해자 조정 프로그램에 대한 전화조사에 의한 분석을 보면, 합의율은 87%, 이행률은 99%로 평가하고 있다.[26] Latimer 등의 35개의 회복적 사법계획에 대한 포괄적 분석에서도 피해자, 가해자 모두가 만족을 하고 있다는 것을 밝혀냈다.[27] 일반적으로 조정참여자 10명 중 8-9명은 만족하고 있는 것으로 나타났다.

몇몇 연구들에서 조정제도가 피해자의 분노와 걱정, 가해자에게 재차 괴롭힘을 당할까 하는 두려움 또는 일반적인 범죄에 대한 두려움을 상당히 줄여줄 수 있다는 것을 보여주고 있다. 예컨대, 4개의 캐나다 프로그램의 분석에 의하면, 조정에 회부되었지만 참가하지 않은 피해자의 31%가 동일 가해자로부터 또다시 괴롭힘을 당할 것을 두려워한 반면에, 조정에 참여한 경우는 11%만이 두려움을 가졌다고 한다. 비슷하게 영국의 두 곳의 프로그램에서는 참가한 피해자의 16%가 추가적인 괴롭힘에 대한 두려움을 가진 반면에, 조정에 참가하지 않은 피해자의 33%가 두려워하고 있는 것으로 나타났다. 4곳의 미국 소년 프로그램에서는 67%의 피해자가 범죄 때문에 심란해했지만 조정 이후엔 49%로 감소하였다고 분석되고 있다.[28]

조정이 자발적인지 여부에 대한 평가에서는, 피해자의 대부분(91%)은 자발적인 것으로 인식하고 소수(9%)만이 강제적인 것으로 나타났다. 이러한 피해자의 자발성

---

25) M. Umbreit, R. Coates and B. Vos, "Juvenile Victim-Offender Mediation in Six Oregon Counties", OR: Oregon Dispute Resolution Commission, 2001.

26) M. Umbreit and J. Greenwood, *National Survey of Victim-Offender Mediation Programs in the United States,* US Department of Justice, Office of Justice Programs, Washington DC, 2000.

27) J. Latimer, C. Dowden and D. Muise, *The Effectiveness of Restorative Justice Practices: A Meta-Analysis,* Departement of Justice, Ottawa, 2001.

28) Leena Kurki, 앞의 글, 2003, 295쪽.

은 가해자에게 손해배상을 요구하기 위하여, 범죄의 이유를 알고 자신의 고통을 나누기 위해, 재판과정을 피하기 위하여, 가해자의 처벌을 보기 위한 것 등의 원인을 들고 있다. 한편 조정은 법원 및 다른 기관들로부터도 강한 지지를 받고 있는 것으로 나타났다. 배상의무를 이행할 가능성은 일반적인 판결인 경우에는 58%, 조정을 통한 판결의 경우에는 81%로 상당한 차이가 났다.

재범률에 있어서는 재범률을 측정하는 연구자들마다 다르게 나타나고 있지만 대개 조정프로그램이 기존의 통제프로그램보다 낮게 나타나고 있다는 것을 알 수 있다. 재범률의 분석은 1986년 Schneider가 워싱턴에서 시작한 것을 시초로 보고 있다. 그는 조정집단과 보호관찰집단으로 나누어 재범을 측정하였는데 재범률은 각각 53%와 63%로 보고하고 있다.[29]

최근 재범률에 대한 조정 프로그램의 효과가 주목을 받고 있다. 다수의 연구자들은 그 효과에 대하여 의문을 갖고 있으며, 그것이 반드시 재범의 감소를 나타내는 것은 아니라고 한다.[30] 그러나 이와 반대되는 견해도 있다.[31] 개개의 프로그램들을 분석해 보면, 재범률이 급격히 줄어든 경우는 통계적으로는 극히 적긴 하지만, 개별적인 연구들에서 나온 최초의 자료들을 통계적으로 보면 재범을 크게 감소시켜주는 효과가 있음을 보여주고 있다.

Umbreit가 4곳의 미국 소년프로그램들에 대한 최초분석을 한 것을 보면, 조정집단과 통제집단 간에 1년 안에 재범을 일으킬 가능성은 18%와 27%로 보고하고 있다.[32] 영국에서 실시된 6곳의 분석에 의하면, 중한 죄를 범한 성인을 다루는 프로그램에선 44%의 참여자가 2년 안에 다시 범죄를 일으킨 반면에, 통제 집단에서는 재

---

29) A. Schneider, "Resolution and Recidivism Rates of Juvenile Offender: Result from four Experimental Studies", Criminology(Vol.24), 1986, 533쪽.
30) M. Umbreit, R. Coates and B. Vos, "The Impact of Victim-Offender Mediation: Two Decades of Research", *Federal Probation(29 -35)*, 2001, 65쪽.
31) W. Nugent, M. Umbreit, L. Wiinamaki and J. Paddock, "Participation in Victim-Offender Meditation and Reoffense: Successful Replications?", R*esearch on Social Work Practice(11)*, 2001, 5 -23쪽.
32) M. Umbreit, R. Coates, "Cross-Site Analysis of Victim-Offender Mediation in Four States", *Crime and Delinquency*, 1993, 565 -85쪽.

범률이 56%였다.[33]

하지만 Davis, Tichane, Grayson 등은 재범률에 대해서 기존의 형사사법의 경우와 차이를 볼 수 없었다고 하고 있다.[34] 이들은 Brooklyn 분쟁해결 센터에서 회복적 사법을 통한 조정과 정상적인 법원판결의 두 분류로 나누어 분석하였다. 사건해결 이후의 4개월 동안 분쟁자들 간의 적개심이나 충돌 횟수는 줄어들었지만, 조정 집단과 법원 집단에서 모두 똑같은 수준이었다. 조정사건은 재범률이 12%인 데 반해, 법원해결 사건에서는 재범률이 13%였다. Roy 역시 조정제도와 법원명령의 손해배상방법을 비교해 보았는데, 두 프로그램 모두에서 범행 후 2년 동안 초범의 비행소년인 경우 재범률이 27%, 재범일 경우에는 42%였다.[35]

이렇게 재범률은 평가자들에 따라 다르게 나타나지만, 대개 조정을 통한 해결이 기존의 정식적 법원을 통한 해결보다 10% 정도 낮게 나타난다는 것을 알 수 있다.

(3) 평 가

대체적으로 피해자, 가해자 조정(Victim－Offender Mediation: VOM)은 만족률, 합의율, 성취율, 재범률에서 기존의 형사사법시스템보다 낫다는 평가를 볼 수 있다. 즉 피해자의 범죄에 대한 두려움이 회복적 사법으로 해결한 경우가 그렇지 않은 경우보다 약 15% 낮고, 배상의무 가능성은 약 20% 높고, 재범률은 약 10% 낮게 나타났다는 것을 알 수 있었다.

형사사법에 있어서 피해자가 원하는 것은 가해자의 진정한 용서를 통한 제2차 피해에 대한 두려움의 감소, 피해에 대한 원상회복을 들 수 있고, 국가는 재범률을 감소를 통하여 건전한 사회질서를 유지하는 것이라 볼 수 있다.

---

33) D. Miers, M. Maguire, S. Goldie and K. Sharpe et al, *An Exploratoty Evaluation of Restorative Justice Schemes*, Home Office: London, 2001.

34) R. Davis, M. Tichane, and D. Grayson, *Mediation and Arbitration as Alternatives to Prosecution in Felony Arrest Case: An Evaluation of the Brooklyn Dispute Resolution Center*(Vera Institute of Justice, New York), 1980.

35) S. Roy, "Two Types of Juvenile Restitution Programs in Two Midwestern Counties: A Comparative Study", *Federal Probation*(48－53), 1998, 57쪽.

대부분의 경우 피해자들은 범죄로 야기된 자신의 상황과 고통을 나눌 기회를 가진 것만으로도 만족감을 느끼고 있을 뿐만 아니라 피해자 스스로 조정에 참여하여 사건을 해결함으로써 범죄의 두려움으로부터 해방될 수 있다는 데 피해자, 가해자 조정제도는 큰 의의를 가진다고 할 수 있다.

2) 가족단위협의(Family Group Conferencing: FGC) 모델

(1) 가족단위협의 모델의 특징

가족단위협의는 범죄의 원인을 가족공동체의 해체에 기인하고 있다는 것에 출발하여, 결국 범죄해결도 가족이 개입해야 한다는 것이다. 즉 가족을 배제하고는 범죄를 해결할 수 없다는 것이다. 예컨대, 뉴질랜드 원주민 마오리족 소년들의 범죄원인을 가족으로부터의 격리를 들고 있는 것을 들 수 있다.

가족단위협의는 합의에 도달할 수 있게 하기 위해 어느 정도 서로 공동책임이 있을 수 있는 가족 구성원과 기타 후원자들까지 광범위한 사람들이 관여한다는 점에서 앞의 피해자, 가해자 조정제도와는 구별된다. 특히 이 제도는 공무원과 경찰, 보호관찰관, 사회 복지사(social officer)들이 참여하여 범죄를 해결하는 것이 특징이다.

가족단위협의는 1989년 뉴질랜드에서 회복적 사법과 기본적으로 같은 원칙을 바탕으로 하고 있는 소년사법의 새로운 계획의 일환으로 처음 도입되었다.[36] 1990년 중반에는 오스트레일리아의 모든 주와 준주에서 가족단위협의제도가 채택되었다. 사법 관할권마다 이론적인 골격과 목적, 관료들의 배치, 죄의 경중에 차이가 난다.

뉴질랜드와 Western 오스트레일리아에서는 마오리 부족과 호주 원주민들이 참여하는 것이 특징이다. South 오스트레일리아에서는 이 협의제도가 소년사법 시스템의 일환으로 주 전체에 걸쳐서 이용되고 있다. New South Wales 주의 'Wagga Wagga' 시에서는 협의제가 원래 경찰의 전환 프로그램(police diversion programme)의 일부로서 경찰관들에 의해 조직되어 시행되고 있다.

---

36) 뉴질랜드는 1989년 소년범죄에 대한 새로운 대책으로 '청소년과 그 가족에 대한 법률'에서 가족단위협의제를 채택하였고, 2002년 성인범죄에도 확대하였다.

Canberra에서는 와가와가 시의 모델을 기초로 해서 협의제도 프로그램을 시작했다. 와가와가 시 최초의 모델과 이후의 캔버라의 경찰 협의제도 모델은 미국과 캐나다, 영국의 가족단위협의제도에 큰 영향을 주었다.[37]

대표적인 모델로는 Pennsylvania(Bethlehem)의 경찰의 가족단위협의제도, Indianapolis의 소년에 대한 회복적 사법에 대한 실험, South Australia Juvenile Justice(SAJJ) 협의제도, Canberra에서의 재통합적 수치심 실험(Reintegrative Shaming Experiment, RISE) 등을 들 수 있다.

(2) 가족단위협의 모델의 분석

① 만족도

가족단위협의 역시 참여자 모두 상당히 높은 만족을 하고 있다. 뉴질랜드에서는 10명 중 6명, 미국에서는 10명 중 9명 이상이 만족을 하고 있는 것으로 나타났다. 이러한 차이는 프로그램 자체의 차이와 문화적 차이에서 원인을 찾을 수 있지만, 가장 중요한 원인은 뉴질랜드의 경우는 선택이 아니라 의무이기 때문으로 보인다.

뉴질랜드의 가족단위 협의는 시행 초기에 목표실현과 피해자와 가해소년들의 참여에 대한 우려의 목소리가 있었다. Maxwell과 Morris에 따르면, 피해자들의 41%가 협의에 직접 참가하였고, 참가한 피해자들 중 51%가 협의 진행과정과 합의내용을 만족하였고, 3분의 1은 협의 후 더욱 만족하였고, 3분의 1은 더 나빠졌다고 한다. 이와는 반대로 가해자는 83%가 만족을 하고 있다.[38] 그러나 거의 대부분의 소년들과 그들 부모들은(80% 이상) 결과에 만족하고 있다.

호주의 경우 가해자의 90%, 피해자의 73%가 자신들의 사건이 다루어지는 방식에 대해서 만족 또는 매우 만족하였고, 전체 대상 사건의 74%에 피해자가 참여하였다.[39] 미네소타의 12곳의 지역에서는 피해자, 소년, 후원자들의 90% 이상이 협의조

---

37) M. Umbreit and H. Zehr, "Restorative Family Group Conferences: Differing Models and Guidelines for Practice", *Federal Probation 24 −9*, 1996, 60쪽.

38) G. Maxwell and A. Morris, Family, Victims and Culture: Youth Justice in New Zealand, Wellington, New Zealand: Social Policy Agency and Institute of Criminology, Victoria Univ. of Wellington, 1993.

력자나 협의 과정들, 협의 결과들에 만족을 했다. 네 곳의 Queensland(호주의 북동부 주) 시범 지역에서는 협의과정의 합의에 참여자 중 97% 이상이 만족하고 있는 것으로 나타났다. 유사한 결론들이 New South Wales와 Western 오스트레일리아에서도 보고되고 있다.

만족도는 참여자들의 이해관계와 연관된다. 보통 피해자들은 전통적인 재판과정에 비해 배상을 받을 가능성을 10배 정도 더 높다는 데에 주목한다.[40] Latimer 등은 27개의 조정프로그램과 8개의 협의프로그램에 대한 비교분석을 하여는데, 조정모델이 협의모델에 비해 더 높은 만족도를 나타나고 있다는 것을 확인하였다. 이는 협의모델에 보다 많은 참여자들이 포함되어 있기 때문에 그만큼 만족스러운 합의를 도출하기 어렵지 않았겠냐고 설명한다.[41] Indianapolis의 가족단위협의모델의 평가에 의하면, 피해자들의 대부분은 만족을 하고 있고, 참가자의 95% 이상이 협의를 다른 사람들에게 권하고 있다. 가해 소년과 그 부모들 역시 80%에서 90% 정도 만족을 하고 있는 것으로 나타났다. 피해자들 중에서는 협의과정에 불만을 가진 자는 거의 없었고, 20%의 소년과 15%의 부모들만 불만을 느꼈다고 한다.[42]

RISE(Reintegrative Shaming Experiment)[43]의 실험에 의하면, 재산범죄 피해자의

---

39) K. Daly, "Conferencing in Australia and New Zealand: Variations, Research Findings, and Prospects", in A. Morris and G. Maxwell, Restorative Justice for Juveniles, Oxford: Hart Publishing, 2001.

40) M. Umbreit, R. Coates and B. Vos, 앞의 논문, 5-6쪽.

41) J. Latimer, C. Dowden and D. Muise, The effectiveness of Restorative Justice: A Meta-Analysis, Department of Justice, Canada: Research and Statistics Division Methodological Series, 2001.

42) E. McGarrell, K. Olivares, K. Crawford and N. Kroovand, *Returning Justice to the Community: The Indianapolis Juvenile Restorative Justice Experiment*, Hudson Institute (Indianapolis), 2000.

43) RISE은 캔버라에 있는 오스트레일리아 연방정부의 경찰에 의해 운영되고 있는 가족단위협의제도(일명 '전환 협의')를 분석한 것을 의미한다. 이곳에서 음주운전(모든 연령), 18세 이하 소년의 재산범죄, 18세 이하 소년의 상점에서의 들치기, 13세 이하의 폭력범죄 등에 대해서 가족단위협의제도와 통상의 재판절차로 구분하여, 절차 개시 후 1년간의 재범률의 차이, 피해자와 범죄자의 공평성, 피해자의 만족도, 비용 등 4가지에 관하여 통계적 방법으로 비교하였다.

97%, 음주운전 피해자의 90%, 폭력범죄 피해자의 77%가 만족을 하고 있는 것으로 나타났다. 이는 범죄유형에 따라 차이를 보이고 있지만, 대체적으로 만족의 비율이 높았다. 특히 범죄자의 분노는 협의 이후에 급격히 떨어졌다. 즉 분노를 느끼는 피해자의 비율이 재산범죄의 경우 60%에서 23%로, 폭력범죄의 경우 69%에서 31%로 떨어졌다.

뉴질랜드와 호주에서 기존의 형사사법체계의 대안으로 시행 중인 가족단위협의 제도는 부정적인 면도 있지만 대체적으로 긍정적으로 평가되고 있다. 하지만 위에서 본 바와 같이 의무적으로 시행하고 있는 뉴질랜드의 경우 피해자 참가율과 만족률이 높지 않다는 것을 알 수 있다. 이는 정보의 부족, 배상의 소홀, 피해자관심의 무시 등을 들고 있다. 앞으로 성공적으로 정착되기 위해서는 이러한 문제점의 해결이 시급하다고 할 수 있다.

② 재범률

가족단위협의 모델이 재범에 미치는 효과에 대해서도 대체적으로 긍정적으로 평가되고 있다. Indianapolis의 회복적 협의모델에 의하면 낮은 재범률을 나타내고 있다.[44] 이 모델에서는 전과가 없는 청소년(14세 이하)을 대상으로 가족단위협의 모델(232명)과 법원 전환 프로그램(court-ordered diversion, 226명)을 임의적으로 할당하여 6개월 1년 단위로 재범률을 비교였다.[45] 그 결과 6개월 후의 재범률은 가족단위협의 모델 할당된 소년은 12.3%가 재범을, 법원프로그램 할당된 소년은 22.7%의 재범률을 보였고, 1년 후에는 각각 30.8%, 41.2%로 그 차이는 줄어들었지만 재범률은 더 높게 나왔다.[46]

South Australia Juvenile Justice(SAJJ) 협의모델에 의하면, SAJJ에 참여한 소년들

---

44) E. McGarrell, K. Olivares, K. Crawford and N. Kroovand, *Returning Justice to the Community: The Indianapolis Juvenile Restorative Justice Experiment*, Hudson Institute (Indianapolis), 2000.

45) 대상범죄는 들치기(36%), 손괴죄(26%), 폭행(25%), 절도(16%), 치안문란행위(14%) 순으로 나타났다.

46) E. McGarrell, K. Olivares, K. Crawford and N. Kroovand, 앞의 논문, 2000.

중 60%가 전과자였고, 협의 이후 8개월에서 12개월 사이에 40%의 재범률을 보이고 있다. 이 협의모델에서 보여주고 있는 특징은 범죄소년이 협의과정에서 진실한 죄책감과 합의가 재범률을 낮추는 것으로 밝혀졌다.[47]

재통합적 수치심 실험(Reintegrative Shaming Experiment, RISE)은 재범률에 대한 구체적인 평가를 보여주고 있다. 이 실험은 전통적인 형사사법과 회복적 사법의 본질적인 차이를 강조하면서, 법조전문가들에 의해 지배되는 법원보다 협의모델이 더 인간적이고, 수치심(shame) 등에서 재범률을 낮추고 있다는 데에 초점을 두고 있다. 한편 이 실험은 위에서 살펴보았듯이 4가지 유형의 범죄를 협의 참가 전후로 협의모델과 전통적인 법원집단에 대해서 각각 범죄를 할당한 후 12개월 동안 측정하였다.[48] 그 결과를 보면 4개의 범죄 유형 중 하나, 즉 폭력범죄자 경우에 협의제 집단의 경우 재범률이 49% 하락하였고, 법원집단의 경우 11% 하락하여 38%라는 큰 차이를 나타냈다. 그러나 재산범죄와 들치기범죄에서는 재범률 차이는 없었다. 다만 음주운전의 경우에는 협의모델과 법원집단에서 모두 약간의 증가(4%)를 보여주고 있다.

(3) 평 가

가족단위협의(Family Group Conferencing: FGC) 역시 조정모델과 마찬가지로 만족도와 재범률에서 법원에서의 범죄해결보다 뛰어나다는 것을 알 수 있다. 협의모델에 대한 연구결과를 보면 협의에 참여한 모든 사람들이 범죄를 해결하는 과정에 참가한 사실에 높이 평가하고 있고, 특히 가해자는 협의의 과정에서 체험한 인간관계를 통하여 재범의 유혹을 물리칠 수 있었고, 그에 따라 재범률이 낮아졌다는 데 큰 의의를 가진다. 가족단위협의가 범죄예방에 기여할 수 있었던 이유는 협의과정이 합리적이고 공정했다는 사실을 가해자들이 인정한 것으로 보인다.

---

47) H. Hayes and K. Daly, *Youth Justice Coferencing and Reoffending*, Australian and New Zealand Society of Criminology annual meeting, Melbourne, 2001, 1－5쪽.

48) L. Sherman, H. Strang and D. Woods, *Recidivism Patterns in the Canberra Reintegrative Shaming Experiments(RISE)*, Australian National University, Canberra, 2000.

3) 서클(Circle) 모델

(1) 서클(Circle) 모델의 특징

서클은 미국 원주민과 캐나다 원주민의 전통적인 범죄해결 방법을 현대적으로 변형한 것이다.[49] 캐나다에서는 1991년 Yokon 주를 시작으로 전국적으로 실시하고 있고, 미국은 1995년 Minnesota를 시작으로 대부분의 주에서도 실시하고 있다. Circles 과정은 토의과정이 판사 및 지역사회 연장자의 감독하에 진행된다는 점 이외에는 가족집단협의제와 비슷하다. 모든 참가자들은 Circle에서 서로 마주 앉아 지역사회의 보호를 위한 필요와 범죄자의 사회복귀라는 양자를 모두 고려하면서 소송을 처리하는 가장 좋은 방법에 대하여 합의를 한다. Circles은 양형 Circles(Sentencing Circles), 화해장려 Circles(Peacemaking Circles), 그리고 지역사회 Circles(Community Circles) 등으로 분류되며, 학교나 직장에서부터 형사 사법제도에 이르기까지 다양한 환경에서 사용된다. 특히 지역 간의 문제, 학생의 퇴학·정학, 어린이 보호사건 등을 주된 대상으로 하고 있다.

대표적인 범죄의 해결 방법인 '양형서클(sentencing circles)'은 피해자와 가해자, 그들의 후원자들뿐 아니라 지역사회의 구성원들까지도 포함하며, 지역사회의 누구에게도 열려 있다. 우선적인 목표는 지역사회의 구성원들에게 발언권을 주고 합의에 이르는 것이지만, 더 큰 목표는 장기적으로 지역사회에서의 공동체를 만들고, 그들에게 더 많은 기능과 권한을 줄 수 있는 서로 간의 신뢰와 감정적 유대를 만드는 것이다.

(2) 서클(Circle) 모델의 분석

서클(Circle)에 관한 만족도와 재범률에 평가에 대해서는 아직 구체적으로 분석된 것이 없다. 그러나 소수의 연구들에서 참여한 사람들에 대하여 긍정적인 영향을 미

---

49) M. Schiff, "Models, Challenges and The Promise of Restrative Conferencing Strategies", Hirsh · Roberts · Bottoms · Roach and Schiff 엮음, *Restorative Justice & Criminal Justice*, Hart Publishing, 2003, 321쪽.

치는 것으로 나타났다.

Milaca와 Princeton(미네소타)의 '양형서클(sentencing circles)'에 의하면, 6명 중 5명의 범죄자가 만족하였고, 지역사회의 공동체 구성원들은 구체적으로 그들을 돕고 신뢰해 주었다. 하지만 몇몇 범죄자들은 자신들의 의견을 자유로이 나타낼 수 없었다고 느꼈거나 서클의 공정성에 대한 의문을 표시하기도 했다. 이 서클(Circle)의 긍정적인 효과는 범죄자보다 지역사회에서의 공동체 구성원에게 더 강하게 작용한다는 것을 알 수 있다. 지역사회의 구성원들은 그들 자신이 서클의 참여를 통하여 긍정적인 삶의 영향을 미쳤다고 한다. 이는 범죄자의 긍정적인 삶의 효과보다 훨씬 크다고 생각하고 있다.[50]

Coates 등은 South Saint Paul(미네소타) 회복적 사법위원회의 서클(Circle)에서 초·중학생들의 대상으로 분석을 하였다.[51] 이곳 역시공동체뿐만 아니라 피해자와 그 가족, 그리고 가해자와 그 가족은 모든 과정을 매우 긍정적으로 평가하고 있다. 이에 따르면 회복적 사법 위원회에서 다룬 사건의 2 / 3는 경찰로부터 회부되었으며 대부분 경미한 범죄였다. 서클에는 57명의 범죄자와(성인 6명 소년 51명), 84명의 피해자, 60명의 공동체 구성원들이 관여하였다. 참여자의 대부분은 비슷한 환경에 있는 다른 이에게 추천할 만하다고 응답하였다.

가해자의 만족이유는 '참가자들과의 연결감', '변화된 행동', '피해자 및 공동체에 배상할 수 있는 기회', 그리고 '재판을 피하는 것'이라고 하고 있다. 피해자의 경우에는 '자신의 느낌과 경험을 설명', '다른 참가자들의 말을 듣는 것', '다른 참가자들과의 연결감', 때문에 긍정적으로 평가하고 있다. 지역사회의 대표자들은 지역사회에 무엇인가를 되갚고, 사람을 돕는다는 점에서 만족하고 있다. 피해자와 가해자 모두 그들이 가장 좋은 점이라고 말했던 것은 서클(Circle) 내의 사람들과의 인간적 관계라 하고 있다. 반대로 그들이 가장 싫어한 것은 시간이 많이 소요되는 것이라

---

50) J. Campbell, *Milaca and Princeton Community Justice Circles: First Year Evaluation Report*, Unpublished manuscript, 1999, 18쪽.

51) R. Coates, M. Umbrait and B. Vos, *Restorative justice Circles in South Saint Paul, University of Minnesota: the Center for Restorative Justice and Peacemaking*, St, Paul MN, 2000.

고 한다.

한편 재범률의 평가에 대하여는 Matthews와 Larkin의 연구를 들 수 있다. 그들에 의하면 2년 동안 이 프로그램을 받은 65명에 대하여 사후추적을 한 결과 재범률이 80% 감소되었다고 보고하고 있다.[52] 재범에 관한 통계는 많지 않지만 재범의 억제효과가 있다는 것은 분명하다.

(3) 평 가

Circles은 시간이 너무 많이 소요되고, 경미한 범죄나 초범자들에게만 적절하다는 비판도 있다. 하지만 Circles은 사법과정에 지역사회가 연관될 수 있는 중요한 수단이자 범죄에 관해 지역사회가 관심을 가지고 있다는 사실을 피해자, 가해자에게 알도록 해 주는 매개체로서의 역할을 한다는 점에서 긍정적 평가를 하고 있다. 이러한 점은 앞으로 범죄의 증가로 지역공동체가 해체되는 문제를 해결할 수 있는 한 방안으로 보인다.

4) 민간패널 모델

(1) 민간패널 모델의 특징

민간패널은 미국과 캐나다에서 경미한 형사 사건들을 처리할 새로운 방안으로 제시되고 있으며, 주로 지역사회 공동체의 의견을 통한 회복적 사법의 주장과 원칙들에 의존한다. 즉 낙서, 음주, 매춘과 같이 지역사회의 삶의 질을 떨어뜨린다고 여겨지는 피해자 없는 범죄들만을 다루는 것이 일반적이다. 따라서 민간패널은 피해자들이 직접 참여하지 않는 것을 특징으로 한다.

민간패널은 미국의 여러 소년재판 관할 지역에서 일어나는 비폭력적 범죄들을 해결하고 있다(예컨대, 덴버, 콜로라도, 오스틴, 텍사스, 필라델피아, 펜실베니아). 캐나다에서는 캐나다 원주민과 비원주민 사이에서의 범죄의 해결을 동료 공동체의 구성

---

52) S. Matthews, A. Larkin, Guide to Community-based, Alternatives for Low Risk Juvenile Offenders, Topeka, KS: Koch Crime Institute, 1999.

원들로 구성된 패널에서 해결한다. 미국은 많은 도시에서 그 지역주민들이 그들의 민간 협의회를 스스로 조직하여 운영하고 있다(예컨대, 미니애폴리스, 미네소타).

(2) 민간패널의 분석 및 평가

민간패널 역시 서클(Circle)과 마찬가지로 이에 대한 평가는 거의 없는 실정이다. 그 가운데 버몬트 주에 있는 배상 위원회(reparative boards)가 대표적이며,[53] 배상적 보호관찰(reparative probation)의 일환으로 운영되고 있다. 배상적 보호관찰을 마친 157명의 가해자에 대한 재범률을 보면 8.2%의 재범률을 보인 데 반해 보통의 보호관찰을 마친 동종의 집행유예 중인 자의 재범률은 11.6%였다.[54]

한편 패널에서 가해자들은 위원회에 의해 제안된 규정들을 억지로 받아들이는 경향이 있는 것으로 나타났다. 이는 약간의 불만도 비협조적으로 보일 수 있고, 공손하게 수긍하는 것이 그들에게 편하기 때문으로 보고 있다. 민간 패널제도는 미국과 캐나다의 일부에서 시행되고 있지만, 개인이나 공동체에 미치는 효과에 대해서는 아직 보고된 것이 없다.

하지만 민간패널 제도는 시민들이 사법과정에 직접 참여함으로써 형사사법 및 소년사법제도에 대한 시민들의 주권을 향상시키고, 범죄자에게 개인적인 책임을 지게 함으로써 피해자와 지역사회에 야기한 손해에 대해 직접적으로 해명할 기회를 제공하고, 비용이 많이 드는 공식적인 사법제도의 의존도를 감소시키는 데 그 의의가 있다고 할 수 있다.

5) 우리나라의 회복적 사법

우리나라에서는 아직 회복적 사법을 형사사법을 공식적으로 인정하고 있지 않다.

---

53) 배상위원회는 소규모의 시민들로 구성되어 있으며, 기본적으로 비폭력범죄와 경미한 범죄에 대해서 활용되고 있다.
54) D. Karp and L. Walther, "Community Reparative Boards: Theory and Practice", G. Bazemore and M. Schiff 엮음, *Restorative Community Justice: Repairing Harms and Transforming Communities,* Anderson Publishing, Cincinnati OH, 2001.

다만 회복적 사법프로그램들이 우리나라의 공식적 형사사법시스템 속으로 통합될 수 있는 가능성이 있다면, 그러한 가능성은 소년범의 경우에 적정하다는 주장이 제기되고 있다.[55] 각국에서 운영되고 있는 회복적 사법은 원래 소년범의 해결과정에서 탄생하였기 때문에 우리나라의 경우도 소년범의 경우가 적정하다고 보인다. 즉 소년보호사건을 소년부에서 해결하기보다는 앞에서 언급한 가족협의모델을 통하여 해결하는 것이 가해자에겐 재범을 줄이고 피해자에겐 진정한 용서와 배상 등에 있어서 유리하다고 본다. 뿐만 아니라 가해자는 자신의 범죄가 상대에게 어떤 영향을 끼쳤는지 알게 되고 피해자는 '왜 내가 범죄의 대상이 되었나' 하는 의문을 직접 풀고 화해함으로써 지역공동체의 결속을 다지는 계기가 된다고 할 수 있다.

현재 우리나라에서 회복적 사법의 실천이라 할 수 있는 것은 법원에서의 시험실시, 범죄피해자지원센터에서 운영되고 있는 화해·중재위원회, 민간인으로 구성된 '구속심사위원회'를 들 수 있다.

(1) 법원에서의 회복적 사법의 실험

우리나라에서도 2005년 8월 서울고법에서 최초로 회복적 사법의 프로그램의 하나인 '피해자-가해자 조정 제도'를 도입하여 시험실시하였다.[56] 즉 우리 법원도 각국의 형사사법의 흐름의 변화에 따라 '처벌과 응보(應報)'에서 '치료와 화해'의 개념을 도입하여, 범죄를 한 개인의 잘못이 아니라 공동체 전체의 흠 또는 잘못으로 보고 있다는 점이다. 범죄로 인한 피해의 회복에 초점을 맞추자는 것이다.

그러나 이 실험 재판에서 재판장은 "처벌만큼 중요한 것이 서로 마음의 상처를 씻는 것"이라며 가해자는 피해자의 가족들에게 용서를 빌고 가해자는 피해자가 가해자를 용서하도록 권고하였지만, 피해자의 유족들은 오히려 용서를 하지 않고 엄한 처벌을 요구하였다. 화해는 끝내 이뤄지지 않았고, 피고인은 항소가 기각되어 1심대

---

55) 김은경, "각 국의 회복적 소년사법 정책동향", 한국형사정책연구원 연구보고서(04-32), 2004, 223쪽.

56) 이 사건은 1심에서 징역 20년이 선고된 피고인(강도살인죄)을 항소심 법원에서 가해자가 피해자의 가족에게 용서를 빌고 서로 화해를 할 것을 권고하였다.

로 징역 20년을 선고받았다. 결국 법원의 첫 실험이 직접적인 성과를 거두지는 못하였다.

이 실험은 법관이 마치 민사사건에서처럼 조정자가 되어 범죄를 해결하려고 하는 최초의 시도라는 점에서 의의가 있다고 보인다.

(2) 화해중재위원회에서의 회복적 사법

검찰청은 2004년 10월부터 범죄피해자를 보호·지원하고 있다.[57] 현재 전국 55개의 범죄피해자지원센터는 크게 순수민간주도형의 센터와 관주도의 센터로 구분된다. 순수민간형태의 범죄피해자지원모델은 김천·구미 하나이고 그 외에는 모두 관주도의 지원모델[58]이라 할 수 있다.

이 피해자지원센터에서 하는 역할 중의 하나가 중재를 통한 범죄해결이다. 아무리 훌륭한 명판결보다 조정(중재)이 낫다는 말이 있다.[59] 하지만 이러한 형태는 아래 표에서 알 수 있듯이 대전을 제외하고는 거의 이루어지지 못하고 있다. 대전은 범죄방지예방위원회에서 설립한 단체이기 때문에 이 위원회에서 적극적인 중재를 하는 것으로 보인다. 부산과 광주는 화해·중재위원회 자체가 존재하지 않는다.

(3) 소 결

위의 두 가지를 통하여 볼 때 우리나라에서는 아직 형사사건에서 조정(중재)자를 통하여 해결한다는 것이 어렵다고 보인다. 이는 아마도 우리의 정서가 회복적 사법의 프로그램이 성공적으로 운영되고 있는 국가와는 다르기 때문으로 보인다.

원래 회복적 사법은 기회원칙(the opportunity principle)을 고수하는 국가들(미국,

---

57) 대검찰청은 2004년 10월 1일부터 범죄로 인해 피해를 입은 사람이 수사와 재판과정에서 입게 되는 2차 피해를 방지하고 피해회복과 형사사법 절차에의 참여를 확대 보장하기 위해 일선 지검·지청에 피해자지원담당관제도, 피해자지원실 설치 등 범죄피해자를 지원하기 위한 검찰 내부시스템을 마련, 운영하고 있다.
58) 관주도의 지원모델은 대전이 효시이고, 이곳에서는 범죄예방위원회가 중심이 되어 설립되었다.
59) 우리나라에서 운영되고 있는 범죄피해자센터의 화해·중재위원회는 대부분 그 지역의 변호사, 법무사, 교수 등으로 구성되어 있다.

캐나다, 호주, 뉴질랜드)에서는 잘 운영되지만 죄형법정주의가 지배하는 대륙법 국가(독일, 프랑스, 일본) 등에서는 형사사법의 시스템이 변화되지 아니하는 한 잘 운영되기가 어렵다.[60]

특히 회복적 사법은 범죄의 유형, 무죄추정의 원칙 문제, 생활의 보호 문제, 처벌의 약화 등의 문제점이 제기되고 있다.[61] 이는 참가자들 사이의 이해 결핍, 전문적이고 유능한 중재자가 없는 점 등에서 원인을 찾을 수 있다. 이러한 문제점들을 잘 보완하여 운영하면 앞으로 우리나라에서도 성공적으로 정착될 것으로 보인다.

V. 결 론

회복적 사법은 아직은 우리에게 생소한 개념이다. 세계 각국에서도 보편적인 형사사법의 제도는 아니고 소년범과 경미한 범죄를 중심으로 한 실험단계에 있다고 볼 수 있다. 그러나 회복적 사법의 프로그램의 분석을 통하여 보았듯이 피해자, 가해자, 지역사회 등은 대부분 만족하고 있다는 것을 알 수 있었다. 뿐만 아니라 회복적 사법은 많은 문제점을 가지고 있는 현행 형사사법제도에 대한 대안이 될 수 있고, 이 시대가 요구하는 '웰빙형사사법'이라 할 수 있다.

오늘날 많은 국가에서 범죄의 증가, 재범의 증가, 범죄자의 재사회화의 실패 등으로 기존의 응보적 형사사법의 시스템을 비판하고는 있지만, 그에 대한 대안을 찾지 못하고 있는 것이 사실이다. 범죄자를 처벌하여 낙인을 찍는 것만이 능사가 아니라는 것을 이제 모든 국가에서 인식하고 있다. 이에 대한 대안이 바로 회복적 사법이다. 재범을 예방하고 범죄를 감소시키기 위해서는 범죄자에는 책임을 통감케 하고,

---

60) 김은경, 앞의 논문, 2004, 227쪽.
61) 회복적 사법의 문제점에 관해서는, 김성돈, "형사법상 회복적 사법의 가능성과 과제", 한국형사정책연구원 연구보고서(04－02), 2004, 324쪽 이하 참조.

어떠한 방법으로든 피해자에게 사과와 보상을 하게 하고 재통합의 기회를 주어야 한다.

특히 우리나라에서도 최근 범죄피해자보호법의 제정과 전국 55개 곳의 범죄피해자지원센터가 설립되어 지역사회의 구성원들이 화해를 통한 범죄의 해결을 시도하고 있다. 이러한 시도는 바로 외국에서 시행되고 있는 회복적 사법의 프로그램의 하나라고 볼 수 있다.

본문에서 고찰했듯이 회복적 사법은 범죄자가 진심으로 자기의 죄를 부끄러워하고 뉘우치게 하여 다시는 죄를 짓지 않게 하는 데 목적이 있다. 이때 반드시 필요한 것이 범죄자의 행위를 비판하고, 범죄자가 진심으로 존경하는 누군가가 존재해야 한다는 것이다. 그들은 바로 가족이 될 수 있고, 사회적으로 덕망 있는 자가 될 수 있고, 시민단체 등이 될 수 있다. 이러한 사람들이 주체가 되어 시행되고 있는 프로그램이 피해자·가해자 조정, 가족단위협의제, 서클, 민간 패널 등이다.

이러한 프로그램들을 통한 범죄의 해결이 비록 재범률의 감소나 범죄자의 삶에 긍정적인 변화를 가져오는지는 증명하지 못했지만, 모두가 크게 만족하고 있다는 것은 알 수 있었다. 회복적 사법의 시행에 있어서 가장 중요한 것은 피해자의 참여, 가해자에 의한 진실한 사죄와 죄책감의 표현, 의사결정에의 공평한 참여, 결정사항에 대한 동의 등이라는 것이 증명되었다. 이러한 요소들이 재범률을 감소시키며 가해자의 재사회화에 지대한 영향을 미치게 된다. 그러나 본문에서 살펴본 회복적 사법의 상한성과 비례성에 관하여 응보적 사법과의 적정한 합의가 되지 않는다면 시행되는 데 문제가 있다고 본다. 이러한 문제점만 합의된다면 회복적 사법은 기존의 형사사법의 체계를 탈바꿈하여 피해자, 가해자 모두가 지역사회의 공동체에 재결합하게 되는 엄청난 잠재성을 지니고 있다. 앞으로 이러한 실증적 분석들을 토대로 우리나라에서도 빠른 시일 내에 도입되길 기대한다.

참고문헌

김성돈, "형사법상 회복적 사법의 가능성과 과제", 한국형사정책연구원 연구보고서(04-02), 2004.

김은경, "각 국의 회복적 소년사법 정책동향", 한국형사정책연구원 연구보고서(04-32), 2004.

박상식, "회복적 사법에 관한 연구", 경상대학교 박사학위 논문, 2004.

박상식, "범죄피해자와 회복적 사법의 모델", 피해자학연구, 2005.

이진국, 가해자-피해자-조정, 형사정책연구, 2002.

A. Schneider, "Restitution and Recidivism Rates of Juvenile Offenders: Results from four Experimental Studies", Criminology(Vol.24), 1986.

Bonta James, Jennifer Rooney and Suzznne Wallace-Capretta, Restorative Justice: An Evaluation of the Restorative Resolutions Project, Ottawa: Solicitor General Canada, 1998.

G. Bazemore, "The Community in justice: Issues, Themes, and Questions for the New Neighborhood Sanctioning Model", Justice system journal(19), 1997.

G. Maxwell and A. Morris, Family, Victims and Culture: Youth Justice in New Zealand, Wellington, New Zealand: Social Policy Agency and Institute of Criminology, Victoria Univ. of Wellington, 1993.

Gabrielle M. Maxwell, and Allison Morris, Family, Victims and Culture: Youth Justice in New Zealand, Social Policy Agency and Institute of Criminology, Victoria University of Wellington, 1993.

J. Braithwaite and P. Philip, Not Just Deserts: A Republican Theory of Criminal Justice, Oxford: Oxford University Press, 1990.

J. Campbell, *Milaca and Princeton Community Justice Circles: First Year Evaluation*

Report, Unpublished manuscript, 1999.

J. Latimer, C. Dowden and D. Muise, The effectiveness of Restorative Justice: A Meta—Analysis, Department of Justice, Canada: Research and Statistics Division Methodological Series, 2001.

John Braithwaite, "A Future Where Punishment Is Marginalized: Realistic or Utopian?", *UCLAL. Rew(46)*, 1999.

John Braithwaite, "Restorative Justice: Assessing Optimistic and Pessimistic Accounts", *Crime and Justice(25)*, 1999.

John Braithwaite, In search of Restorative Jurisprudence, Australian National University Law Program, Research School of Social Sciences Date Posted, November 22, 2002.

John Braithwaite, Setting Standards for Restorative Justice, British Journal of Criminology, 2002(b).

K. Daly, "Conferencing in Australia and New Zealand: Variations, Research Findings, and Prospects", in A. Morris and G. Maxwell, Restorative Justice for Juveniles, Oxford: Hart Publishing, 2001.

L. Sherman, H. Strang and D. Woods, Recidivism Patterns in the Canberra Reintegrative Shaming Experiments(RISE), Australian National University, (Canberra), 2000.

L. Kurki, "Restorative Justice and Community Justice in the United States", Crime and Just(27), 2000.

L. Sherman, H. Strang, G. Barnes, J. Braithwaite et al, Experiments in Restorative Policing: A Progress Report to the National Police Research Unit on the Canberra Reintegrative Shaming Experiments(RISE), Australian Federal Police and Australian National University(Canberra), 1998.

M. Schiff, "Models, Challenges and The Promise of Restrative Conferencing Strategies", Hirsh · Roberts · Bottoms · Roach and Schiff 엮음, *Restorative Justice & Criminal Justice*, Hart Publishing, 2003.

M. Umbreit and H. Zehr, "Restorative Family Group Conferences: Differing Models and Guidelines for Practice", Federal Probation 24—9, 1996.

M. Umbreit and J. Greenwood, National Survey of Victim—Offender Mediation Programs in the United States, US Department of Justice, Office of Justice Programs, Washington DC, 2000.

M. Umbreit and W. Roberts, Mediation of Criminal Conflict in England: An Assessment of Services in Coventry and Leeds, University of Minnesota, The Center for Restorative Justice and Mediation, St Paul MN, 1996.

Mara Schiff, Models, "Challenges and The Promise of Restorative Conferencing Strategies", Andrew von Hirsch 엮음, Restorative Justice and Criminal Justice: Competing or Reconcilable Paradigms?, Oxford and Portland Oregon: Hart Publishing, 2003.

Mark S. Umbreit and Robert B. Coates, Victim Impact of Restorative Justice Conferencing with Juvenile Offenders: What We Have Learned From Two Decades of Victim Offender Dialogue Through Mediation and Conferencing, Minnesota University, 2001.

R. Coates, M. Umbrait and B. Vos, Restorative justice Circles in South Saint Paul, University of Minnesota: the Center for Restorative Justice and Peacemaking, St, Paul MN, 2000.

Sara Sun Beale, "Still Tough on Crime?: Prospects for Restorative Justice in the United States", Duke Law School(No.35), 2002.

제5부 배상과 화해에 관한 실증적 분석

제5부
배상과 화해에 관한 실증적 분석

Ⅰ. 서 론

오늘날 형사사법의 다양한 구조에서 범죄에 의해 가장 고통을 받고 있는 자는 피해자라고 할 수 있다. 범죄피해자는 형사사법시스템에 있어서 문지기라 할 수 있다. 그럼에도 불구하고 지금까지 피해자는 범죄자의 그늘에 숨어 고통을 감수하는 존재로 취급되어 왔다. 20세기 형사사법에 있어서 가장 큰 실수는 범죄를 국가와 범죄자만의 문제로 파악함으로 인한 교정의 실패를 들 수 있다.

1970년대까지만 하더라도 국가와 범죄자가 피해자에게 배상(restitution)과 보상(compensation)을 할 것이라는 기대를 하는 것은 쓸데없는 생각이라고 믿었다. 하지만 최근에 들어와서 현재의 징벌적 형사사법시스템으로는 피해자의 피해회복, 재범의 방지, 교도소의 과밀화 문제를 해결하지 못하자 새로운 형사시스템이 요구되기 시작했다.

그동안 대부분의 범죄학자들은 범죄자를 구금하여 강력하게 처벌하면 범죄가 감소될 수 있다고 믿었다. 그러나 최근 이러한 처벌위주의 형벌정책은 인도주의적 측면에서도 정의롭지 못하며 경제적인 측면에서도 비효율적이라는 것이 증명되고 있다. 미국의 경우 1979년부터 '범죄와의 전쟁'을 선포하여 대량구금을 하였지만, 정책입안자의 기대에 미치지 못하였음은 물론 이를 비판했던 사람들의 예상 수준에도 미치지 못했다.[1] 따라서 많은 범죄학자들은 대량구금정책으로는 범죄문제를 해결할

---

1) 미국의 경우 1971년 교도소의 재소자는 약 20만 명이었으나, 1996년 말에는 약 120만 명

수 없으며, 범죄를 범죄자 개인의 문제만으로 해결하는 것은 범죄예방의 한계가 있다고 주장하고 있다.

형벌정책은 피해자를 배려하는 관점과 대치된다. 또한 형벌의 목표가 범죄자의 사회복귀라는 사실도 하나의 과제이다. 따라서 "형사정책의 진정한 과제는 범죄자의 사회복귀 가능성을 그대로 유지하면서도 만족할 만한 형벌을 요구하는 피해자의 감정을 고려해야 한다는 점이다."[2]

이러한 문제의 대안으로 제시되고 있는 것이 배상과 피해자·가해자 화해 프로그램이다. 배상과 화해를 시작으로 형사사법의 장에서 사라진 피해자의 권리와 지위에 대해서 다시 관심을 가지기 시작하였다. 배상과 화해는 1970년대부터 시작되었지만 이론에 그쳤고, 1980년대에 들어와서도 적용대상, 참여 문제, 재범의 문제 등의 한계에 부딪혀 제대로 된 시행과 분석을 하지 못하였다. 1990년대에 들어와서야 비로소 북미와 유럽을 중심으로 본격적인 시행과 실증적 분석이 시작되었다. 이러한 실증적 분석에 사용된 모델이 VORP, FGC, Circles, Citizen Panels 등이다.

배상, 화해의 결과를 보면 대부분이 만족을 하고 있는 것으로 보인다. 하지만 피해자, 범죄자의 삶에 긍정적인 변화를 가져오는지는 증명하지 못했다. 배상과 화해에 있어 가장 중요한 요소는 피해자의 참여, 가해자에 의한 진실한 사죄와 죄책감의 표현, 의사결정에의 공평한 참여, 결정사항에 대한 동의와 이행이다. 문제는 이러한 배상과 화해가 자유형을 대신하여 교도소의 과밀화를 방지하면서 범죄자의 원활한 사회복귀를 도울 수 있는가이다. 북미를 중심으로 배상과 화해를 시행하고 있지만, 사실 그 내용이 빈약하고, 프로그램의 성공 여부를 판단하는 기준이 너무 형식적이다. 따라서 앞으로 배상과 화해 프로그램이 성공하기 위해서는 대상 범죄, 내용, 성공평가요인들이 확정되어야 한다고 본다.

뿐만 아니라 오늘날 피해자에 대한 배상, 화해 프로그램 대부분은 경미한 범죄에

으로 증가하였다. 1991년에서 1996년 사이 텍사스 주(인구 약 180만 명)의 경우에 구금인구가 8만 명이 증가하였다. 이는 8천만 인구를 보유한 독일의 총구금자수와 비슷하다. 그러나 여전히 미국은 가장 범죄가 많이 발생하는 국가로 남아 있다: Elliott Currie 저·이백철 역, 미국의 범죄와 형벌, 학지사, 2004, 31-32쪽.

2) D. Salas, Le retour des victimes, Le Monde des débats, 2000. 6.

한정하여 국가가 운영하는 프로그램이다. 이러한 프로그램으로 범죄와 피해자 문제를 모두를 해결하기에는 역부족이라고 생각된다. 특히 국가가 주도하는 프로그램은 더욱 그러하다. 따라서 앞으로 중요한 것은 국가의 개입보다는 범죄 당사자 스스로 해결하는 배상과 화해이다. 배상과 화해는 피해자, 범죄자 모두를 위하는 것으로서 자유형을 대신할 수 있으며, 재범을 방지할 수 있는 가장 적합한 방법이라고 본다.

본 연구에서는 배상과 화해를 가장 잘 운영하고 있는 북미의 배상, 화해프로그램을 중심으로 이러한 프로그램들이 가지는 한계를 실증적 분석을 통하여 살펴보고, 그 문제점에 대한 대안을 제시하고자 한다.

Ⅱ. 배상과 화해 프로그램

1. 배 상

1) 배상의 의의와 연혁

배상(restitution)이란 범죄자가 그 범죄에 의해 입었던 손실을 범죄피해자에게 補塡으로 지불하는 행위를 말한다.[3] 지불은 피해자 또는 국가에 대한 금전 및 노동의 형태를 의미한다. Black의 사전에 의하면 배상이라는 것은 '회복[4]하는 행위: 정당한

---

3) 또 다른 개념으로는, 불법행위에 대한 직·간접적으로 책임 있는 자가 그 행위의 직접적 결과로서 발생한 구체적 피해(치료비·위자료 등)를 갚아주는 일이라고 정의할 수 있다: 김용세, 피해자학, 형설출판사, 2003, 181쪽.
4) 프랑스에서도 배상을 '원기 회복(restauratif)'이라는 표현을 쓰고 있는 경우가 많다: J. M, Chaumont, Du Culte des héros à la concurrence des victimes, Criminologie(33), No.1, Montréal, 2000.

소유자에의 반환: 손실, 손해, 또는 상해를 전보, 또는 상담을 제공하는 행위: 손실 보전(indemnification)'[5) 등으로 표현하고 있다.

배상은 물질적이고 전통적인 배상 이외에 상징적인 배상도 중요하다. 징벌적 형벌은 사회질서를 재확인시켜주는 반면에 배상적 형벌은 사회의 응집력을 상징적으로 복원시킬 수 있기 때문이다. 또한 형벌의 집행은 범죄자의 처리를 목표로 삼는데 비해 배상은 범죄자에게 정신적 속죄를 요구하며 책임의식을 갖도록 한다.[6) 즉 배상은 합의되는 것이지 강요되는 것은 아니다.

피해자배상에 관하여 1970년대 이전에는 배상의 역할에 초점을 둔 데 반해, 1970년대 이후에는 피해자 배상프로그램의 발전, 배상프로그램의 실시에 역점을 두고 있다. 역사적으로 보면 원시공동체 사회의 법과 제도는 오늘날의 사회에 존재하는 법과 제도와는 달랐다. 그 시대의 법은 범죄자에 대한 형벌보다도 오히려 피해자에 대한 손해의 배상형이 중요한 형벌수단이었다.[7) 이 시대를 Stephen Schafer는 '피해자의 황금시대(The Golden Age of Victim)'라 하였다.[8)

이러한 피해자에 대한 배상은 9세기 프랑크 왕국에서부터 주요한 변화가 발생하였다. 즉 벌금이 배상을 대신하게 된 것이다. 범죄자에게 부과된 벌금은 피해자에게 지급되지 않았고 모두 국고로 귀속되었다.[9) 이 시대를 Stephen Schafer는 '피해자의 쇠퇴시대'라고 하고 있다.[10) 이러한 변화는 형벌의 국가독점의 개시를 의미하는 계기가 되었다. 벌금이 배상을 대신하고 피해자의 역할이 감소하였음에도 불구하고 배상의 개념은 여전히 존재하였다.

한편 대부분의 국가에서는 범죄자의 교정에 깊은 관심은 가졌지만, 피해자에 대

---

5) Black's Law Dictionary, 1968, p.1477.

6) M. Vaillant, La Réparation, Paris, Gallimard, 1999.

7) 배상형은 복수와 달리 ① 갈등을 초래하지 않고, ② 범죄인의 신속한 사회복귀와 낙인을 피하고 ③ 피해자에게 실질적인 도움을 제공하고, ④ 범죄인과 피해자로 하여금 正價値를 재선언한다. 자세한 내용은 이승호, 형벌로서의 배상제도에 관한 연구, 피해자학연구, 1997(제7호), 187－189쪽 참조.

8) S. Schafer, The Victim and his Criminal, 1968, pp.7－20.

9) J. Gillin, Criminology and penology, New York: Appleton－Century, 1935, p.198.

10) S. Schafer, 앞의 글, pp.21－23.

한 배상과 회복에 관해서는 관심이 없었다. 그러나 법철학자와 개혁자 중에는 피해자의 배상과 보상의 중요성을 강조한 자도 있었다. 17세기의 Thomas Moore와 18세기 말의 James Wilson 등이 대표적이다.[11]

이러한 영향을 받아 1895년 파리에서는 '감옥에 관한 국제회의'가 개최되어 피해자에게 배상과 보상을 할 것을 결의하였다. 이에 대한 구체적 문제는 1900년 Brussel에서 회의가 개최될 때까지 계속되었다. 그러나 1900년 Brussel에서 개최된 회의에서는 피해의 회복에 관한 구체적 제안에 관한 합의는 보지 못하였다.[12]

이렇게 피해자의 배상과 보상의 문제는 20세기 중반까지 계속되었지만 대부분 형식에 그쳤다. 형식에 그친 피해자 배상과 보상의 문제를 본격적인 법과 제도로 정착시킨 것은 1950년대의 영국의 개혁자 Margery Fry였다. 그는 형사사법의 과정에서 피해자가 무시되고 있는 것에 자극을 받아 배상을 제안했다. Stephen Schafer는 배상을 형벌에 부수하여 활용할 것을 제안했다.

그러나 Margery Fry는 형사사법의 과정에서 배상을 실현하는 것이 어렵다고 보고 배상보다는 피해자 보상을 주장하였다. 그는 또한 국가가 모든 피해자에게 동등하게 대우하는 것은 불가능하다고 여겨 가능한 한, 가해자가 피해자에게 직접 배상하고, 필요한 경우에만 국가가 범죄피해자에게 보상할 것을 주장하여 배상과 보상을 결합한 접근을 시도하였다.[13] 이러한 노력으로 1960년 초기에 뉴질랜드와 영국에서 피해자보상프로그램이 창설되어 다른 국가들의 모델이 되었다.

피해자의 배상에 대하여 국가가 본격적으로 개입하기 시작한 것은 서구 여러 나라의 범죄율이 지속적으로 증가하여 현대형사법체계의 효율성에 대한 근본적 의문이 제기되기 시작한 1950년 이후부터이다.[14] 특히 1970년부터는 북미와 유럽, 일본

---

11) 이 외에도 Cesare Beccaria, Raffaelo Garofalo, Jeremy Bendam, William Tallack 등을 들 수 있다.

12) G. Geis, Restitution by criminal offenders: A summary and overview, In: J. Hudson & B. Galaway(Eds.), Restitution in criminal justice Lexington: DC Heath and Company, 1977, pp.147-164에 의하면, 이 회의로부터 지금까지 형벌에 관한 국제회의에서의 중요한 논제로 취급된 피해자보상의 문제가 효력을 발하였다고 한다.

13) G. Geis, 위의 글, p.151.

14) 미국에서 배상형이 다시 부활하게 된 원인을 에서는, ① 교정의 실패 ② 교도소의 과밀

등에서 형사절차 자체를 피해자 중심으로 개편하려는 노력을 하였다. 이 시기부터 많은 학자들은 국가의 일방적인 범죄해결 대신에 배상과 화해로서 해결할 것을 주장하였다. 하지만 1980년까지는 이론에 그쳤고, 본격적으로 시행되고 평가된 것은 1990년부터 이다. 이때부터 형사사법은 범죄자 중심에서 피해자 중심으로 변화해가는 모습을 보였다.[15] 이는 범죄자를 징벌하는 것보다 피해자가 겪은 고통에 대해 배상하는 것이 더 공정하다고 판단했기 때문이다. 이처럼 피해자의 위상이 부각되면서 형사소송은 전반적으로 배상적 성격을 띠었다.

2) 배상의 재발견과 가능성

배상이 주된 형벌수단이 되었던 피해자의 황금시대에서 벌금형이 국가형벌로 정착되면서 역사의 장에서 사라진 배상이 다시 형벌의 의미를 지닌 제재로서의 배상이 재발견된 이유는 다음 몇 가지로 요약할 수 있다.

첫째, 형사사법에 있어서 피해자의 재발견이다. 그동안 피해자를 제외하고 국가가 범죄자를 일방적으로 처벌하는 것만으로는 범죄의 예방과 사회통합을 달성할 수 없었다. 따라서 Viano에 의하면 배상은 피해자를 보다 형사사법제도를 통합하는 잠재력을 가질 수 있다고 보았다.[16] 그러나 Galaway는 배상은 범죄피해자를 도울 수는 있지만, 형사사법의 통합에는 의문을 제기하고 있다.[17] 범죄자가 유죄의 선고를 받으면 피해자는 자기가 입었던 손실·손해의 전보를 받는다는 것은 의문이 없다. 하

화와 비용의 증가 ③ 피해자학의 지위 향상에 대한 관심증대로 보고 있다: 이승호, 앞의 논문, pp.198-200.

15) J-M. Chaumont, Du Culte des hèros à la concurrence des victimes, Criminologie, vol.33, No.1, Montréal, 2000.

16) E. Viano, Victims, offenders, and the criminal justice system. In: B. Galaway & J. Hudson(Eds.), Offender restitution in theory and action, Lexington: DC Heath and Company, 1978, p.189.

17) B. Galaway, Toward the rational development of restitution programming, In: J. Hudson & B. Galaway(Eds), Restitution in criminal justice, Lexington: DC Heath and Company, 1977, p.82.

지만 Edelhertz가 지적하듯이 역사적으로 보면 배상은 피해자보다도 범죄자에게 이익을 주고 있다. 즉 범죄자의 친족이 피해자의 친족으로부터 보다 엄한 제재를 당하는 것을 회피하기 위한 것이었다.[18]

둘째, 배상은 행형제도의 문제점을 개선할 수 있고, 범죄자에게 가혹하지 않다. 오늘날 피해자에게 배상과 보상을 하지 않는 것은 대단히 비용이 많이 드는 자유형에 처하는 것과 같다.[19] 오늘날 배상은 자유형을 대신하는 기능을 하고 있다. 배상은 특정한 범죄자가 이익을 받기도 하지만 사회도 일반적으로 이익을 누린다.

국가는 범죄자를 보다 위험에 빠지게 하고, 그 집행을 위하여 막대한 돈을 지불하고 있다. 뿐만 아니라 국가는 범죄전보다 훨씬 더 심한 범죄자를 사회에 복귀시키고 있다. 배상으로 인하여 범죄자의 가족은 배상의 지불 때문에 고통스러울 수도 있지만, 범죄자는 배상을 위하여 노동을 하게 되므로 지역사회도 이익이 될 수 있다.

하지만 범죄자를 수감하는 경우에는 이러한 것들이 발생하지 않는다. 뿐만 아니라 교도관은 교도소의 과잉수용과 기록적 수용률의 딜레마와 싸워야 한다.[20] 따라서 오늘날 배상제도는 행형제도의 문제점들을 개선하는 기능을 하고 있다.

셋째, 배상의 주된 목적은 범죄자의 사회복귀(rehabilitation)에 있다. 따라서 배상은 손해액과 합리적으로 관련되어 있어 범죄자를 보다 정당한 것에 체념하지 못하도록 하고, 범죄자에 대하여 범죄의 의식을 표명하는 구체적 방법을 제공한다. 무엇보다도 배상은 범죄자를 자유형으로 처벌하는 것보다 낙인(stigma)의 효과가 훨씬 적다.

Christie는 범죄해결을 이웃에 거주하는 중재자를 통해 화해로서 해결할 것을 주

---

18) H. Edelhertz, Legal and operational issues in the implementation of restitution within the Criminal Justice System, In: J. Hudson and B. Galaway (Eds.), Restitution criminal justice, Lexington: DC Heath and Company, 1977, p.185.

19) W. Tallack, Reparation to the injured and right of victims of crime compensation. London: wertheimer, Lea and Co, 1900, p.7.

20) 미국에 있어서 행형상의 위기와 딜레마에 관해서, 미국 법무성은 1980-1989 사이에 교도소 수감률은 92.2% 증가하였다고 보고하고 있다. 미국시민자유연합기금(American Civil Liverties Union Foundation 1987)은 1987년 50개 주 가운데 48개의 연방법원에 행형제도의 개선명령을 하였다. 또한 미국은 1971년 교도소의 재소자는 약 20만 명이었으나, 1996년 말에는 약 120만 명, 현재는 약 210만여 명으로 증가하였고, 이는 미국 인구 138명당 1명에 해당한다. 우리나라는 2000년 초 6만여 명에서, 2005년 현재 약 5만 5천여 명이 수감되어 있다.

장하고 있다. 배상은 과거에 행한 단순한 矯正, 원상회복의 틀에서 벗어나 혁신적인 프로그램을 만들어 보다 건전한 환경을 제공하는 형태가 되어야 한다.[21] 특히 형벌 폐지론자 들은 국가는 형사소송의 당사자 중 하나로 범법자일 수도 있다는 것이다. 따라서 형벌은 폭력이다. 오히려 시민 조정자의 중재로 두 당사자가 협상으로 해결할 문제라는 것이다.

넷째, 배상은 형사사법제도와 관련하여 운용하기 쉬운 제재를 제공한다. 배상프로그램은 수사단계에서, 교정시설에서, 보호관찰부집행유예 및 가석방의 양형의 일부로서 운용될 수 있다. Galaway는 배상을 다이버전(diversion)[22]의 일부로서 행해질 것을 주장했다.[23] 이렇게 되면 재판으로 인한 사회적 비용을 줄일 수 있을 뿐만 아니라 가장 비용이 많이 드는 교도소 수감을 줄이는 결과가 될 수 있다.

마지막으로 배상은 복수와 응보로 소송할 필요를 감소시킨다. 이러한 배상의 형태는 인간적인 접근이 가능하기 때문에 사회일반도 이익을 얻을 수 있다. 사회와 범죄자가 자기의 범죄에 대한 피해를 회복할 적극적 조치를 취하고, 반대로 피해자가 형사사법의 과정에 참여하면 지역사회는 범죄자에 대하여 잘못된 행동을 하도록 방치하지 아니한다.

이러한 5가지의 가능성은 서로 배타적인 것은 아니고 완전한 것도 아니다. 이러한 형태가 성공하기 위해서는 구체적인 배상프로그램이 정립되어 실무에서 운용될 때 실효성이 있다.

---

21) N. Christie, Conflicts as property, British Journal of Criminology(17), 1978, pp.1－15.

22) Diversion은 절차회피, 분리, 전환처리, 대체처분 등의 용어로 번역되고 있다. 다이버전 개념에 대해서는, ① 일반적으로 공식적 사법절차로부터의 이탈이라는 요소와 사회 내 처우프로그램에의 위탁이라는 요소로 보며, ② 다이버전이 시설 내 처우를 사회 내 처우로 대체하는 것과 같이 형사제재의 최소화를 뜻하는 개념으로 이용되는 경우도 있지만, ③ 보통 법원의 판결이 내려지기 전에 형사사법기관이 통상의 사법처리절차를 중지하는 조치를 다이버전이라 한다. Simonsen, Juvenile Justice in America, 3rd. ed., New York: Macmillan Publishing Company, 1991, 409쪽.

23) B. Galaway, Is restitution practical? Federal Probation, 41, 1977(a), pp.3－8; B. Galaway, Restitution as an integrative punishment, In: R. Barnet & J. Hagel(Eds), Assessing the criminal, Cambridge: Ballinger, (1977b), pp.331－348.

2. 1980년대의 배상과 화해프로그램

1970년대에 연구된 배상(restitution)과 피해자·가해자 화해 프로그램이 상당히 좋은 결과와 효과가 있을 것이라는 기대를 했지만, 실제로는 많은 문제점을 내포하고 있어 1980년대에 실천되지 못하였다. 이는 다음과 같은 이유에서 찾을 수 있다.

첫째, 배상 프로그램(배상절차·계획)과 피해자·가해자 간의 화해프로그램의 실시에 관하여 많은 입법이 있었음에도 불구하고, 그것들의 운영할 운영자에게 너무 광범위한 재량권을 부여하였다. 뿐만 아니라 대부분 주도권(initiative)을 위임하여 상당히 비체계적으로 운영되었다. 특히 배상과 화해의 선두 국가인 미국, 캐나다의 의회는 다양한 형태의 배상프로그램과 피해자·가해자 간의 화해프로그램을 실시하기 위하여 새로운 법률과 절차를 제정하였다.[24] 하지만 이들 법률과 절차가 상당히 비체계적 방법으로 제정되었기 때문에 법 영역에 적용하는 데 있어 극히 다른 양상을 보였다. 이들 법률과 절차는 대부분 경찰, 검찰, 법원의 재량에 의해 적용되었지만, 이 적용은 의무가 아니어서 혼란을 초래하였다.[25]

둘째, 배상과 피해자·가해자 간의 화해프로그램은 거의 대부분 재산범과 초범자에게 이용되었다. 따라서 강력범죄와 같은 신체형 범죄들은 제외되었다. 이러한 범죄에 제한한 이유와 근거가 밝혀지지 않았다.

셋째, 이와 같이 자유형을 대신하여 배상과 화해를 채택할 것을 강력하게 주장되긴 하였지만 자유형을 대신하는 배상과 중재는 거의 존재하지 않았다. 배상은 보호관찰과 가석방의 요건에 부가되어 있는 것이 보통이고,[26] 배상은 범죄자에 대한 통

---

24) 1982년에 피해자 및 증인보호법(VWPA), 1984년에 범죄피해자원조법을 제정하였다. 이 양법은 배상을 의무적으로 하도록 규정하였다. 피해자원조에 관한 전국조직(National Organization for Victim Assistance, NOVA)은 1987년에 미국 50개 모두가 피해자를 구제하기 위한 배상을 허용하고 있다고 보고하고 있다. 캐나다에서도 1984년에 법안 C-19를 국회에 통과시켜, 배상이 다른 모든 양형보다 우선하고 조폭범의 경우에도 배상명령을 인정하였다.

25) J. Hudson·B. Galaway, Financial restitution: Toward an evaluable program model, Canadian Journal of Criminology, 31, 1989, pp.1-18.

26) J. Hudson·S. Chesney, Restitution program model. In: B. Galaway & J. Hudson(Eds.),

제를 약하게 하는 것이라기보다 강하게 하는 결과를 초래했다.[27]

넷째, 대부분의 배상프로그램은 성인의 범죄보다도 비행소년에 적용되고 있다. 비행소년은 위험이 적은 그룹에 속하는 자들이다. 따라서 형사사법을 담당하고 있는 실무자들은 형벌의 의미를 가진 제재를 이용하게 될지도 모른다. Weitekamp에 의한 필라델피아의 연구를 보면, 도시 지역에서 보통의 죄를 범한 자들의 배상 또는 중재를 통한 화해가 적용된 것을 찾아내는 것은 불가능하였다고 보고하고 있다.[28] 배상과 화해프로그램의 참가자는 대부분 재산범, 초범자, 백인의 중산계급에 속하는 사람들이었다. 이 경우 대부분의 피해자는 사회였다.

다섯째, 배상과 중재를 통한 화해를 형사사법제도에 도입하여도 이를 주장하는 자의 목표는 실현될 수 없다는 것이 일반적이다. 배상 및 화해프로그램이 공식적으로 인정되면 법원이 보호관찰의 경우에 양형의 일부로서 이용하고 있는 배상명령의 이용이 감소하게 되기 때문이다. Sutherland and Cressy에 의하면, 1970년대의 배상 및 중재를 통한 화해가 재발견되기 이전인, 1957년 캘리포니아에 있어서 양형 가운데 33%가 배상명령이었다고 한다.[29]

Weitekamp의 연구에 의하면 배상명령의 이용률은 28.6%에 불과하였으며, 공식적으로 실천된 프로그램은 없었고, 배상명령은 1인의 법관이 독창적(initiative)으로 선언한 것에 불과하다고 보고 있다. 배상 및 화해프로그램이 가장 잘 운영되고 있는 미네소타에서도 배상명령의 이용률은 여기보다도 훨씬 저조했다고 한다.[30] 이와 같이 다른 이유는 1970년대 및 1980년대에 배상 및 중재를 통한 화해를 일반인들이

Offender restitution in theory and action, Lexington: DC Heath and Company 1978, pp.131−148.

27) J. Austin · B. Krisberg, The unmet promise of alternatives to incarceration, Crime and Delinquency, 28, 1982, pp.374−409.

28) E. Weitekamp, Restitution: A new paradigm of criminal justice or a new way to widen the net of social control? Ann Arber: University Microfilms, 1989.

29) E. Sutherland · D. Cressey, Principles of criminology(6th edition), Chicago: Lippincott, 1960, p.492.

30) J. Hudson · S. Chesney, Restitution program model. In: B. Galaway & J. Hudson(Eds.), Offender restitution in theory and action, Lexington: DC Heath and Company, 1978, pp.131−148.

관심을 가지기 시작했기 때문에 배상을 이용하는 법관이 이전보다도 주의를 가지기 시작했기 때문으로 보고 있다. 그러나 이렇게 차이가 발생한 이유를 구체적으로 밝히지는 못하였다.

여섯째, 또 다른 중요한 이유는 다양한 형태로 행해지고 있는 배상과 화해가 재범률을 감소하는가이다. Hudson and Chesney는 교도소에서 배상센터로 석방된 자들을 대상으로 재범률을 연구하였다. 이 연구에서 실험한 그룹은 새로운 죄를 범하여 재수감된 비율은 6%인 데 반해, 자유형을 선고받아 복역하고 가석방으로 석방된 제재그룹은 재범률이 24%였다고 보고하고 있다.[31] 하지만 가석방조건위반으로 재수감된 비율은 재재그룹은 10%에 지나지 않는 데 비해, 실험그룹은 40%였다. 이는 제재그룹이 실험그룹보다 통제·감독을 엄격하기 때문으로 보인다.

마지막으로 배상 및 화해프로그램의 주요한 문제로 이 프로그램의 계획, 실시 및 평가이다. 배상 및 화해프로그램은 대부분 비체계적인 방법으로 시행되었다. 뿐만 아니라 이 프로그램은 어떤 구체적인 목표가 없었고, 다른 형사사법 및 복지프로그램과 결합하여 시행되었기 때문에 배상 및 화해프로그램의 효과를 평가하는 것은 불가능하다.

3. 1990년대의 배상과 화해프로그램

1970년대의 이론적 연구를 통한 배상·화해프로그램은 1980년대에 들어와서는 실천되기 시작했지만 그 효과는 미미했다. 이러한 프로그램이 본격적으로 시행된 것은 1990년대라 할 수 있다. 1980년대와 마찬가지로 배상·화해프로그램의 성공 여부는 가해자의 진실한 죄책감, 합의, 피해자의 용서, 감정의 표현, 재결합의 감정 등이 주된 내용을 이루고 있다. 효과에 대한 척도들은 지금까지 피해자와 가해자들에

---

31) J. Hudson · S. Chesney, Restitution program model. In: B. Galaway & J. Hudson(Eds.), Offender restitution in theory and action, Lexington: DC Heath and Company 1978, pp.131 – 148.

대한 효과에만 초점이 맞춰져 왔다. 즉 피해자의 줄어든 분노와 두려움과 가해자의 줄어든 공격성과 개선된 삶의 질에 대한 것들이었다. 그러나 아직 공동체 수준의 효과에 대해서는 측정되거나 설명되지 못하고 있다.

보통 피해자와 가해자의 화해모델(VORP), 가족집단협의(Family Group Conferencing), Circles, Citizen Panels 등을 통하여 범죄를 해결하고 있다.[32]

1) 피해자와 가해자의 화해모델
(Victim-Offender Reconciliation Program: VORP)

1970년대 초 캐나다의 온타리오(Ontario)의 Kitchener에서 보호관찰에 토대를 둔 유죄판결 후 형선고의 대안으로 시작된 이 모델은 최적의 모델 중 하나로 간주되고 있다.[33]

미국에서는 1994년의 법률가 협회에서 이 프로그램을 전적으로 지지하여 미국 전역의 법정에서 적극적으로 활용하도록 권고하였다.[34] 현재 Kansas 주, Ohio 주, California 주, Indiana 주 등에서 30개 이상의 프로그램이 실시되고 있으며,[35] 뉴질랜드에서는 이미 입법화되어 정규형벌로 사용되고 있다.

대부분의 피해자와 가해자는 그 절차와 결과에 대해서 만족하며, 사실상 모든 사건에서 합의를 이뤄내고 있으며, 대다수의 합의들이 가해자에 의해 이행되고 있다.

---

32) 자세한 것은, 박상식, 회복적 사법에 관한 연구, 경상대학교 박사학위논문, 2004, 112-118쪽; 西村春夫, 回復的 司法の理念と實踐, 刑法雜誌 제41권 제2호, 日本刑法學會, 2002, 236-237쪽; Leena Kurki, Evaluating Restorative Justice Practices, in: Hirsh·Roberts·Bottoms·Roach and Schiff(ed.), *Restorative Justice & Criminal Justice*, Hart Publishing, 2003. pp.294-296 참조.

33) Leena Kurki, Restorative and Community Justice in the United States, 27 Crime and Just, 2000, p.235.

34) Umbreit, M. S., Restorative Justice through Mediation, Overcrowded Times, 1996, p.9; Umbreit, M. S., National Survey of Victim-Offender Mediation Programs in the United States, 2000, p.1.

35) Umbreit M. S., Victim Offender Mediation: A national Survey, Federal Probation, vol. 50 No.4. 1986, p.53.

만족률, 합의율, 성취율은 대게 75~100% 사이이다. 예컨대, 116개의 피해자-가해자 화해 프로그램에 대한 전화조사에 의하면, 사건의 87%가 합의를 이뤘고, 그 합의 중 99%가 해결되었다. 35개의 프로그램에 대한 어느 포괄적 분석에서 피해자와 가해자 둘 모두의 만족을 효과적으로 끌어올린다는 것을 밝혀냈다.[36]

그러나 현재까지도 화해의 필수요소인 마음에서 우러나온 후회, 사죄, 합의, 감정의 표현, 서로 간의 이해증진, 그리고 이와 유사한 것들에 대한 제대로 된 관찰을 하지 못하고 있다.

2) 가족집단협의(Family Group Conferencing)

가족 집단협의 제도는 가해자가 합의에 도달할 수 있게 하기 위해 어느 정도 서로 공동책임이 있을 수 있는 가족 구성원과 기타 후원자들까지 광범위한 사람들이 포함된다. 이 제도는 공무원과 경찰, 보호관찰(probation)에 크게 의지하고 있거나, 사회 복지사(social officer)들이 종종 협의를 구성하여 돕게 된다.

FGC는 1989년 뉴질랜드에서 소년사법의 새로운 계획의 일환으로 처음 도입되었다. 1990년 중반쯤에는 호주의 모든 주와 준주에서 가족 그룹 간 협의제도가 채택되었다. 사법 관할권마다 이론적인 토대와 목적, 관료들의 배치, 죄의 경중에 차이가 난다. 그 후 웨스턴오스트레일리아(호주 서부의 주)에서는 문화적 민감성과 마오리 부족과 호주 원주민들의 참여가 주요 화제였다. 사우스오스트레일리아(호주남부의 주)에서는 이 협의제도가 소년사법 시스템의 일환으로 주 전체에 걸쳐서 이용되고 있다. 뉴사우스웨일즈 주의 Wagga Wagga(와가와가) 시에서는 협의제가 원래 경찰의 전환 프로그램(police diversion programme)의 일부로서 경찰관들에 의해 조직되고 촉진되었다. 그리고 Canberra(캔버라)에서는 Wagga Wagga 시의 모델을 기초로해서 협의제도 프로그램을 시작했다. Wagga Wagga 시의 최초의 모델과 이후의 캔버라의 경찰 협의제도 모델은 미국과 캐나다, 잉글랜드의 가족 그룹의 협의제도에 큰 영향을 주었다.

---

36) Leena Kurki, 위의 글, p.295.

Canberra에서 실시한 RISE(Reintegrative Shaming Experiment, 수치심회복실험)에 의하면, 일반적으로 피해자와 가해자는 협의제도와 그 결과에 만족했다. 그러나 네 가지로 분류된 범죄종류에 따라 분명한 차이가 보였다. 예컨대, 폭력범죄의 피해자의 경우(87%가 협의에 참여) 재산범죄의 피해자들보다 협의에 덜 만족했다(72.9%가 참여). 또한 약 97%의 재산범죄 피해자와 77%의 폭력범죄 피해자들이 협의과정이 공정하게 진행되었다고 보았다. 너무 두려워 말을 꺼내지 못할 정도였다고 느낀 경우는 재산범죄 피해자의 경우는 거의 없었고, 폭력범죄의 경우에는 16%가 그렇게 느꼈다. 91%의 재산범죄 피해자가 그들의 의견이 존중되고 있다고 본 반면, 폭력범죄의 경우 64%만이 그렇게 보았다. 하지만 모든 종류의 범죄 피해자들이 협의과정 이후 범죄자에 대한 분노가 덜했으며, 분노를 느끼는 피해자의 비율이 재산범죄의 경우 60%에서 23%로, 폭력범죄의 경우 69%에서 31%로 떨어졌다.

분명한 것은 FGC에 대한 분석은 복잡한 문제이고, 결과가 개개의 프로그램마다 심지어 한 프로그램 안에서도 달라진다. 몇몇 계획들은 화해의 목적을 실현하는 데 성공적이지만, 어떤 계획들은 그렇지 못하다. 어떤 범죄자들은 추가적인 범행을 저지르는 반면 어떤 이들은 그렇지 않다. 소년범죄자들이 억지로 협의에 참여했거나 자신이 전혀 합의에 영향을 주지 못했다고 느낄지도 모르지만, FGC의 전반적인 경험에는 여전이 만족하는 것 같다. 그러나 개별적인 분석들에서 결론을 이끌어내기에는 근본적인 문제가 있다. 각 프로그램들은 다양한 방식으로 FGC를 이해하고, 다양한 종류의 범죄를 다루고, 다양한 조정을 수행하고, 협의를 위해 참여자를 준비시키는 데에 대부분의 시간을 보낸다.

3) Circle

Circle은 여러 가지 형태가 있으며, 학교나 직장에서부터 형사 사법제도에 이르기까지 다양한 환경에서 사용된다. 범죄에 대한 대처로서, 판결 서클(sentencing circles)은 피해자와 가해자, 그들의 후원자들뿐 아니라 주요 공동체 구성원들까지도 포함하며, 모든 사람들에게 열려 있다. 우선적인 목표는 공동체 구성원들에게 발언권을 주고 합의에 이르는 것이지만, 더 큰 목표는 장기적으로 공동체를 만들고, 공동체에게 더 많은 기능과 권한을 줄 수 있는 서로 간의 신뢰와 감정적 유대를 만드는 것이다.

그러나 지금까지는 이러한 원대한 목표가 달성 가능한 것인지에 대한 증거가 아직 없다. 게다가 성공에 대한 상세한 설명이나 일화들은 있었지만, Circle 과정들을 분석하려는 시도는 매우 적었다. 이러한 시도 중 하나가 Milaca와 Princeton(Minnesota)의 판결 Circle에 참여했던 사람들과의 면담이다. 6명 중에서 5명의 범죄자가 일반적으로 그 경험에 대해 흡족해했다. 공동체 구성원들은 구체적인 많은 방법으로 그들을 돕고 신뢰해 주었다. 하지만 몇몇 범죄자들은 자신들의 의견을 자유로이 나타낼 수 없었다고 느꼈거나 Circle의 공정성에 대한 의문을 표시했다. Milaca와 Princeton(Minnesota)의 판결에서의 Circle 경험으로 미루어보아 Circle의 긍정적인 효과는 범죄자보다 공동체 구성원에게 더 강하게 작용한다. 공동체 구성원들과 면담해 보면 많은 이들이 그들 자신에게 Circle의 효과가 가장 크게 미쳤다고 했다. 또한 그들은 개인적인 이득과 발전이 범죄자에 대한 효과보다 훨씬 크다고 생각했다.37)

가해자와 그들 가족들과의 면담과, 피해자와 피해자 가족들과의 면담에서 모두 3분의 2 이상이 Circle에 참여하기를 불안해하고 초조해했다. 모든 피해자들이 Circle 과정이 공정하게 진행되었고, 오직 한 피해자만이 너무 가벼운 벌이 가해졌다고 생각했다. 모든 가해자들은 Circle 과정과 결과가 공정하다고 보았다. 그러나 몇몇 가해자들은 부모들이 굳이 시간을 내서 Circle과정에 참석할 필요는 없다고 말했다. 피해자와 가해자 모두 그들이 가장 좋은 점이라고 말했던 것은 Circle 내의 사람들과의 인간적 관계였다. 반대로 그들이 가장 싫어했던 점은 Circle과정의 시간의 낭비였다. 가해자와 피해자 모두 다른 이들에게 Circle제도를 권유하고자 했다.

Circle 조정자도 사람들이 공동체를 개선하는 데 도움을 주고자 참여했다. 그들도 Circle이 개인적으로도 유용하고 만족스럽다는 것을 알았다. 비록 그들도 일반적으로는 Circle의 프로그램을 지지하지만 실용성에 대해선 미심쩍어 한다. 즉 필요로 되는 시간과 노동력, 자격에 대한 기준, 공정성과 동등한 대우에 관해서 미심쩍어

---

37) Leena Kurki, 앞의 글, p.304.

한다. 앞으로 판결 Circle 제도와 이 제도가 개인과 공동체에 주는 영향에 대한 질적 연구가 필요하다고 본다.

4) 시민 패널(Citizen Panels)

미국과 캐나다에서는 경미한 형사 사건들을 처리할 새로운 방법으로써 다양한 형태의 민간 위원회나 패널을 이용하고 있다. 성인으로 구성된 민간 패널은 미국의 여러 소년재판 관할 지역에서 일어나는 비폭력적 범죄들을 해결하고 있다.[38] 캐나다에서는 캐나다 원주민 공동체와 비원주민 공동체에서 범죄자들은 동료 공동체의 구성원들로 구성된 소수의 패널 앞에 출두한다. Minneapolis, Minnesota 등에서는 그 지역주민들이 그들의 민간 협의회를 스스로 조직하여 운영하고 있다.[39] 그리고 Vermont 洲의 배상 위원회(reparative boards)는 보호관찰에 필요한 규정들을 만들었다.

시민 패널은 노상방뇨나 낙서, 음주, 매춘과 같이 지역사회의 삶의 질을 떨어뜨린다고 보이는 이러한 피해자 없는 범죄들만을 다룰 수도 있다. 이 경우에는 당연히 피해자들의 패널 회의에 참가할 필요는 없다. 그러나 다른 사건들의 경우와 마찬가지로 피해자의 참석률이 낮아지는 경향을 보이고 있고, 피해자들은 회의(meetings)에는 거의 참석하지 않는다.

Vermont 洲의 민간 위원회는 배상적 보호관찰(reparative probation)의 일환으로 운영되고 있으며, 여기서 재판관은 범죄자에게 집행유예가 있는 보호관찰을 선고할 수 있다. 자원 봉사자 위원회의 멤버들은 가해자와 피해자를 만나 같이 가해자가 이행하기로 할 계약에 합의를 한다. 그 계약의 실행이 보호관찰의 유일한 규정이다. 1998년에 배상위원회는 1200건의 형사사건을 처리했고 이것도 목표로 정한 보호관찰 담당 건수의 3분의 1 이상이다. 1999년 8월경에는 1995년의 프로그램의 시작 이후로 16개의 위원회가 4000건 이상을 처리했다. 현재 300명 이상의 훈련된 봉사자

---

38) Denver, Colorado, Austin, Texas, Philadelphia, Pennsylvania 등에서 실시하고 있다.
39) K. Knapp, An Evaluation of Community Conferencing: The Central City Neighborhoods Partnership Restorative Justice Program, Unpublished manuscript, 1999.

들이 위원회 멤버로서 또는 보조자 역할(피해자들과의 접촉, 행정보조)로서 참여하고 있다.[40)]

반 이상의 범죄자들이 1998년의 배상적 보호관찰을 성공적으로 끝마쳤고 거의 12000시간의 지역 봉사를 했다. 동시에 오직 15%의 피해자들(424명 가운데 62명)이 위원회 회의에 참석했다. 1996년에 배상적 보호관찰을 마친 157명의 가해자에 대한 재범률 조사에서 이후 6개월 동안 8.2%의 재범률을 보였다. 보통의 보호관찰을 마친 동종의 집행유예 중인 죄인(probationer)의 경우 11.6%를 나타냈다. 그러나 민간 패널제도가 개인이나 공동체에 미치는 효과에 대해서는 아직까지 알려지지 않고 있다.

Ⅲ. 배상과 화해·중재 프로그램의 효과

1. 자유형의 대체

배상과 화해를 통한 범죄 해결이 자유형을 대신할 수 있는지는 의문이다. 그동안 자유형에 대한 많은 비판이 제기되어 왔다. 즉 자유형은 행정상 행형목적의 수행과 재판에서 제시된 형식적인 형기에 구속되어 교정교육의 성과가 없어도 재범의 소지가 있는 자를 석방해야 하는 문제점이 노출되었다. 특히 6개월 이하의 단기자유형의 경우에는 형기는 짧아도 전과자라는 낙인이 찍혀 오히려 사회복귀 후의 재범의 위험성이 높다. 이러한 문제점의 대안으로 제시되고 있는 것이 보호관찰, 집행유예, 선고유예, 기소유예 등이다. 그러나 이러한 제도들은 대부분 범죄자 위주의 개선방향이고 피해자에게는 크게 이익이 되는 것은 아니라고 본다. 따라서 범죄자뿐만 아니라 피해자의 이익을 위해서는 배상과 화해를 통한 해결이 이상적이라 본다.

---

40) Leena Kurki, 위의 글, p.305.

1970년대의 배상과 화해를 주장한 사람들의 주요한 논의는 이것을 채택하면 자유형이 감소되어 형벌의 대체로서의 가능할 것이라고 믿었다. 하지만 배상과 화해의 실시해 본 결과 불가능하다고 믿었다. 배상 및 피해자·범죄자 간의 화해에 관한 이론적 기초 작업에서는 자유형의 대체로서의 측면이 대단히 강조되었지만, 오히려 실무상으로는 자유형의 비율을 증가시켰다. 예컨대, 피해자·범죄자 간의 화해에 관한 프로그램의 전국조사[41] 및 지역사회 서비스에 관한 전국조사에 의하면, 이들 프로그램은 경미한 범죄에 한정하여 사용되었기 때문에 자유형의 대체로서는 되지 않았다고 설명하고 있다.[42]

형사사법제도에 있어서 배상 및 피해자·범죄자 화해프로그램이 계획되어 실행된 것은 1970년대이지만 이 프로그램을 평가한 것은 1980년 초반이다. 하지만 배상을 제안한 자들에게 실망을 가져다주었다. 왜냐하면 대부분의 경우 경미한 범죄에 한정하여 실시하였기 때문이다.

최근의 배상 및 피해자·범죄자 화해프로그램이 자유형의 대안으로 되지 않는 이유는 이 프로그램을 선택한 기준에 있다. 즉 이 선택 기준은 형사사법제도에 관련하는 자들보다 훨씬 발전시킨 것으로서 배상 및 화해프로그램의 이용을 한정하고 있는 데는 어떠한 이론적 근거가 없다는 것이 지적되었다. 배상 및 피해자·범죄자 간의 화해프로그램을 이용하고 있는 범죄자의 전형은 백인인 중산층, 재산범죄를 범한 초범자였다. 따라서 이와 같은 범죄는 대부분의 국가에서의 전형적인 범죄는 아니기 때문에 자유형을 대신하는 배상 및 화해프로그램이 될 수 없다. 또한 배상과 화해프로그램의 실패는 실시과정의 문제와 관료주의에 기인한 결과였다.

한편 Weitekamp는 형사사법제도의 현존하는 시설을 사용하면서 강력범죄에 대해서도 배상을 자유형에 대신할 수 있다는 것을 주장하고 있다. 그에 의하면 보호관

---

41) R. Daniels, Making things right: An evaluation of a victim restitution program, Paper presented at the ASC Meeting. Chicago, 1988.
42) 그러나 뉴욕의 경우에는 강력범죄의 경우에도 실시하고 있다고 한다. 자세한 내용은, R. Coates, Victim offender reconciliation programs in North America. In: B. Galaway & J. Hudson(Eds.), Criminal justice, restitution, and reconciliation, Mounsey: Criminal Justice Press, 1990, pp.245－265 참조.

찰과 배상을 병행하여 선고한 그룹과 보호관찰만 선고한 그룹 간에는 재범률이 상당한 차이가 있다는 것을 확인하였다. 즉 전자의 재범률이 낮았다는 것을 알았다. 따라서 배상과 보호관찰을 동시에 선고하면 강력범과 전과자들에게까지도 가능하다고 보고 있다.[43] Daniels는 화해프로그램의 참가한 피해자의 81% 가운데 33.3%가 질문을 받았던 시점에 이미 별도의 범죄의 피해를 입었지만 배상, 화해프로그램은 자유형을 대신할 만하다고 하고 있다.[44]

그러나 많은 연구결과에 의하면 배상 및 피해자·범죄자 간의 화해프로그램은 자유형을 대신할 수 없다고 한다. 이러한 프로그램이 자유형을 대체하는 것으로서의 이론의 기초가 튼튼하고, 그 개념이 실제적인 것임에도 불구하고, 1970년, 1980년대에서는 배상 및 화해 프로그램의 실시에 영향을 주지 못하였다.

이 원인은 그 적용의 선택기준이 너무 엄격하고 관료주의 및 프로그램의 정책과 형사사법에 관여하는 자들의 소극적인 태도로 보인다.

2. 사회통제망의 확대(net widening effect)

이 문제는 이미 미국에서 소년에 대한 'diversion'제도[45]를 통하여 많은 문제점이 지적되었다. 미국은 1967년의 법 집행 및 사법운영에 관한 대통령위원회 보고서 중

---

43) E. Weitekamp, Restitution: A new paradigm of criminal justice or a new way to widen the net of social control? Ann Arber: University Microfilms, 1989.
44) R. Daniels, Making things right: An evaluation of a victim restitution program, Paper presented at the ASC Meeting(Chicago), 1988.
45) Diversion은 절차회피, 분리, 전환처리, 대체처분 등의 용어로 번역되고 있다. 다이버전 개념에 대해서는, ① 일반적으로 공식적 사법절차로부터의 이탈이라는 요소와 사회 내 처우 프로그램에의 위탁이라는 요소로 보며, ② 다이버전이 시설 내 처우를 사회 내 처우로 대체하는 것과 같이 형사제재의 최소화를 뜻하는 개념으로 이용되는 경우도 있지만, ③ 보통 법원의 판결이 내려지기 전에 형사사법기관이 통상의 사법처리절차를 중지하는 조치를 다이버전이라 한다. 따라서 수사나 재판과정에서 구속을 면제할 뿐인 보석이나 구속적부심사제도는 다이버전이라고 볼 수 없다: Simonsen, Juvenile Justice in America, 3rd. ed., New York: Macmillan Publishing Company, 1991, p.409.

의 하나인 '자유사회에 있어서 범죄의 도전'에서 소년사법의 개혁을 추진하였다. 이 보고서의 주된 내용은 소년법원의 권한 축소와 동시에 범죄관련 당사자들의 대화와 화해를 통한 비공식적 범죄의 해결이었다.

배상, 화해프로그램이 사회와 국가의 통제·감독을 증가시킨다는 것은 명백하다. 배상명령 또는 범죄자·피해자 화해명령은 항상 그 범죄자에게 어떤 의무를 부담시키는 것을 의미한다. 이 의무에 따른 감독·감시는 필연적이다. 뿐만 아니라 지금까지와는 다른 광범위하고 강력한 국가의 통제·감독이 시행되어야 한다.[46] Weitekamp는 배상, 화해에 참가한 범죄자에게 거듭 과해진 부담은 정당하다고 보고 있다. 왜냐하면 배상 프로그램 및 피해자·범죄자 간의 화해프로그램이 사회일반에 가져다주는 이익은 이들의 프로그램에 의해 범죄자가 입은 불이익을 훨씬 능가하기 때문이다.

만약 배상 및 피해자·범죄자 간의 화해프로그램이 없다고 한다면 그것은 범죄피해자가 또다시 형사절차로부터 제외된다는 것을 의미한다. 따라서 범죄자에게 부담시키는 또 다른 의무는 배상과 화해의 절차와 관련하여야 하고, 그렇지 않으면 범죄피해자는 다시 제2의 피해자로 전락하게 된다. 이러한 형태의 제재는 범죄자에게 부담을 과하는 것임에도 불구하고 범죄자에게도 이익이 된다는 것이다. 왜냐하면 명령을 받은 범죄자는 자유형을 선고받지 않을 수도 있고, 받더라도 자유형의 형기가 단축될지도 모르기 때문이다.

배상 및 피해자·범죄자 간의 화해의 목적은 범죄자의 更正에 있다. 배상은 다른 更正조치보다도 훨씬 更正목적에 적합할 수 있다. 왜냐하면 배상은 범죄자가 가한 손해와 합리적으로 관련되어 있어 범죄자가 보다 정당한 것으로 받아들일 수도 있기 때문이다. 뿐만 아니라 배상은 범죄자에게 죄를 인식하는 구체적 방법을 부여한다. 따라서 배상을 한 범죄자에게 부과된 낙인(stigma)은 수감된 범죄자보다 훨씬 적다.

---

46) Austin and krisberg는, 배상 및 화해의 프로그램은 ① 지금까지보다도 넓은 망, ② 지금까지보다 강력한 망, ③ 지금까지와는 다른 망을 창설할 것을 주장했다: J. Austin and B. Krisberg, The unmet promise of alternatives to incarceration. Crime and Delinquency, 28, 1982, p.377

마지막으로 배상 및 화해프로그램은 범죄피해자에게 만족을 가져다줄 뿐만 아니라 범죄자와 피해자 간의 관계회복·보상에도 도움이 된다.[47] 이처럼 피해자·범죄자 간의 화해 프로그램은 사회와 통하는 길이 될 수 있다.

한편 배상, 화해프로그램은 실제 운영하는 국가에 따라 보다 강한 통제·감독이 될 수 있고, 형기가 보다 장기가 되는 경우도 있을 수 있다. Hudson and Chesney는 3개월의 수감 후에 배상센터에 석방된 범죄자의 그룹과 형기를 교도소에서 복역한 범죄자 그룹을 비교하였다. 수감된 그룹의 24%가 재수감되었지만, 배상을 명한 그룹은 6%만이 재수감되었다. 그러나 석방조건위반을 이유로 교도소에 재수감된 자의 비율이 수감된 그룹에서는 10%인 데 반해 배상그룹에서는 40%였다.[48] 문제는 Hudson and Chesney가 가석방의 취소원인이 된 석방조건위반의 이유를 밝히지 않고 있다는 점이다. 가석방 조건은 일반적으로 배상명령과는 별도로 명령을 하는 것이 보통이다. 예컨대, 직업훈련 프로그램의 참가, 독서, 알코올·약물 치료프로그램의 참가 등을 들 수 있다.

배상명령을 선고받은 그룹은 교도소로부터 석방된 후 최초 6개월간을 배상센터에서 보낼 것을 의무화하고 있다. 배상명령을 선고받은 그룹은 최초 6개월 내에 50%가 가석방이 취소되었다. 이는 가석방의 조건에 관한 엄격한 감독과 통제 및 주거조건에 관한 제한이 높은 것이 실패의 원인이고, 배상명령만이 그 원인은 아니라는 것을 알 수 있다.

Hudson and Chesney의 결과에 반대하는 자는 Weitekamp이다. 그에 의하면 배상명령 그룹은 수감되어 보호관찰에 부하여진 그룹에 비하여 처음 2개월 동안 51%의 높은 취소율을 보였고, 그들 중 45.6%는 조건을 위반한 이유였다고 한다. 보호관찰에 부하여진 그룹은 보호관찰의 취소율은 30.8%이고, 이 중 보호관찰 조건위반을 이유로 취소된 자는 20.4%였다. 하지만 보호관찰에 부하여진 전 시간을 비교하면

---

47) R. Daniels, Making things right: An evaluation of a victim restitution program, Paper presented at the ASC Meeting. Chicago, 1988.

48) J. Hudson and S. Chesney, Restitution program model. In: B. Galaway and J. Hudson (Eds.), Offender restitution in theory and action, Lexington: DC Heath and Company, 1978, pp.131-148.

전혀 다른 양상이 나타났다. 배상명령이 선고된 그룹에서는 61.2%는 보호관찰의 시간을 성공적으로 마쳤고, 결국 재수감됨이 없이 종결되었음에 비해, 보호관찰을 선고받은 그룹에서는 그 성공률이 57.3%였다. 또한 배상명령을 선고받은 그룹에서는 보호관찰 취소의 주된 이유를 배상명령의 불이행으로 보고 있다. 결국 범죄자가 배상명령을 이행하지 않으면 안 된다는 것을 뉘우치는 데는 어느 정도 시간이 걸리고, 범죄자 중에는 배상명령을 이행하는 것을 대단하게 생각하는 자도 있다고 한다.

배상 및 화해를 통한 범죄해결은 범죄자에게 불리하며, 결국 '사회통제망 확장효과'(net widening effect)를 초래할 위험이 있다.[49] 하지만 이러한 위험성은 비록 피의자에게 불리할지 모르지만 피해자의 이익을 위해서는 불가결하다는 이유에서 크게 지지를 얻지 못하고 있다. 실제적으로 독일의 경험 연구에 의하면, 배상 및 화해의 내용을 형법 46조 a에 편입할 당시에 염려했던 '사회통제망 확장효과'(net widening effect)는 나타나지 않았다고 한다.[50]

3. 배상 및 화해 프로그램이 범죄자의 사회복귀에 미치는 효과

배상 및 화해프로그램은 범죄자의 사회복귀에 어떤 영향을 미치는지가 중요하다. 이에 대하여 Hudson and Galaway는, ① 배상이라고 하는 제재는 손해와 합리적·논리적으로 관련되어 있고, ② 배상명령을 선고받은 범죄자는 항상 그 목표의 달성과 관련하여 스스로 어떤 어디에 위치하는가를 알고 있고, ③ 배상명령을 선고받은 범죄자에게 적극적으로 참가할 것을 요구하고, ④ 배상명령은 스스로 범한 잘못을 속죄하는 구체적 방법을 제공하고, ⑤ 낙인(stigma)을 지역사회의 구성원들로부터 보

---

49) Kevin I. Minor and J. T Morrison, A Theoretical Study and Critique of Restorative Justice, in: Restorative Justice: International Perspectives, edited by Burt Galaway and Joe Hudson, Monsey, NY, U. S. A., Criminal Justice Press, 1996, p.127.

50) H. Schöch, Die Rechtswirklichkeit und präventive Effizianz strafrechtlicher Sanktionen, in: M. Jehle(Hrsg.), Kriminalprävention und Strafjustiz, 1996, S. 301.

다 긍정적인 반응에 의해 해소될 수도 있다는 등을 주장하면서 범죄자가 사회복귀를 하는 데 있어 도움을 주고 있다고 한다.[51]

　문제는 배상과 화해의 과정에 피해자의 참가 여부이다. 대부분의 경우 배상과 화해의 과정에 피해자의 적극적 참가는 모두가 원하고 있다.[52] 피해자가 이 과정에 적극적으로 참가하는 마음이 있는지 없는지 여부는 현재의 화해프로그램에 있어 중요한 하나의 평가대상이 된다. Umbreit의 실제조사에 의하면 피해자의 60%가 참가하였고. 특히 Indiana 주의 Valparaiso에서는 10개 중 9개가 성공적으로 이루어졌다고 보고하고 있다.[53] 한편 Umbreit는 1985년부터 1986년까지 1년 동안 Minneapolis에서 실시한 조사에서 피해자의 84%, 가해자의 64%가 참가하여 128건이 합의되어 이 중 78%가 성사되었다고 한다.[54] 같은 결과가 Coates and Gehm에 의해서도 확인되었다. 그들의 연구에서는 피해자의 28%, 범죄자의 2%가 서로 만나는 것을 거부하였다.[55] 참가자의 95%는 계약을 하였고, 그 계약의 90%가 1년 내에 범죄자에 의해 이행되었다. 대체로 일단 당사자가 만나기만 하면 거의 합의가 성사되고, 합의 내용은 1년 내에 이행되는 것으로 나타났다.[56]

　문제는 조폭범죄의 피해자가 이 프로그램에 참가하는 것에 동의하는지의 여부이다. 조폭범죄의 경우에는 피해자의 정신적인 상처가 크기 때문에 참가율은 훨씬 저조할 것으로 예측된다. 문제는 이러한 종류의 범죄를 취급하는 화해프로그램은 없

---

51) J. Hudson and B. Galaway, Undoing the wrong, Social Work(19), 1974, pp.313-318.
52) 그러나 Galaway는, ① 피해자는 형사절차로부터 사적이익을 추구할 수 없고, ② 피해자의 참가는 양형의 원래의 목표와 어긋날 수 있고, ③ 피해자는 형사사법에 관여하는 담당자에 의해 일반적으로 괴로움(nuisance)을 당할 수 있다는 이유 등으로 피해자의 참가를 반대하고 있다: B, Galaway, Victim-Participation in the penal collective process, Victimology(10), pp.617-630.
53) M. Umbreit, Victim offender mediation: A national survey. Federal Probation, 50, 1986, pp.53-56.
54) Umbreit·Coates·Voss, Restorative Justice Dialogue: Annotated Bibliography of Empirical Studies on Mediation, Conferencing And Circles, University of Minnesota, 2003, p.4.
55) R. Coates and J. Gehm, An empirical assessment. In: M. Wright & B. Galaway(Eds.), Mediation and criminal justice: Victim, offender and communities, London: Sage, 1988, pp.253-265.
56) Umbreit·Coates·Voss, 위의 논문, pp.1-37.

고, 조폭범죄의 경우 화해 프로그램의 참가율이 어느 정도 되는 가는 앞으로 기대된다.

피해자가 보복이 두려워 참가를 거부하는 경우도 있지만 대부분 피해자는 그가 화해프로그램에 참가하면 범죄자의 형기가 단축되고, 자유형이 선고되지 않는 경우가 있다는 것을 알고 있기 때문에 화해과정에 참가한다. 가장 설득 있는 결과는 Coates에 의해 취득된 것이다. Coates는 화해프로그램에 관하여 Indiana와 Minnesota에 참가한 피해자의 97%는 제2의 피해를 입은 경우에도 이 프로그램에 다시 참가할 의사가 있다고 보고하고 있다. 특히 피해자는 범죄자와 만남으로써 피해에 관한 정보를 획득할 수 있을 뿐만 아니라 범죄자의 행동을 통하여 숨겨진 동기를 알 수 있다는 점에서 만족하고 있다.[57]

배상 및 화해프로그램이 범죄자의 개선 및 효과에 관한 중요한 측면은 이 프로그램이 피해자와 범죄자와의 관계회복·배상(atonement)에 도움이 될 것인가의 여부와 범죄자, 피해자, 사회일반인에게 만족을 줄 수 있는지이다. 대부분의 연구자들은 화해프로그램에 관심을 집중하였다. 이는 피해자·범죄자 간의 화해프로그램이 보호관찰 또는 가석방 시에 부가하는 배상명령보다도 그 효과 면에서 좋은 평가를 받고 있다는 사실이다. 배상 및 화해프로그램이 범죄자, 피해자 및 사회일반인의 만족도에 미치는 효과를 평가하는 방법은 '피해자영향진술서(Victim impact statement)'를 이용하는 것이 좋다고 본다.[58] 즉 범죄피해자가 양형절차에 있어서 범죄자에게 어떠한 형벌을 부과할 것인가에 관하여 의견의 진술할 기회를 부여하자는 것이다. '피해자영향진술서(Victim impact statement)'의 이용률은 약 68%로 1986년 뉴욕 주에서 최초로 시행된 이후 계속 증가하고 있다. 이 진술서를 활용하는 경우에는 보통

---

57) R. Coates, Victim offender reconciliation programs in North America. In: B. Galaway & J. Hudson(Eds.), Criminal justice, restitution, and reconciliation, Mounsey: Criminal Justice Press, 1990, pp.245 – 265.

58) 뉴욕 주에서 1985년에 도입되어, 1986년에 30,331명이 피해자 중에서 20,654명이 이용하였다; J. Poklemba and C. Abate, Restitution in New York State: Recommendations for improvement, A joint report to the Governor and the Legislature, Albany: Division of Criminal Justice Services, 1988; 이에 관한 자세한 사항은, 박상식, 회복적 사법에 관한 연구, 경상대학교 박사학위논문, 2004, 32 – 35쪽 참조.

피해자와 범죄자가 서로 만나지 않는다. 하지만 피해자는 피해내용을 법원에 서면으로 보고하고, 이에 검사와 법관은 서면으로 피해의 정도를 알고 배상명령을 선고할 수 있는지 여부를 판단한다.

Umbreit는 보통 피해자가 화해프로그램에 참가하는 이유를 순위를 정하여 보고하였다. 이 중에서 가장 우선순위는 피해자가 피해를 회복할 수 있다는 희망이고, 다음으로는 범죄자를 도울 수 있다는 희망이고, 마지막으로 범죄자의 숨겨진 동기를 밝혀내어 스스로의 욕구불만(frustration)을 해소할 수 있다는 것에서 찾는다.[59] 범죄자가 화해절차에 참가하는 이유는, 피해자가 범죄자의 말을 들어줄 것이라는 기대, 단기자유형의 회피, 배상명령을 통한 현실적인 피해의 회복이 가능하다는 것이다.

또 다른 Umbreit의 연구에 의하면, 피해자는 화해프로그램에 참가하도록 압력을 받지는 않았지만, 다수의 범죄자는 화해프로그램에 참가하도록 압력을 받았다고 보고하고 있다. 화해·중재과정에 참가한 범죄자의 83%는 화해과정의 결과에 상당히 만족하고 있다고 보고하고 있지만, 피해자가 상당한 만족을 한다고 주장한 자는 59%였다. 화해의 결과에 일부만족 한다고 보고한 피해자는 30%이지만, 11%는 만족하지 않는다고 보고하고 있다. 97%의 피해자는 화해프로그램에 다시 참가할 수 있다고 한다.

Daniels는 피해자·범죄자 간의 화해 프로그램에 참가한 21명의 그룹과 통상의 형사사법절차에 관여한 25명과 비교하였다. 샘플이 적지만 그 결과는 많은 정보를 제공해 주고 있다. 화해·중재 참가자의 평균연령은 41.4세인 데 반해 비참가자의 평균연령은 50.8세였다. 질문 시에 이미 양 그룹의 33%가 2차 피해를 입고 있었다. 화해 프로그램의 참가자 76.1%는 그 결과에 만족한다고 함에 반해 통상의 형사사법절차에 의해 처리된 자는 그 16.7%만이 결과에 만족했다고 한다. 또한 화해프로그

59) 한편 이와 반대로 피해자가 참가하지 않는 이유를, ① 참가의 부담이 오히려 손해를 입은 것보다 훨씬 높고, ② 범죄자를 만나는 것이 두렵고, ③ 이미 사적으로 배상에 관한 계약이 체결되었고, ④ 범죄 후 범죄자와 만나는 시간이 너무 많이 걸린다는 것이다: M. Umbreit, Victim offender mediation: A national survey, Federal Probation, 50, 1986, pp. 53-56.

램 참가자 44.5%는 범죄자와 만나 피해를 입었던 과정(victimization)에 대해서 보다 잘 이해하고 있다고 하는 데 반해, 통상의 형사사법 절차를 통한 제어그룹은 8.3%에 불과했다.[60)]

피해자·범죄자 간의 화해 프로그램을 완료한 피해자와 범죄자는 전통적 형사사법절차를 통과한 경우보다도 만족도가 높다는 것은 명확하다. 따라서 이 연구는 전통적인 제재에 비해 범죄자의 사회복귀에 투자하는 정도가 높다고 결론지을 수 있다. 화해 프로그램은 피해자가 피해를 입었던 원인과 가해자를 이해함으로써 피해자뿐만 아니라 범죄자의 만족도를 높이는 계기를 마련하게 된다. 그러나 중요한 것은 화해프로그램이 지금까지 전형적인 비행소년에 의한 범죄자, 초범자 및 재산범죄자에 초점을 둔 것이라고 할 수 있다. 그러나 이 프로그램이 정말로 가치가 있으려면 소수그룹, 대도시출신, 중대한 범죄를 범한 범죄자도 포함하는 경우일 것이다.

4. 배상, 화해 프로그램의 재범률

대부분 배상, 화해프로그램에 대한 평가의 관심은 피해자와 범죄자의 만족도, 피해자가 제2의 피해를 당한 경우 피해자는 또다시 화해프로그램에 참가할 것인지의 여부에 있다. 따라서 피해자·범죄자 간의 화해프로그램의 참가자에 대한 재범률에 관한 정보를 찾는 것은 무익할 수도 있다. 그러나 최근엔 재범률에 대한 화해프로그램의 효과가 주목을 받고 있다. 왜냐하면 이 화해프로그램의 성공 여부는 보통 재범률에 의해 평가되기 때문이다. 특히 이 프로그램을 강력범죄에까지 확대하여 재범률이 낮아진다는 것을 밝히면 성공한 프로그램이라 할 수 있다.

배상 및 피해자·범죄자 간의 화해 프로그램에 있어서의 장래의 평가는 재범의 측면에 중점적인 초점을 맞추어야 한다. 왜냐하면 이의 '성공' 여부가 배상 및 화해 프로그램의 장래에 있어서 가장 중요하기 때문이다.

---

60) R. Daniels, 앞의 글, 1988.

이러한 재범률에 관한 조사는 제대로 이루어지지 않다가, 1978년 Chaleen and Heinlein의 Win-Onus 프로그램에서부터 본격화되기 시작하였다. 그들에 의하면 배상프로그램에 참가한 800인 이상의 사람들 중에 5년 이내에 타죄를 범한 자는 불과 2.7%에 불과하였다고 보고하고 있다.[61] 이와는 반대로 Hudson and Chesney는 미네소타 배상센터에서 취급하였던 자의 46%는 2년간의 기간 내에 다시 수감되었다고 한다.[62] 재수감된 이유는 상당수의 범죄자가 가석방의 조건위반이었다. 미국법무성은 수감형을 선고받고 석방 후 3년 이내에 41.4%의 자는 다시 교도소에 수감되었다고 보고하고 있다.[63]

Roy는 화해로 인한 손해배상과 법원명령의 손해배상을 비교해 보았는데, 두 프로그램 모두에서 범행 후 2년 동안 초범의 비행소년인 경우 재범률이 27%, 재범일 경우에는 42%였다.[64] Umbreit가 실시한 4곳의 미국 소년프로그램들에 대한 최초분석에 의하면, 화해집단과 통제집단 간에 1년 안에 재범을 일으킬 가능성은 각각 18%와 27%였다. 중한 죄를 범한 성인을 다루는 프로그램에선 44%의 참여자가 2년 내에 다시 죄를 범하였고, 통제 집단에서는 56%가 다시 죄를 범했다.[65]

최근에는 Latimer, Dowden, Muise 등은 27곳의 VORP프로그램과 8곳의 FGC프로그램에 대한 총체적 분석을 실시했다.[66] 35곳의 계획들 중에서 32곳에서 재범률을 측정해 보았다. 총체적 분석에 의하면 프로그램들 가운데 3분의 2 이상에서 긍정적

---

61) D. Challeen and J. Heinlein, The Win-Onus Restitution Program, In: B. Galaway & J. Hudson(Eds.), Offender restitution in theory and action, Lexington: DC Heath and Company, pp.151-160.

62) J. Hudson and S. Chesney, Restitution program model. In: B. Galaway & J. Hudson (Eds.), Offender restitution in theory and action, Lexington: DC Heath and Company, 1978, pp.131-148.

63) U. S. Department of Justice, 1989.

64) S. Roy, Two Types of Juvenile Restitution Programs in Two Midwestern Counties: A Comparative Study, Federal Probation, 1998, pp.48-53.

65) M. Umbreit, Victim Meets the Offender: The Impact of Restorative Justice and Meadition, Criminal Justice Press, 1994.

66) J. Latimer, C. Dowden and D. Muise, The Effectiveness of Restorative Justice Practices: A Meta-Analysis(Department of Justice, Ottawa), 2001.

인 효과를 나타냈고, 이러한 사실은 프로그램들이 재범을 낮출 수 있다는 것을 의미한다. 32곳의 프로그램 전체적으로는 7%의 재범률 감소를 보였다. 하지만 이번 분석에서는 범죄자의 어떠한 개인적 기질들을 통제하지 않았다.

대부분의 연구자들에 의하면, 배상, 화해프로그램의 효과들이 아직은 결정적이지도 않고, 재범의 감소에 대해서는 정확하지 않다. 하지만 개별적인 연구들에서 나온 자료들을 보거나 통계를 보면 장래에 범행을 크게 감소시킬 것이라는 기대를 하여도 무리는 아닌 것 같다.

Ⅳ. 배상, 화해프로그램의 문제점과 실현 가능성

1. 배상, 화해프로그램의 문제점과 개선방안

판결 이전에 화해와 조정을 통하여 범죄를 해결하는 것도 제재형태를 띠므로 형벌의 하나라 할 수 있다. 유럽집행위원회는 이러한 형벌들을 '공동체 내의 제재'라고 부르고 있다. 아마 범죄의 당사자와 시민단체가 사건 해결에 참여하기 때문인 것 같다. 배상과 화해를 통한 범죄해결은 진정한 의미에서 형벌의 분산이라고 할 수 있고, 형벌의 집행이 교도소라는 고정관념을 타파한다. 하지만 범죄자는 열린 공간에서 다시 자신에게 주어진 형벌을 책임져야 한다.

문제는 이러한 방법으로 범죄를 해결할 때 나타나는 가장 큰 문제는 그물확장(net widening)[67]의 위험성이 나타난다는 것이다. 이러한 배상적 형벌은 벌금형의 대안으로 이용되고, 열린 공간에서의 형벌로 인해 재앙에 가까운 파국이 올지도 모른다고

---

67) S. Cohen, The Punitive City: Notes on the Dispersal of Justice, Contemporary Crises 3, 1979, pp.339－363.

걱정한다.[68] 또한 배상과 화해라는 형벌은 개인의 자유를 침해하고, 도저히 받아들일 수 없는 계약을 가할 경우 형벌을 받은 당사자의 두려움은 더욱 커질 수 있다.

지금까지의 배상과 화해의 프로그램을 분석한 결과 다음과 같은 문제점이 있음을 알았다. ① 대부분 배상과 화해프로그램은 구체적인 목표가 설정되어 있지 않았고, ② 배상과 화해프로그램이 가져다주는 진정한 효과를 예측하는 것이 불가능하였고, ③ 강력한 통제망을 갖추지 못하였고, ④ 재범률을 거의 무시하였다는 점이다.

북미에 있어서 화해프로그램은 혼란을 해소하기보다는 오히려 혼란을 가중시켜 문제를 발생시켰다는 지적도 있다. 따라서 앞으로 배상과 화해프로그램을 발전시킬 방향을 제시하고, 이 방향의 진행을 위해 무엇을 해야 할 것인가를 결정하는 일이 중요하다고 본다. 동시에 그들 프로그램의 평가에 관한 연구를 어떻게 하면 개선할 수 있을 것인가의 전략을 세우는 것이다.

우선적으로, 형사사법제도에서 배상과 화해프로그램을 실시함에 있어 시기와, 대상자, 선택기준과 목표를 명확하게 설정하여야 한다. 즉 배상과 화해프로그램을 실시함에 있어 형사사법의 어떤 단계가 최적인지를 결정하는 것이 중요하고, 동시에 배상, 화해프로그램을 국가, 지방자치단체, 사적 조직 가운데 어디에서 운영할 것인지를 결정하여야 한다. 우선적으로 형사절차 이전단계에서는 당사자들 간의 합의에 의해 처리되거나 피해자의 독단적인 판단에 의해 형사사법절차에 흡수되지 않는 것이 가장 이상적이라 본다. 물론 이러한 경우에는 경범죄를 대상으로 하여야 하겠다.[69] 수사단계에서는 경미한 범죄를 대상으로 검사가 범죄자를 배상, 화해 프로그램에 참가하도록 권장하여 만약 성공하면 공소를 취소하여 사건을 종결시킨다. 법원단계에서는 보호관찰을 통한 배상명령으로, 형집행 단계에서는 배상과 화해센터에 가석방의 형태로 운용하는 것이 이상적이라고 본다.

---

68) A. Khun, Les effets possibles de la révision du drot suisse des sanctions, Revue pénale suisse, 1999, pp.290－307.

69) 예컨대, 교통사고 합의, 피해자의 미신고, 학교 내에서의 비행사건에 대한 자체처리 등을 들 수 있다.

한편 배상, 화해의 대상범죄도 중요하다. 예컨대, 미네소타 주의 센터에서 이용되고 있는 배상 및 화해중재프로그램에 회부된 자의 선택기준을 보면 배상 및 화해프로그램에 회부된 범죄자는 재산범죄에 국한하고, 5년 이내에 강력범죄를 범하지 않고, 마지막 범행 시에 흉기를 휴대하지 않는 자일 것을 요건으로 하고 있다. 대부분 재산범죄를 중심으로 경미한 범죄에 한정하여 시행하고 있다. 이에 반해 필라델피아에서는 범죄경력을 가진 자도 포함하고 있고,[70] 중한 범죄, 대도시 지역 출신자를 중심으로 운영하고 있다. 이럼에도 불구하고 미네소타에 비해 재수감된 비율은 낮다.

또한 재범의 실태를 분석하는 것이 무엇보다 중요하다. Hudson and Chesney가 분석한 것을 보면 재범률은 46%이다. 그러나 새로운 범죄를 범하여 형을 선고받아 수감된 자의 비율은 6%이다. 재수감된 범죄자는 소위 '프로그램에 회부된 실패 자'들이다. 결국 배상 프로그램에 참가하지 않았다고 해서 재수감되는 것은 아니라는 것을 의미한다. 배상의 목적은 자유형 및 전통적 형사사법절차를 대신하는 기능을 하지만, 이들의 결과를 보면 원래의 목적을 다하지 못하고 있다. 미국의 경우 검찰의 단계에서 비공식적인 배상프로그램과 화해프로그램이 잘 이용되는 것은 미네소타 주에서 실시하고 있는 전과자들을 대상으로 하는 경우이다. 이 경우에 '프로그램에 회부된 실패 자'의 발생률이 높은 사태를 피할 수 있다고 보고 있다.

배상 및 화해프로그램에 관한 연구에는 방법론상의 문제가 있다. 연구자는 애매하게 정식화된 목표를 평가하는 것 외에 표면적인 성공의 기준에 초점을 맞추고 있기 때문에 중요한 쟁점을 무시하고 있다. 따라서 미국과 캐나다는 정치가는 물론 자금을 제공하는 행정청이 배상과 화해프로그램의 실시 후에 즉시 이 프로그램의 성공에 관한 정보를 요구하고 있다.

문제는 화해프로그램 실시 후에 성공 여부를 평가하는 시간이 걸리는 데도 그 정보를 즉시 제공하도록 하기 위하여 새롭게 시작한 프로그램의 성공 여부를 확인할 시간이 없다. 그 때문에 주도면밀한 프로그램을 발전시키는 것은 불가능하다. 이 과정에서 좋지 않는 효과는 이들 프로그램의 성공이 보고되고 있지만 이 보고는 근거

---

70) 평균 3.72회 체포, 평균전과 경력 1.67%회, 이전 수감된 평균회수 0.41회.

가 없다고 할 수 있다. 그 성공에 관한 정보는 종종 표면적인 것에 그치고, 잘못된 출발점(misleading)의 전형이라 할 수 있다. 미국과 캐나다의 형사사법에 관한 행정관료들의 좁은 시야 때문에 현재의 배상 및 화해프로그램에 관한 한계와 결함이 있다.

2. 우리나라에 있어서 실현 가능성

현재의 우리의 법 수준은 1970년의 전후를 시작으로 배상과 화해를 도입한 국가들의 당시의 법 수준보다 결코 뒤떨어지지 않는다고 본다. 그렇다고 해서 지금 우리나라에서 배상과 화해를 통한 범죄해결이 성공할 여부는 의문이다.

우리나라는 자신의 실수나 잘못을 인정하지 않는 태도, 양보와 타협 정신의 실종,[71] 법규에 승복하지 않고 각종 고소·고발 사건이 난무하는 '訟事 공화국'이라는 오명까지 얻고 있다.[72] 이 같은 고소·고발의 남발로 우리나라 고소 사건은 인구 10만 명당 1,058사건으로 일본의 124배(10만 명당 8.5건)에 달하고 피고소인 숫자도 일본의 53배나 달하고 있다. 이러한 통계로 볼 때 사실상 시기상조일지 모른다.

그러나 배상, 화해는 원래 중국[73]과 한국 등 동양의 전통적인 풍습이라 할 수 있고, 근대화와 산업화라는 이름 앞에 잠시 보관된 상태에 있다고 보인다. 아직까지 우리나라 출소자의 재입소율은 줄어들지 않고 53%에 육박하며, 교도소는 '제2의 범죄학교'라는 오명과 함께 국민의 불신이 상존하고 있다.[74]

재범률의 증가[75]와 교도소 수용인원의 과밀화[76]는 현재의 응보적인 형벌 정책으

---

71) 진주 지역 범죄피해자지원센터에 접수된 201건 가운데 화해와 중재로서 해결된 것은 4건에 불과하다.

72) 대판, 1986. 7. 22, 86도 1140에서 피해자에게 "입을 찢어 버릴라"라고 한 사건이 대법원까지 사건이 올라왔다는 것은 아주 작은 예이지만 우리나라의 소송 수준을 알 수 있다.

73) 전통적으로 중국사회에서는 불만을 가진 사람들이 서로 건배하고 조정자에게 감사를 표시하는 차 의식(tea ceremony)으로 사건을 해결하였다.

74) 1999-2001년 재입소율 55.9%, 1997-1998년 재입소율 48.6%, 1994-1996년 재입소율 54.3%로 여전히 반 이상이 다시 죄를 짓고 있다: 법무부, 교정공무원 입법안, 2005. 7, 1쪽 참조.

로는 한계에 도달하였다고 볼 수 있다. 특히 교도소의 수용인원의 증가로 인한 막대한 예산의 투입은 피해자의 보호에 소홀할 수밖에 없다. 2004년 법무부 예산 1조 4천억 원 중 약 47.5%인 6천 7백억 원이 교도행정에 배정되어 있는 현실을 보면 국가적으로 사회적으로 문제가 아닐 수 없다.[77] 따라서 형사사법 기관의 업무부담 경감, 교정시설의 과잉수용 문제해결, 범죄피해자 보호대책 수립, 국가 예산문제, 형사사법에 대한 신뢰회복 등이 시급한 과제로 지적되는 만큼 이제 우리나라도 배상과 화해의 형사사법시스템을 도입할 때가 되었다고 보인다.

V. 결 론

어떤 "명판결보다 화해가 낫다"는 말이 있듯이, 이제 배상과 화해라는 새로운 형사시스템은 형벌의 대체로서의 기능을 하는 추세로 가고 있다. 물질적으로나 정신적으로 누군가에게 피해를 입히거나 사회에 손해를 끼쳤다면, 그 손해가 실질적이든 추상적이든 그에 대한 처벌은 정당하다. 손해를 입힌 만큼 배상하게 하는 것이 공정한 처벌이다. 오늘날 각국은 국가위주의 일방적인 처벌에서 '열린 공간'에서 배상과, 화해를 통하여 범죄를 해결하자는 새로운 구조가 나타나고 있다.

지금까지 외국의 배상과 화해의 프로그램을 분석해 본 결과, 대부분의 프로그램

---

75) 경찰청에 따르면 2002년 경찰에 검거된 전체 피의자 194만 2,987명 중 64.3%(124만 9,727명)은 과거에 한 차례 이상 범죄를 저질렀고, 19.8%(38만 4,927명)은 같은 범죄를 다시 저지른 것으로 집계됐다: 경찰청, 2003년 통계 참조.

76) 2005년 4월 현재 교도소 수용인원은 55,016명으로 2003년 58,945명, 2004년 57,184명으로 약간 감소되고 있지만 여전히 적정수준을 초과하고 있다: 자세한 사항은, 열린 우리당, 교정청 법안, 2005. 6, 8쪽 참조.

77) 2005년도에는 법무부 예산 1조 7,218억 중 교정국 예산이 8,162억으로 47.4%를 차지하고 있다.

에서 높은 만족도를 달성했지만, 재범률의 감소나 범죄자의 삶에 긍정적인 변화를 가져오는지는 증명하지 못한 것 같다. 하지만 몇몇의 경우에는 재범률이 크게 감소된 경우도 있었다. 피해자의 참여, 가해자에 의한 진실한 사죄와 죄책감의 표현, 의사결정에의 공평한 참여, 결정사항에 대한 동의들이 재범률의 감소와 깊은 관련이 있다.

대부분의 국가에서 배상과 화해프로그램에 관한 입법상의 노력이 있었지만 거의 체계적이지 못하다는 비판을 받았다. 특히 미국은 배상과 화해를 촉진하는 많은 법률과 절차가 주 또는 지방의 의회에서 통과되었지만 대부분 비체계적으로 운영되고 있다.

한편 화해프로그램에 참가하는 자의 적정성 여부의 판단기준이 너무 엄격하게 규정된 결과로 인하여 이 프로그램에 참가하는 전형적인 범죄자는 초범자, 재산범죄자, 중산계급층, 비행소년, 소도시 지역의 출신자들이다.

중요한 것은 현재의 배상과 화해프로그램의 교도소의 인구를 감소시키지 못하고 오히려 증가시키고 있다는 비판도 하고 있다. 뿐만 아니라 배상, 화해프로그램의 평가가 너무 빈약하고, 프로그램의 성공 여부를 판단하는 기준이 너무 형식적이다. 이 평가에서 가장 무시되고 있는 측면은 배상과 화해 프로그램에 참가한 범죄자의 재범률이다. 현재 대부분의 국가에서는 배상과 화해프로그램이 전통적인 형사절차와 자유형을 대신할 수 있는지를 명확하게 밝혀내지 못하고 있다.

어떠한 제도라도 완벽할 수는 없다. 배상과 화해프로그램도 예외는 아니다. 하지만 앞에서 제시된 문제점들을 하나하나 보완하고 다듬으면 자유형을 대신할 수 있을 뿐만 아니라 재범의 예방하는 데 있어 큰 역할을 할 수 있다고 본다.

범죄는 지역사회에서 출발하였기 때문에 범죄자 역시 지역사회로 되돌아가야 할 곳이기 때문에 지역사회의 도움이 절대적으로 필요하다. 그렇기 때문에 반드시 필요한 것이 범죄자의 배상과 화해이다.

배상과 화해는 지금까지의 징벌적 형사시스템을 새롭게 변모시키고, 공동체를 건설하고, 풀뿌리 민주주의를 강화시키는 등 긍정적인 기회들로 탈바꿈시킬 수 있는 엄청난 잠재성을 지니고 있다고 본다. 그러한 잠재성이 아직까지는 대부분의 형사사법 기관이나 연구에서는 발견되지 않고 있는 것이 사실이다. 따라서 앞으로 인식되지도 않았고 제대로 알지도 못하는 잠재성을 밝혀내는 것이 우리들의 임무인 것 같다.

참고문헌

박상식, "회복적 사법에 관한 연구", 경상대학교 박사학위논문, 2004.

이승호, "형벌로서의 배상제도에 관한 연구", 피해자학연구(제7호), 1997.

Elliott Currie 저ㆍ이백철 역, 미국의 범죄와 형벌, 학지사, 2004.

西村春夫, 回復的 司法の理念と實踐, 刑法雜誌 제41권 제2호, 일본형법학회, 2002.

S. Roy, Two Types of Juvenile Restitution Programs in Two Midwestern Counties: A Comparative Study, Federal Probation, 1998.

B. Galaway, Restitution as an integrative punishment, In : R. Barnet & J. Hagel (Eds), Assessing the criminal, Cambridge : Ballinger, (1977b).

B. Galaway, Toward the rational development of restitution programming, In : J. Hudson & B. Galaway (Eds), Restitution in criminal justice, Lexington : DC Heath and Company, 1977.

D. Salas, Le retour des victimes, Le Monde des débats, 2000.

E. Sutherland ㆍ D. Cressey, Principles of criminology(6th edition), Chicago : Lippincott, 1960.

E. Viano, Victims, offenders, and the criminal justice system. In : B. Galaway & J. Hudson (Eds.), Offender restitution in theory and action, Lexington : DC Heath and Company, 1978.

E. Weitekamp, Restitution : A new paradigm of criminal justice or a new way to widen the net of social control? Ann Arber : University Microfilms, 1989.

G. Geis, Restitution by criminal offenders : A summary and overview, In : J. Hudson & B. Galaway (Eds.), Restitution in criminal justice Lexington : DC Heath and Company, 1977.

H. Edelhertz, Legal and operational issues in the implementation of restitution within the Criminal Justice System, In : J. Hudson and B. Galaway (Eds.), Restitution criminal justice, Lexington : DC Heath and Company, 1977.

J. Austin · B. Krisberg, The unmet promise of alternatives to incarceration, Crime and Delinquency, 28, 1982.

J. Hudson · B. Galaway, Financial restitution : Toward an evaluable program model, Canadian Journal of Criminology, 31, 1989.

J. Latimer, C. Dowden and D. Muise, The Effectiveness of Restorative Justice Practices: A Meta-Analysis(Department of Justice, Ottawa), 2001.

J. M, Chaumont, Du Culte des héros à la concurrence des victims, Criminologie(33), No.1, Montréal, 2000.

Leena Kurki, Evaluating Restorative Justice Practices, in : Hirsh · Roberts · Bottoms · Roach and Schiff(ed.), Restorative Justice & Criminal Justice, Hart Publishing, 2003.

N. Christie, Conflicts as property, British Journal of Criminology(17), 1978.

R. Daniels, Making things right : An evaluation of a victim restitution program, Paper presented at the ASC Meeting. Chicago, 1988.

S. Cohen, The Punitive City: Notes on the Dispersal of Justice, Contemporary Crises 3, 1979.

S. Schafer, The Victim and his Criminal, 1968.

Simonsen, Juvenile Justice in America, 3rd. ed., New York: Macmillan Publishing Company, 1991.

W. Tallack, Reparation to the injured and right of victims of crime compensation. London : wertheimer, Lea and Co, 1900.

제6부 범죄피해자와 회복적 사법의 모델

제6부
범죄피해자와 회복적 사법의 모델

Ⅰ. 들어가는 말

현행 형사사법의 시스템으로 피의자의 인권을 침해하지 않으면서 범죄피해자의 지위를 보장하고 재범을 줄이는 방법은 없을까? 많은 방법이 있을 수 있지만 현재의 형사사법시스템으로서는 어렵다고 본다. 왜냐하면 현행 형사사법은 범죄자 권리 위주로 구성되어 있기 때문이다. 이러한 현상은 수사기관의 범죄자에 대한 인권침해의 문제가 대두되자, 우리 형사사법이 범죄자의 권리를 최대한 보호하려는 위주로 진행되어 왔기 때문으로 보인다.

그동안 범죄피해자는 '주변적 존재'(Randfigur)[1] 내지 '잊혀진 존재(Vergessene Figur)'[2]로 취급받아 온 것은 사실이다. 즉 범죄문제의 해결에 있어서 피해자는 그저 제3자에 불과하였다. 형사사법에 있어서 범죄자의 권리를 보호하면서 그들의 책임을 묻는 것이 형사사법의 기본적인 임무이다. 그러나 피해자에 대한 고려 없이는 형사사법의 올바른 집행은 물론 효과적인 범죄예방을 기대하기 어려울 것이다.

범죄는 범죄자와 피해자의 상호관계를 둘러싸고 발생하는 사회현상의 일종이다.[3] 그럼에도 불구하고 우리 형사사법은 오직 범죄자의 권리 신장에 대하여만 관심을

---

1) Heike Jung, Die Stellung des Verletzten im Strafprozeß, ZStW 93(1981). S. 1148.
2) Thomas Weigend, Viktimologische und kriminalpolitische Überlegungen zur Stellung des Verletzten im Strafverfahren, ZStW96, 1984, S.761; 高橋 則夫, 修復的司法の探求, 成文堂, 2003, 22쪽.
3) 加藤久雄, 瀨川晃, 刑事政策, 現代靑林講義, 36쪽.

가졌다. 자유민주주의 국가에서 범죄피해자를 방치하는 것은 또 다른 피해자를 양성하는 결과를 초래한다. 피해자의 권리를 고양하는 것은 불필요한 응보 감정을 자극하여 형사사법제도의 보수화를 초래할 위험성도 있다. 하지만 현재의 형사사법의 발전을 볼 때 범죄자의 인권을 보장하는 정책과 피해자의 권리를 구제하는 정책과의 균형을 필요로 하는 시기를 맞이했다고 본다.

이러한 시대에 피해자는 범죄자의 그늘에 숨어 고통을 감수하는 존재가 아니라 당당하게 자신을 권리를 주장하고 보호받아야 할 대상으로 되어야 한다. 최근 형사정책의 국제적 동향도 형사사법의 중점을 범죄자 중심에서 피해자 중심으로 바뀌어 가고 있다.[4] 이러한 변화를 중심으로 피해자를 중점적으로 다루는 피해자학을 하나의 학문으로 보고 있다.[5]

그러나 피해자를 지원·보호하는 데 있어 국가가 전적으로 담당하는 것은 한계가 있다. 국가가 범죄자를 반드시 처벌하는 것만이 피해자를 돕는 것이라는 생각은 잘못된 믿음이다. 범죄자를 석방하는 것이 위험하다고 주장하는 것만큼이나 그들을 구속시키는 것도 당장 해고된 사람이 느끼는 절망감과 마찬가지로 피해자를 위험에 빠뜨릴 수 있다.

그러면 어떻게 하면 범죄피해자를 도울 수 있는 방법일까? 여러 가지 방법이 있겠지만 가장 우선적으로 필요한 것은 현재의 형사사법 시스템을 고치면서 피해자를 소송의 주체적 지위로 편입하는 것이라고 본다. 이렇게 하여 형벌을 통한 범죄자의 처벌보다는 범죄자와 피해자의 화해를 통하여 사회통합을 하는 형사사법의 근본적 전환이 이루어져야 한다고 본다.

이러한 형사사법의 전환의 시발점이 바로 회복적 사법이라 볼 수 있다. 회복적 사법은 범죄를 법익침해로 보는 것이 아니라 피해자 침해 또는 지역사회의 침해라고 이해한다. 따라서 단순히 국가가 피해자를 무시하고 범죄자를 처벌함으로써 형

---

4) 平山幹子, わが國べの'刑事和解'モデルの導入に向けて, Japan Criminal Policy Society, 1997年, 1쪽.
5) 피해자학(Viktimologie)은 1950년대 이후 새로이 등장한 학문 영역으로, 종래의 범죄자를 중심으로 범죄원인을 규명하는 입장으로부터 피해자를 중심으로 범죄원인을 파악하여 피해자화 방지 및 피해자 보호대책을 탐구하는 학문을 의미한다.

사사법의 목적을 실현하는 것이 아니라, 피해자를 형사사법의 주체로 편입하여 범죄자와 피해자가 중심이 되어 범죄를 해결하는 것이라 할 수 있다.

회복적 사법의 운영에 있어 필요한 것이 회복적 사법의 모델이다. 회복적 사법의 모델에 있어 중요한 것은 그 운영이 강제적 요소를 포함하는가와 지역사회가 반드시 본질적 요소인가가 문제된다. 이러한 점을 해결할 수 있는 것이 회복적 사법의 모델이다. 회복적 사법을 이론적으로 정립시켜주는 것이 순수 모델(Purist Model)과 최대화 모델(Maximalist Model)이고, 이론을 토대로 실제 범죄해결에 적용하는 것이 피해자와 가해자의 조정 모델(Victim-Offender mediation program: VOMP), 집단회의(Family Group Conferencing), Circles 모델이다.

이하에서는 회복적 사법의 의미를 살펴보고 회복적 사법의 모델을 이론과 실천으로 나누어 고찰해 보고자 한다.

Ⅱ. 회복적 사법의 의의

회복적 사법을 한마디로 정의하기는 어렵다.[6] 왜냐하면 회복적 사법이 위로부터의 법제화로 형성된 것이 아니라 아래로부터의 자연발생적으로 형성되었기 때문이다.[7] 회복적 사법은 종래의 형사사법체계에 대한 대안으로 볼 수도 있지만, 전환프로그램의 하나로 한정하여 볼 수도 있다. 강제적인 요소를 제외하는 것이 일반적이지만 효과적인 형벌집행을 위해서 강제적 요소를 포함하기도 한다.

가장 일반화된 정의로는 Braithwaite와 Marshall의 정의라고 할 수 있다. Braithwaite는 "범죄로 인하여 영향을 받은 관련 당사자들이 한곳에 모여서 범죄로 야기된 손해

---

6) 西村春夫, 回復的司法の理念と實踐, 형법잡지(41권2호), 일본형법학회, 2002, 115쪽.
7) 高橋 則夫, 修復的司法の探求, 成文堂, 2003, 76면.

를 어떻게 회복할 것인가에 대한 합의를 도출해 나가는 과정"이라고 하며,[8] Marshall 은 "당해 범죄에 관련된 모든 당사자가 범죄의 결과와 그것이 장래에 미칠 의미를 어떻게 다룰 것인가를 공동으로 모여 해결하는 과정이다"라고 정의하고 있다.[9] 그러 나 회복적 사법은 단순한 형사절차의 '과정'에 국한하는 것이 아니라, 형벌뿐만 아니 라 회복도 포함한다. 심지어 피해자를 제외하는 경우도 있다. 이러한 이유로 Walgrave는 회복적 사법을 "범죄에 의해 발생된 害를 회복하기 위하여 정의의 실현 을 지향하는 일체의 활동"이라고 넓게 정의하고 있다.[10]

이러한 정의를 종합하여 보면, 회복적 사법은 국가가 가해자를 일방적으로 처벌 하는 것이 아니라 피해자·지역사회 구성원[11] 등이 사건해결에 적극 개입하여 사건 을 원만히 해결하는 과정을 의미한다고 할 수 있겠다.[12] 즉 가해자가 피해자에게 배상·사죄로서 피해자가 잃었던 모든 사항에 대하여 회복의 조치를 취하면 지역사 회가 이러한 상황을 받아들여 관련 당사자들의 재통합을 추구하는 범죄대응 형식을

---

8) Braithwaite, A Future Where Punishment is Marginalized: Realistic or Utopian?, 46 UCLA Law Review, 1999, p.1743; Braithwaite, Restorative Justice Through Victim-Offender Mediation: A Multi-Site Assessment, Western Criminology Review, 1998, pp.3-4.

9) Marshall, The Evolution of Restorative Justice in Britain, European Journal of Criminal Policy and Research, Vol.4, 1996, p.37; McCold, Restorative Justice and Handbook, Corrections Compendium, 23, 1998, 14, 20-28; Marshall, Tony F., Restorative Justice An Overview, University of Minnesota, 1998. p.1; Hirsh·Roberts·Bottoms·Roach and Schiff, Restorative Justice & CriminalJustice: Restoration and Retribution, Hart Publishing, 2003, p.44

10) Bazemore·Walgrave, Restorative Juvenile Justice: in Search of Fundamentales and an Outline for Systemic Reform, in: Bazemore·Walgrave, (ed.), Restorative Juvenile Justice: Repairing the Harm of Youth Crime, 1999, pp.45-74.

11) 최근 일본에서 제정된 범죄피해자 등 기본법 전문에서도 지방공공단체와 민간단체를 범 죄해결의 주체로 규정하고 있다. 우리나라에서 입법예고된 범죄피해자기본법 제5조에서 도 지역사회의 일환으로 지방자치단체의 책무를 규정하고 있다.

12) 보다 구체적으로 정의를 내리고 있는 자는 일본의 染田惠 교수이다. 染田惠 교수는 회 복적 사법을, ① 범죄의 해결을 피해자를 중심으로 하여, ② 범죄에 의해 가장 직접적인 영향을 받은 피해자, 범죄자, 그들의 가족, 지역사회 대표자가, ③ 범죄에 의해 야기된 '害'를 해결하는 과정이라고 하고 있다: 染田惠, 回復的司法の理論的·實務的課題と日 本における活用可能性, 犯罪非行(127호), 2001, 68-69쪽.

말한다.[13)]

이러한 방식은 응보적 형사사법(retributive justice)에 대한 반성에서 범죄를 해결하기 위한 새로운 방법을 실현하는 과정에서 실현된 모델이라 할 수 있다. 이러한 과정에서 형성된 회복적 사법은 국가의 무의미한 형사개입을 중지하고 가족 및 지역사회가 적극적으로 개입하여 범죄로 인하여 파괴된 범죄자와 피해자 및 지역사회의 관계를 복원하는 것을 의미한다고 할 수 있다.[14)]

회복적 사법의 지지자들은 대체로 기존의 형벌체계를 교체되어야 할 Old paradigm으로 간주하고 New paradigm으로서 회복적 사법을 제시하고 있다.[15)] 범죄 해결에는 시민사회와 국가권력의 개입이 필연적으로 초래된다. 따라서 범죄에 의해 상처 입은 피해자 및 지역사회가 범죄의 상처로부터 치유되기 위해서는 국가권력의 개입에 의한 應報보다는 지역사회의 중재에 의하여 피해자와 가해자가 합의하는 것이 최선의 방법이다.[16)] 이러한 의미에서 회복적 사법은 범죄자, 피해자 및 지역사회가 범죄문제 해결의 능동적 주체로 참가하여 합의 가능한 방안을 도출하는 과정[17)]으로 볼 수 있다. 그러므로 회복적 사법을 종종 피해자·가해자 화해프로그램(Victim-Offender Reconciliation: VORP)[18)]과 같은 의미로 본다.

---

13) 前野育三, 修復的司法について, 刑法雜誌, 제40권2호, 90면, Judith M. Sgarzi·Jack McDevitt, Victimology: A Study of Crime Victims and Their Roles, Upper Saddle River, New Jersey, 2002, pp.372-37.

14) Van Ness, New Wine and Old Wineskins: Four challenges of Restorative Justice, Criminal Law Forum vol.4, 1993, p.258: Nicholl은 이미 學園 내 안전, 기업범죄, 가정폭력, 성폭력, 아동학대 등에서 적용하고 있다고 한다: Nicholl, Caroline G., Community Policing, Community Justice, and Restorative Justice, U. S. Department of Justice, 1999, p.98.

15) Paradigm에 관해서는, Thomas S. Kuhn, The Structure of Scientific Revolutions, University of Chicago, 1996 참조.

16) 前野育三, 위의 논문, 91면.

17) 이러한 관계에 대해서 Marshall은, Restorative Justice를 Victims, Offender, Community의 3면 관계로 보고 있다: Tony F, Marshall, Restorative Justice An Overview, University of Minnesota, 1998. p.1(표 참조).

18) 미국변호사협회(ABA)에서는 VORP의 용어대신에 피해자-범죄자 조정 및 대화(Victim-Offender mediation and dialogue)라는 표현을 하고 있고, 이러한 영향으로 최근 미국에서는 Victim-Offender mediation program(VOMP)의 용어를 사용하고 있다.

Ⅲ. 회복적 사법의 이론적 모델

1. 회복적 사법의 이론적 모델

회복적 사법을 둘러싼 이론 및 실천적 과제에 관한 논의를 시작함에 있어서 항상 제기되는 문제는 "회복적 사법의 정의의 따라 그 위치가 다르게 표현되고 있다"는 점이다.[19] 그러나 회복적 사법의 정의가 명확하지 않다고 하여 회복적 사법에 대해서 회의적인 태도를 취할 필요는 없다고 본다. 왜냐하면 '형사사법이 무엇인가'라는 문제도 아직 명확하게 밝혀진 것은 아니기 때문이다. 오히려 회복적 사법의 정의를 둘러싼 논쟁은 회복적 사법의 전개뿐만 아니라 현행 형사사법과의 비교를 필연적으로 수반하기 때문에 형사법상의 다양성과 중요성을 再考하는 계기를 부여할 수 있게 된다.

회복적 사법의 위치의 문제는 ① 회복적 사법에서 논의의 중점은 과정에 있는가 아니면 그 결과에 있는가, ② 회복적 사법은 현행 형사사법에서 대체적 시스템인가 아니면 '디버전'적인가, ③ 회복적 사법에서는 강제적 요소가 전적으로 배제되는가 아니면 회복적 억제도 포함되는가, ④ 회복적 사법에서는 지역사회가 본질적 요소인가 아니면 지역사회를 반드시 포함할 필요는 없는가 하는 점이 여전히 쟁점으로 되어 있다.

회복적 사법을 구성하는 기본적인 요소에는 거의 공통점이 있지만, 뉘앙스(nuance)가 서로 다른 두 가지 정의가 대립하고 있다.[20] 이 중 하나는 Leuven 선언(1997)과

---

19) 2001년 9월에 벨기에에서 개최된 제5회 回復的司法UN會議 주제는 '회복적 사법의 위치'에 관한 문제였다.

20) 2001년 9월 16일부터 19일까지 벨기에 leuven에서 개최된 제5회 回復的司法國際會議에서 논의된 대주제가 '회복적 사법의 위치 부여'였다. 이에 대한 자세한 사항은, 高橋則夫, 修復的司法の 探究: 제5회 回復的司法國際會議報告, 成文堂, 2003, 111면 이하 참조.

NGO 그룹[21]의 산하기구로 결성된 '회복적 사법에 관한 실무단'(Working Party on Restorative Justice)에서 사용하고 있는[22] Marshall의 정의이고,[23] 다른 하나는 Walgrave의 정의이다.[24] 前者를 순수 모델(Purist Model),[25] 後者를 최대화 모델(Maximalist Model)이라고 한다.[26] 이하에서는 최근의 회복적 사법의 모델 논쟁을 개관하고 회복적 사법의 위치 문제에 관하여 접근해 보고자 한다.

2. 회복적 사법의 모델

1) 순수 모델(Purist Model)

순수 모델(Purist Model)은 범죄와 직접 관련된 관계자들이 모여 서로 협력하여 그들의 욕구(needs)를 충족함으로써 피해자, 가해자 기타의 사람들의 재통합이 가능하다고 보는 모델이다. 회복적 사법은 범죄를 사람들과 그들의 관계에 대한 침해로 이해한다. 따라서 관련 당사자의 참가를 절대적 요건으로 하는 순수 모델은 회복적 사법을 순수하게 관철할 수 있다고 평가할 수 있다.[27] 즉 순수 모델은 피해자, 가해자 및 지역사회가 직접 대화를 하고 이에 따라 그 成果를 결정하기 때문에 관련 당

---

21) 범죄예방 및 형사사법에 관한 UN 비정부기구 동맹(Alliance NGOs).

22) McCold, Restorative Justice Handbook, Corrections Compendium, 1998, pp.20-28.

23) Marshall, The Evolution of Restorative Justice in Britain, European Journal of Criminal Policy and Research, Vol.4, 1996, p.37

24) Bazemore · Walgrave, Restorative Juvenile Justice: in Search of Fundamentales and an Outline for Systemic Reform, in: Bazemore · Walgrave, (ed.), Restorative Juvenile Justice: Repairing the Harm of Youth Crime, 1999, pp.45-74.

25) McCold, Toward a Holistic Vision of Restorative Juvenile Justice: A Reply to the Maximalist Model, Contemporary Justice Review, 3-4, 2000, pp.372-374.

26) Walgrave, How Pure Can a Maximalist Approach to Restorative Justice Remain? Or Can a Purist Model of Restorative Justice Become Maximalist, Contemporary for Restorative Justiice Review, 3-4, 2000, pp.415-432.

27) 高橋則夫, 修復的司法の 探究: 回復的司法のパラダイム, 成文堂, 2003, 87면.

사자들의 적극적인 참여가 필요하다. 순수 모델을 실천하고 있는 실무의 형태는 가족집단회의(FGC), 지역사회 회의, 평화 Circle 등이 있다. 한편 순수 모델은 피해자의 회복, 가해자의 행위에 대한 책임, 양자에 대한 지역사회의 지원이라는 3개의 요소를 절대적으로 필요로 한다. 즉 피해자, 가해자 및 지역사회의 3자가 직접 대화할 수 있는 기회를 가지는 것을 회복적 사법이라고 하며, 이러한 정의의 출발점으로 직접적인 당사자와 간접적인 관계자 등의 욕구가 충족되는 것이 순수 모델이다.

2) 순수 모델에 대한 비판

최대화 모델은 순수 모델에 대해서 "한편으로는 필요 이상으로 넓고 다른 한편으로는 필요 이상으로 좁다"고 비판한다. 첫째, 순수 모델이 필요 이상으로 넓다고 하는 것은 그것이 "범죄에 의해 발생한 被害를 회복하는 데 그다지 집착하지 않는다"는 데에 있다. 즉 순수 모델은 범죄해결 당사자가 한 장소에 모여 토론하는 과정만을 중요시하고, 被害를 회복하는 노력은 중요하게 생각하지 않는다. 둘째, 순수한 모델을 필요 이상으로 좁다고 비판하는 것은 순수 모델이 "직접적인 대화 과정과 자발적인 참가를 요구한다"는 점에 있다.[28] 즉 당사자가 범죄해결의 장에 참가하지 않는 경우에도 害를 회복하는 것은 얼마든지 가능하며, 회복적 사법을 자발적인 집단 참여로만 한정하는 것은 사법실무에서 주변 영역으로 추방하는 결과가 된다는 것이다. 특히 '자발적 참가'의 점에 있어 순수 모델의 접근 방식은 공식절차의 다이버전적 代替策을 의미하고, 동시에 비공식적인 특별시스템으로서 이해하지 않을 수 없기 때문에 이 모델은 현행의 형사사법의 시스템을 바꿀 수는 없다고 본다. 뿐만 아니라 순수 모델은 자발성을 요건으로 하기 때문에 범죄 전체에 대한 포괄적인 대응을 제공할 수 없고, 피해자와 가해자가 함께하는 사건에만 한정된다고 하는 비판도 있다.

결국 최대화 모델에서는 순수 모델을 '이상향(Utopia)에 불과하고 실천하기 어려운 모델'이라고 파악한다. 왜냐하면, ① 순수 모델에 의하면 회복적 사법이 비강제

---

28) Bazemore · Walgrave, 앞의 논문, p.48.

적인 자발적 프로그램에만 한정되고, ② 공식적인 성격 때문에 대상사건이 경미한 범죄에 한정되고, ③ 제재를 요구하는 지역사회의 욕구를 만족시키지 못하고, ④ 다이버전적 성격 때문에 현행 시스템에 도전할 수 없고, ⑤ 모든 범죄에 대하여 포괄적인 접근(approach)을 제공할 수 없는 것으로 보기 때문이다.

3) 최대화 모델(Maximalist Model)

최대화 모델은 순수 모델을 포함하면서도 그것에 한정되지 않고 회복적 사법을 더욱더 확장하여 이해하는 모델이다. 회복적 사법은 일정한 과정(process) 및 가해자에게 의무를 부과한 '意圖'와 그 '成果'를 중시한다는 점에서 응보적 사법이나 사회복귀적 사법과 구별된다. 즉 회복적 사법은 그 중심을 '피해의 회복'으로 이해하기 때문에 형사사법이 '피해의 회복'을 목표로 하는 한 회복적이라고 말할 수 있으며, 회복의 과정(process)보다도 가해자에게 의무를 부과한 '意圖'와 '成果'가 회복적인가 아닌가를 중시한다.

순수 모델에 의하면 회복적 사법은 그 과정만을 重視하고 '회복'이라는 관점은 고려하지 않는다. 범죄에 관련된 이해관계자가 임의로 집단회의를 개최한다고 하는 것은 확실히 회복적 사법의 이상형이라고 말할 수는 있다. 하지만 임의적인 관여만으로 달성할 수 없는 사안을 회복적 사법의 유형으로부터 배제하는 것은 문제이다. 즉 순수 모델에서는 이와 같이 곤란한 사안을 어쩌면 회복적 사법으로 해결하기보다 전통적인 형사사법으로 해결하려고 하기 때문에 '회복'이라고 하는 관점이 간과된다.

순수 모델과 최대화 모델은 회복적 사법을 지향한다는 점과 회복적 사법이 범죄에 대한 응보적 대응과 사회복귀적 대응에 대신한다는 점에서 공통점이 있다. 그러나 최대화 모델이 사회복귀목표와 응보적 목표를 포함하는 것을 순수 모델은 동의하지 않는다. 하지만 최대화 모델은 회복적 목표의 달성 여부를 중요시하고 사회복귀적 시점은 그것이 회복적 목표에 봉사하는 경우에만 고려된다. 또한 강제적인 회복을 인정한다고 하여 응보적 목표를 지향한다는 것도 아니다.[29]

결국 순수 모델과 최대화 모델의 중요한 차이점은 강제의 문제와 지역사회의 문제에 관한 것으로 볼 수 있다.[30] 우선 강제의 문제에 있어서 순수 모델은 회복적 사법의 임의성, 자발성을 절대적 요건으로 보는 데 반하여 최대화 모델은 강제도 회복적 사법에 봉사하기 때문에 회복적 사법의 범주에 포함시킨다. 따라서 최대화 모델에 의하면 강제에 대하여도 그것이 회복적인 동기에 의해 부과되면 회복적인 것으로 되어 회복적 강제(restorative coercion)라는 용어를 사용한다. 하지만 최근에는 강제가 회복적인 목표에 봉사하거나 또는 강제 그 자체 가운데에 회복적인 것이 존재하는 것은 결코 아니기 때문에 '회복의 관점에서 강제(coercion in view of restoration)'라는 용어가 보다 적절하다고 보고 있다.[31] 최대화 모델이 강제의 요소를 포함하는 실질적 이유는 "임의성(자발성)이 충족되지 않는 경우에도 회복적 사법을 수행할 여지가 있다"는 점에 있다. 이에 반하여 순수 모델에서는 만약 이와 같이 강제를 포함하면 이것은 '일종의 형벌'이라고 하면서 강제를 부정한다. 이와 같은 논쟁은 '형벌이 무엇인가'라고 하는 논쟁과 다를 바 없다.

다음으로 지역사회의 문제이다. 순수 모델은 지역사회의 관여를 회복적 사법에 있어서 절대적 요건으로 보는 데 반하여 최대화 모델은 지역사회의 관여를 필수적 요건으로 보지 않는다. 순수 모델에서는 지역사회를 구체적으로 정의하고 있지는 않지만, 회복적 사법의 전개에 있어서 지역사회의 개념은 확실히 중요하고 이 점에서는 본격적인 검토가 필요하다고 본다.

순수 모델은 전통적인 형사사법으로부터 회복적 사법으로의 패러다임 전환을 지향하고 국가에 의한 분쟁해결보다 지역사회에 의한 분쟁해결을 선호한다. 이 점에 대해서는 회복적 사법을 연구하는 누구도 이론을 제기하지 않는다. 다만 최대화 모델에서는 이것을 理想型으로서만 동의하고 있을 뿐이다. 왜냐하면 지역사회가 항상 善한 해위를 하는 것은 아니기 때문이다. 즉 지역사회에는 특정한 사안에 대하여 배제적 관점이라는 폐해가 항상 존재할 가능성이 있다. 뿐만 아니라 지역사회가 일

---

29) Walgrave, 앞의 논문, p.421.
30) Walgrave, 위의 논문, pp.421-428.
31) 高橋 則夫, 앞의 논문, 92면.

탈하여 개인의 권리를 침해할 가능성을 전혀 부정할 수는 없기 때문에 지역사회를 제어(control)하지 않을 수 없다. 문제는 어떤 기관이 어떻게 제어(control)할 것인가가 문제이다. 결국 이상의 2개의 문제에 대한 입장의 차이가 순수 모델과 최대화 모델을 구분하는 통로라고 할 수 있다.

한편 독일에서는 회복적 사법을 최대화 모델로 보는 경향이 있다. 왜냐하면 독일에서의 회복적 사법은 순수 모델에서 주장하는 지역사회를 반드시 필요로 하지 않으며, 당사자의 화해 프로그램만이 존재하고,[32] 동시에 '害'의 회복을 형법 혹은 형사소송법에 규정하려고 하는 입법활동이 중심과제로 되고 있기 때문이다. 또한 영미에서는 피해자와 가해자의 화해(Victim-Offender Mediation)라는 용어를 사용하고 있는 데 반하여, 독일에서는 가해자와 피해자의 화해(Täter-Opfer-Ausgleich)라는 용어를 사용하고 있다는 점도 독일에서의 회복적 사법이 최대화 모델이라고 판단하는 근거 중의 하나라고 볼 수 있다. 용어의 처음에 피해자를 사용하는지 가해자를 사용하는지에 대한 차이는 간단한 용어 문제 이상의 의미를 포함한다고 보아야 한다. 즉 독일은 가해자에 대한 형사절차를 중심으로 하면서 피해자의 이익을 고려하고 있다고 할 수 있다.

4) 최대화 모델에 대한 비판

순수 모델은 최대화 모델에 대해 다음과 같이 비판한다.[33] 즉 ① 최대화 모델은 사회복귀 및 응보적인 목표를 포함하기 때문에 이론적으로 명확성이 결여되어 있고, ② 범죄인의 인적·관계적(회복적 사법 관계적)인 성질을 명확하게 파악하지 못하고 있으며, ③ 강제를 회복적 사법의 실무에 공식적으로 포함시키는 것은 타당하지 않고, ④ 현행의 사법시스템에 대한 도전이라기보다 오히려 현행의 사법시스템을 강

---

32) 독일의 화해 프로그램에 관해서는 박상식, 회복적 사법에 관한 연구, 경상대학교 박사학위 논문, 2004, 118-130쪽 참조.

33) McCold, Toward a Holistic Vision of Restorative Juvenile Justice: A Reply to the maximalist Model, Contemporary Justice Review, 2000, pp.388-399.

화시키고 있고, ⑤ 정의를 사전에 설정된 목적에 종속시키는 것은 사법의 수단과 결과를 무시하는 것으로서 객관적인 평가가 될 수 없다는 등의 비판이 제기되고 있다.

이하에서 상세히 살펴보면, 첫째, 최대화 모델이 피해배상과 사회봉사명령 등도 회복적 사법에 포함시키고 있다는 점이다. 최대화 모델에 의하면 전자는 피해자의 피해회복을 후자는 지역사회의 피해회복을 의미하며 또한 가해자의 재통합을 지향하는 까닭에 이들이 회복적 사법에 포함될 수 있다고 한다. 그러나 그것은 가해자에 대한 사회복귀와 회복적 사법을 혼동한 결과라는 것이다. 따라서 이와 같은 혼동은 회복적 사법이 형벌의 대체라고 하는 점을 간과한 것이며, "피해를 받은 지역사회는 무엇인가"를 명확히 하지 않고 2차적으로 추상적인 피해에 대한 회복만을 강화하는 결과라는 비판을 받게 된다. 또한 최대화 모델이 지역사회의 범위와 사회에 대한 피해의 성질을 불명확하게 함으로써 결국 최대화 모델은 국가의 상징적인 배상의 성질을 가진 응보적인 목표의 길을 열었다고 비판한다. 둘째, 회복적 사법은 가해자에 대해서 및 가해자를 위해서 작용하지 않을 수 없으므로 가해자와 동시적으로 관계하지 않으면 안 된다. 따라서 회복적 사법에서는 가해자의 자발적인 과정이 필요하다. 그러나 최대화 모델에 의하면 법원에 의해 과해진 피해배상이 피해자에 대해서는 재산상의 회복과 가해자에 대해서는 행위의 결과로만 인식된다. 또한 회복적 사법이 지역사회의 하나의 욕구인 비난의 표명을 지향하는 것에 지나지 않아 가해자의 진정한 책임, 피해자의 정서적 욕구 및 지역사회 관계의 회복을 포함할 수 없어 직접적으로 피해를 입은 사람들의 관계적 욕구를 지향하는 과정은 아니라고 비판하고 있다. 결국 이해관계자의 직접적인 관여를 필요로 하지 않는 최대화 모델은 형사사법의 방법을 수반한 회복적 사법일 뿐이며, 완전한 회복적 사법으로의 패러다임 전환을 거부하는 것이라고 비판받는다. 셋째, 강제의 문제와 관련된 것이다. 즉 최대화 모델은 형사사법에 있어서 과해진 강제적인 시스템을 회복적 사법에 포함시키고 있다. 그러나 이는 범죄에 의한 피해를 피해자와 가해자 및 지역사회의 이익에 대한 피해로 파악하는 회복적 사법의 기초원리에 반한다고 비판한다. 넷째, 최대화 모델은 강제적인 시스템을 포함하는 결과 처벌이 확대됨으로써 현행의 사법구조를 변경하지 않고 오히려 사법구조를 강화하는 결과가 된다. 이 점은 최대화 모델이 지역사회라고 하는 것을 형사사법에서 고려하지 않기 때문이라고 한다. 따라서 회복적 사법에서의 선택은 대체적 제재(sanction)를 가할 것인가 또는 해결의 과정에서 회복을 추구할 것인가에 있다. 순수 모델에 의하면 "후자의 해결이 회복적이고 전자의 제재는 회복적이지 않다"고 하면서 "최대화 모델은 회복적 사법 실현의 과정을 간과하고 있다"고 비판한다. 다섯째, 최대화 모델이 주장하는 범죄피해의 내용이 불명확하여 결국 추상적인 피해를 회복하는 가해자의 의무에만 집착하여 사법의 수단과 결과를 무시함으로써 객관적인 평가기준을 제공하지 못한다고 비판한다.

5) 사 견

순수 모델과 최대화 모델이 응보적 사법에 대응하여 회복적 사법을 지향하는 점에서는 서로 견해를 같이한다. 그러나 순수 모델은 관련당사자들의 자발적 참가를 통한 사건해결의 과정을 중요시하면서 반드시 지역사회를 포함하고 있는 데 반하여, 최대화 모델은 자발적 참가를 통한 사건해결의 과정보다도 강제를 하더라도 피해자의 '피해 회복' 여부를 중요시하면서 지역사회를 반드시 필요로 하지 않는다. 이러한 모델의 특징에 따라 순수 모델은 피해자에게, 최대화 모델은 가해자에게 더 큰 비중을 둔다. 따라서 용어에서도 나타난 것처럼 독일은 가해자를 축으로 하는 최대화 모델이고, 영미에서는 피해자를 축으로 하는 순수 모델을 채택한 것으로 판단된다.

원래 회복적 사법의 출발은 "사건 관련당사자들이 자발적으로 대화에 참여하여 지역사회 중재자의 조정에 따라 사건을 원만히 해결하는 과정"을 의미한다는 점에서 순수 모델이 타당하다고 볼 수 있다. 하지만 회복적 사법을 이와 같이 이해한다면 이론적으로는 문제가 없지만, 실질적으로는 회복적 사법이 실천되기 어려운 이상형에 불과하게 된다. 따라서 회복적 사법은 사건 관련 당사자들의 자발적 참여와 지역사회의 중재를 통하여 해결하지 못하면 강제를 통한 회복도 가능하다고 보는 최대화 모델이 타당하다고 본다.

3. 형벌과 회복

　형벌은 '법익'과 관계되고, 회복은 '害'와 관계된다는 점에서 결정적인 차이가 있다. 형벌은 예컨대 살인죄의 경우 사람의 생명이 침해된 것에 대해서 사후적으로 가해자를 처벌함으로써 사람의 생명을 보호하는 규범을 중심으로 설정한다. 물론 사전적으로는 형벌부과의 가능성을 표시하는 일반예방, 사후적으로는 가해자의 재사회화와 피해자의 복수감정의 융화 등의 관점에서 고찰되지만, 이러한 관점들이 법익을 둘러싼 요소라는 것에는 변함이 없다. 이에 대해 회복은 피해자가 입었던 '피해' 및 지역사회가 입었던 '피해'를 중심으로 가해자가 이 피해에 대하여 어떤 조치를 취할 책임을 중심으로 설정되는 것이다.

　형벌과 회복의 차이점은 첫째, 강제, 둘째, 엄한 處置, 셋째, 해악부과의 의도, 넷째, 고통부과와 죄를 범한 해악과의 관계 등에서 구별될 수 있다.[34] 따라서 세금 등은 넷째의 요소가 흠결되어 형벌이 아니며, 물건을 파괴한 자식을 아버지가 훈계하는 행위는 셋째의 요소가 결여되었기 때문에 형벌이 아니다. 가정 내의 처벌은 자식에 대하여 해악을 부과하는 것을 목적으로 하지 않으며, 이 처벌은 자식을 부모의 세계로부터 배제하는 것이 아니라 자식을 부모의 세계로 끌어들이기 위한 수단이기 때문이다. 또한 자식에게 책임이 있는 경우라도 부모는 스스로의 금전으로 회복할 수 있고, 부모가 직접 자식을 비난할 수는 없으며 자식의 행위만을 비난할 수 있다. 이렇게 되더라도 親子의 관계는 전혀 변화되지 않는다.

　이에 반하여 국가에 의한 처벌은 이와 같은 親子關係와 다르다. 법관에게는 부모와 같은 도덕적 권위감은 없고 加害者에게 害惡을 부과하는 것을 주된 목적으로 한다. 이와 같이 사회통제의 대상이 되는 범죄행위에 의하여 가해자와 지역사회 등은 이미 상호 간에 파괴적인 관계가 형성된다. 이러한 행위에 대하여 국가가 형벌을 부과함으로써 가해자를 사회적으로 배제하는 것이 공적으로 승인된다. 이를 통하여 국가와 사회는 가해자에게 낙인을 부여함으로써 가해자를 비난한다.

---

34) 高橋 則夫, 앞의 논문, 96면.

Braithwaite의 圖式으로 보면 친자관계에 의한 처벌은 '재통합적 수치심'이고, 국가에 의한 처벌은 '烙印的 수치심 부여'로 될 가능성이 있다.[35] 이와 같은 형벌의 부정적인 측면은 항상 지적되어 비범죄화와 보충성 등의 문제로서 지금까지 논의되어 왔다. 이와 같은 논의는 형벌과 회복과의 차이가 문제로 되는 경우에 중요한 관점을 제공할 것으로 생각된다.

형벌의 기본적 요소 중에 형벌과 회복을 구분하는 것은 '해악부과의 의도'이다. 즉 형벌은 '해악'의 부과를 중심적 목적으로 하는 것임에 반해, '회복'은 가해자에 害를 가하는 것을 부차적 효과로 파악함으로써 회복을 중심적 목적으로 한다. 따라서 강제의 유무에 의해 형벌과 회복을 구별하는 순수 모델의 고찰 방법은 타당하다고 할 수 없다. 최대화 모델의 관점에 따라 회복적 제재는 회복적 사법에 포함되어야 한다.

4. 회복적 제재의 가능성

최대화 모델은 형사사법의 가운데에 회복적 요소를 도입하는 것이 허용된다고 하지만 문제는 어떻게 도입하는가에 있다. 이에는 다음과 같은 방안이 검토될 수 있다.

첫째는 형사절차에 있어서 피해자의 지위를 향상시키는 것이다. 즉 피해자의 정보·보호·참가를 중심적 목적으로 하는 '피해자 관계적 형사사법'을 구축하여 피해자에 대한 '害'의 문제를 회복의 관점에서 해결하고 동시에 가해자의 피해자에 대한 책임을 물음으로써 회복적 사법의 기본적 요소를 충족할 수 있게 하는 것이다. 둘째로 회복적 제재의 가능성이다. 회복을 한편으로는 형벌과 다른 것으로 보고, 다른 한편으로는 회복에 강제적인 성질을 부여하는 것은 제재로서의 회복, 즉 회복적 제재를 인정하는 것이 된다. 회복적 제재로는 영미의 손해배상명령과 사회봉사명령 등이 대표적이라고 할 수 있다. 이들의 명령은 피해자 혹은 지역사회에 대한 회복

---

35) Braithwaite의 재통합적 수치심이론에 대해서는, Braithwaite, 앞의 논문, pp.281-298.

을 지향하는 것이 된다. 이와 같은 회복적 제재는 강제적인 것이 일반적이지만 반드시 강제적인 것에 한정할 필요는 없고 임의적인 것으로도 존재할 수 있다. 이 경우 제재라는 말 대신에 반작용 혹은 효과라고 표현하면 보다 명료화될 수 있다고 본다.[36)]

회복적 요소를 임의적인 형태로 형법 전에 도입한 독일의 법제는 회복적 행위를 형법상 법 효과의 '제3영역'으로 보고 있다. 대안그룹의 초안[37)]도 이상과 같은 임의적인 회복적 제재를 구축하여 손해회복을 독일의 제재 체계에 있어서 형벌·보안처분 외에 제3의 제재로서 파악하였다. 이 대안에서는 지역사회를 포함시키지 않았으며, 형사사법에 의한 통제(control)하에 '손해회복 및 가해자와 피해자의 화해'를 통한 가해자의 '임의성'을 요건으로 하고 있다. 즉 임의성을 요건으로 하는 '제3의 제재'를 인정하고 있다.

5. 결 어

이상과 같이 회복적 사법을 둘러싼 순수 모델과 최대화 모델의 결론을 다음과 같이 정리할 수 있다. 회복적 사법의 중심은 '害'와 관련되어 있고 반드시 가족집단회의와 같이 가해자, 피해자 및 지역사회의 3자가 한곳에 모일 필요는 없으며, 회복적 제재라는 것도 회복적 사법에 포함시킬 수 있다고 본다. 이에 따라 중대한 범죄도 회복적 사법의 대상으로 될 수 있다. 또한 가해자가 직접 대화를 원하는 것과 상관없이 피해자와 지역사회가 거부하는 경우에는 가해자에 대해서 회복적 행위만을 수행할 기회를 어떤 형태로든지 부여할 수밖에 없게 되고, 반대로 가해자만이 거부하는 경우에도 법관에 의한 회복적 제재의 가능성이 남아 있다고 할 수 있다.

---

36) 高橋則夫, 앞의 논문, 98면.
37) 독일의 손해회복·가해자와 피해자의 화해에 대해서는, 高橋則夫, 刑法における損害回復の思想, 成文堂, 1997, 54면 이하; 宮崎英生, 刑法における損害回復, 西原春夫先生古稀論文集(4卷), 1998, 239면 이하 참조.

이와 같이 고찰하는 것이 회복적 사법의 이상형인 '가족집단회의'의 형태를 거부하는 것은 결코 아니다. 최대화 모델에 의하면 피해자 관계적 형사사법과 피해자 지원 등도 회복적 사법의 하나로 취급할 수 있다. 왜냐하면 이 경우 피해자 관계적인 정책은 확실히 피해자의 '피해'의 문제와 관련되고 회복적 사법의 중추적인 관점을 공유하는 것으로 되기 때문이다. 최종 단계는 '가족집단회의' 등과 같은 순수 모델이 이상적이라 할 수 있겠지만, 이에 도달하는 과정으로서 우선은 피해자관계적인 다양한 방법을 활용하는 것이 필요하다. 이러한 의미에서 회복적 사법은 최대화 모델을 기점으로 하여야 한다.[38]

Ⅳ. 회복적 사법의 실천모델

1. 서 설

회복적 사법의 形態로는 실시 형식, 참가자, 司會調停者 등에 따라 다양한 모델이 있다. 대표적 形態는 피해자와 가해자의 조정 모델(Victim－Offender mediation program: VOMP), 집단회의(Family Group Conferencing), Circles의 등의 모델을 들 수 있다.[39] 이러한 유형은 서로 다른 점도 있지만, 공통점은 관계당사자들이 한곳에 모여 피해에 대한 상황을 말하고, 이들에 대응하는 최종결론의 합의를 목표로 하여

---

38) 다만, 범죄피해자에 대해서 회복적 사법이 어떤 의의를 가지는가에 대해서는 향후 검토할 과제이다. 그러나 피해자관계적인 회복적 사법의 형성으로 향하는 것만은 확실하다. Ezzat Fattah and S. Parmentier(ed.), Victim Policies and Criminal Justice on the Road to Restorative Justice: A Collection of Essays in Honour of Tony Peters(Samenleving, Criminaliteit & Strafrechtspleging, 23), 2001.

39) 자세한 것은, 西村春夫, 回復的 司法の理念と實踐, 刑法雜誌 제41권 제2호, 236－237면.

비공식적으로 마음속의 불만을 토로하는 과정이라고 할 수 있다. 특히 이 중에서 가장 많이 사용되고 있는 것은 피해자와 가해자의 조정 모델(VOMP)이다. 이는 주로 민간인 중재자를 통한 조정과 대화로서 피해자와 가해자 그리고 지역사회가 가해자의 범죄행위로 인해 발생한 손해를 복구하고 그들 사이의 갈등을 극복하여 화해를 이루어 냄으로써 법적 평화를 회복하고 재통합을 이루어 내는 과정을 의미한다.

　대체적으로 이러한 모델의 참가자들은 각 지역의 방식에 따라 다르다. 하지만 보통은 피해자, 가해자, 조정자 및 그 지역대표자로 구성되고, 법률전문가는 예외적으로만 여기에 참여하게 된다. 왜냐하면 법률전문가들은 대화의 진행과 결론에 중대한 잘못이 있는 경우에 해결하기 위해서만 필요하기 때문이다. 따라서 의사결정은 시민에 의하는 것이 원칙이다. 대화의 장소, 시간은 자유롭게 선택되지만 관계자들이 개별접촉을 통해 정하는 것이 보통이다. 특히 대화를 통하여 제2차, 제3차의 피해자가 발생하지 않도록 하는 것이 중요하다. 대화에 있어서는 이성적 논의와 모든 참가자의 감정표출이 중요하다. 대개 대화의 과정에는 근대형법이 합리성의 관점에서 추구하는 '반성으로부터의 자각'이라는 변증법적 사고를 필요로 한다. 참가자들은 논의 후 자발적으로 계약서를 작성한다. 가해자가 작성하는 일반적인 항목으로는 사죄와 개전의 표명, 피해에 대한 손해의 배상, 치료비부담, 도품의 환수 등이다. 금전이 아닌 경우에는 실제수리비용의 지급, 금액에 구애되지 않는 배상, 지역공공의 봉사활동, 추상적인 덕목의 실행 등을 약속하게 된다. 이때 계약의 이행을 가해자의 의무로만 고찰해서는 안 된다. 지역대표는 가해자가 계약내용을 성실히 이행하도록 지원하는 의무를 부담해야 한다. 참가의 자발성, 참가의 무차별성, 대화 중지의 자유, 발언기회의 공평, 최종계약의 거부권은 보장된다. 각 당사자의 욕구의 조화라는 명목으로 이를 억압하여서는 안 된다. 그러나 이러한 것들이 회복적 사법의 약점(Achilles tendon)이 될 수도 있다. 화해 후 이를 이행하지 않을 때에는 보통은 이행하도록 촉구하지만 결국은 종래의 형사사법 관계로 돌아갈 수밖에 없다. 형사사법 관계로 돌아가는 것을 비판하는 자들은 이를 회복적 사법의 寄生的 성격이라고 말한다.[40)]

　계약 이행의 촉구는 조정자 등의 제3자가 맡고, 이행 정도는 당사자에게 즉시 보고된다. 이러한 모델은 주로 경미범죄인 절도죄나 주거침입죄 등에 대하여 적용되지만, 음주운전이나 약물범죄 등과 같이 가해자가 없는 범죄에 대해서도 가해자와 지역사회가 관계함으로써 적용이 가능할 수 있다.

한편 각국의 사법제도와 사회현실이 다르기 때문에 회복적 사법도 동일한 방식으로 실천되기는 어렵다. 따라서 각국의 회복적 사법실무를 비교 연구하는 것은 매우 중요한 의미가 있다고 본다. 이하에서는 북미와 유럽에서 실시하고 있는 회복적 사법의 모델의 이용률과 성공률을 분석하여 회복적 사법의 유용성을 제시하고자 한다.

2. 회복적 사법의 실천 모델

1) 피해자와 가해자의 조정 모델
(Victim-Offender Mediation Program: VOMP)

이 모델은 1970년 초반에 캐나다의 온타리오(Ontario)의 Kitchener의 보호관찰관이 부랑행위로 유죄판결을 받은 가해자를 피해자와 만나게 해야 한다고 법관을 설득시키면서, 보호관찰에 토대를 둔 유죄판결 후 형 선고의 대안으로 시작되었다. 이를 계기로 VOMP은 1970년 중반이후 북미, 유럽까지 확대되었으며, 현재 회복적 사법의 이념을 담을 수 있는 최적의 모델 중 하나로 간주되고 있다.[41] 이 모델은 분쟁해결과 피해배상을 결합시킨 것으로 법원의 지시에 의하여 당사자가 서로 만나 피해사실과 상호감정을 대화로 논의하며, 이 때 전문적인 중재자가 제3자의 입장에서 화해를 하도록 조언한다.[42] 이는 현행 형사사법체계의 문제점을 해결할 수 있는 가

---

40) 西村春夫, 앞의 논문 235면.

41) Leena Kurki, Restorative and Community Justice in the United States, 27 Crime and Just, 2000, p.235.

42) VOMP가 탄생된 배경을 Bakker는, ① '범죄해결 방법의 개혁성' ② '피해자가 형사사법에 중요한 역할을 하여야 한다는 피해자권리운동의 재현' ③ '구금의 문제점을 손해배상으로 해결하고자 하는 이유'에서 사법형벌의 하나로 등장하였다고 설명하고 있다; Mark

능성을 가지고 있는 프로그램으로 받아들여지고 있다.43)

미국에서는 주로 수형자·지역사회협력사업단(Prisoners And Community Together, emc: PACT)과 매노파 교회(Mennonite Church)와의 협력에 의해 실시되고 있다.44) 특히 1994년 미국의 법률가 협회에서 피해자, 가해자 중재 프로그램을 전적으로 지지하여 미국 전역의 법정에서 적극적으로 활용하도록 권고하였다.45) 현재 Kansas 주, Ohio 주, California 주, Indiana 주 등에서 30개 이상의 프로그램이 실시되고 있으며,46) 뉴질랜드에서는 이미 입법화되어 정규형벌로 사용되고 있다. 프로그램의 반이상이 청소년범죄를 대상으로 하고 있고, 대상 범죄로는 약탈범(vandalism), 폭행, 절도, 강도 등이 주종을 이루고 있다.47) 중재는 대체적으로 교회 혹은 지역사회에서 이루어지고 있으며, 정부로부터 기금을 받는다.48) 하나의 VOMP에 청소년 범죄의 경우는 1년에 평균 136건, 성년범죄의 경우에는 1년에 74건을 소개받았다는 기록이 있다.49)

한편 VOMP는 지역의 봉사자와 법원이 밀접하게 협동하면서도 법원으로부터 독립한 조직체로 활용되고 있다. 이렇게 독립적인 조직을 이용하고 있는 이유는 중립적인 지위와 자유로운 토론을 하기 위해서이다. 더욱이 VOMP의 중요한 목적인 피

Bakker, Reparing the Breach and Reconciling the Discordant: Mediation in the Criminal Justice System, North Carokina Law Review, vol.72, 1994, pp.1491－1499.

43) Tony Marshall, Restorative Justice on Trial in Britain, Mediation Quarterly, 1995(vol. 12), p.230.
44) 藤本哲也, 刑事政策槪論, 靑林書院, 1996, 289면.
45) Umbreit, M. S., Restorative Justice through Mediation, Overcrowded Times, 1996, p.9; Umbreit, M. S., National Survey of Victim－Offender Mediation Programs in the United States, 2000, p.1.
46) Umbreit M. S., Victim Offender Mediation: A national Survey, Federal Probation, vol. 50 No.4. 1986, p.53.
47) Umbreit, M, S., National Survey of Victim－Offender Mediation Programs in the United States, 2000, p.7.
48) 43%가 개인과 지역사회의 중재 하에, 22%가 교회의 중재 하에 실시되고 있다. 한편 지방정부로부터 27%, 주정부로부터 24%, 연방정부로부터 9%의 기금을 받고 있다; Umbreit, M, S., 위의 논문, p.6.
49) Umbreit, M, S., 위의 논문, p.7.

해자와 가해자의 관계를 개선하기 위해서는 지역에 기반을 둔 조직을 활용하는 것이 최선이라고 생각된다. 조정절차는 대개 우선적으로 범죄사건의 발생사실과 그로 인한 경험을 이야기하고, 다음으로는 어떻게 피해를 회복할 것인가에 대한 합의를 도출하고, 마지막으로 장래에 합의된 내용을 어떻게 이행할 것인가가 논의된다. 현재 이 모델은 법원과 당사자의 요구가 있으면 폭력범에 대해서도 적용이 가능하지만, 주로 경미한 재산범죄를 중심으로 실시되고 있다. 비폭력범죄인 중죄인 경우에도 초범인 경우에는 죄를 인정하고 사과하면 자유형을 대체하는 유용한 수단으로 활용될 수 있다.

VOMP는 거의 모든 범죄에 대하여 판결 전이나 판결 후, 행형 단계에서 광범위하게 실시되고 있다. 수형자·지역사회협력사업단(Prisoners And Community Together, emc: PACT)의 조사에 의하면 VOMP는 피해자구제에 효과적인 방안일 뿐 아니라 교도소의 구금을 대체하는 좋은 수단이 되고 있다고 평가하고 있다.[50]

VOMP의 경우 범죄피해자가 실제로 여기에 참가할 의사가 있는가가 가장 큰 문제이다. Umbreit의 실제조사에 의하면 피해자의 60%가 참가하였고. 특히 Indiana 주의 Valparaiso에서는 10개 중 9개가 성공적으로 이루어졌다고 보고되고 있다.[51] 한편 Umbreit는 1985년부터 1986년까지 1년 동안 Minneapolis에서 실시한 조사에서 피해자의 84%, 가해자의 64%가 참가하여 128건이 합의되어 이 중 78%가 성사되었다고 한다.[52] 그리고 Gehm의 조사에 의하면 535건 중 피해자의 53%가 참가하지 않았고, 참가한 250건 중에는 228건에 대하여 화해가 이루어졌으며, 이 중 203건이 계약대로 이행되었다.[53] 대체로 일단 당사자가 만나기만 하면 거의 합의가 성사되고, 합의 내용은 1년 내에 이행되는 것으로 나타났다.[54]

---

50) Zehr·Umbreit, Victim Offender Reconciliation: An Incarceration Substitute?, Federal probation, Vol.46, 1982, pp.66-68.
51) 宮澤浩一 외 2인, 犯罪被害者と刑事司法, 成文堂, 169면.
52) Umbreit·Coates·Voss, Restorative Justice Dialogue: Annotated Bibliography of Empirical Studies on Mediation, Conferencing And Circles, University of Minnesota, 2003, p.4.
53) 宮澤浩一 외 2인, 위의 논문, 169면.
54) Umbreit·Coates·Voss, 위의 논문, pp.1-37. 또한 Umbreit에 의하면 VOMP에 참가한 자가 참가하지 않는 자 보다 훨씬 만족한다고 대답하였고 VOMP에 참가한 38%가 종래

결국 VOMP의 성공여부는 일단 당사자가 참가하면 거의 성공하기 때문에 피해자의 참가율을 어떻게 높이느냐가 중요한 과제이다. 범죄인은 어느 경우에나 참가하겠지만 강력범죄인 경우에는 피해자가 참가하지 않을 가능성이 많다. 따라서 VOMP의 대상 범죄를 비폭력적인 재산범죄를 원칙으로 하고, 피해자가 원하는 경우에는 폭력범죄 등에까지 확대하도록 하는 탄력적인 운용이 필요하다.

2) 가족집단회의 모델(Family Group Conference: FGC)

이 모델은 뉴질랜드 마오리족의 'Whanau회의'[55]에 착안하여 시행된 전통적인 시스템이다. 회복적 사법의 기본적인 원칙을 공유하기 위해서 청소년범죄를 다루는 한 형태로 1989년 뉴질랜드[56]에 처음으로 도입되었지만, 지금은 성인범죄까지 확대 실시되고 있다.[57] 오스트레일리아에서도 1990년 중반까지 모든 주에서 도입되어 실시되고 있다.

오스트레일리아의 회복적 사법은 일반적으로 Wagga-Wagga(경찰 단계에서의 diversion)를 제외하고는 뉴질랜드의 FGC 모델에 근거하고 있다.[58] FGC은 피해자와 가해자뿐만 아니라 피해자의 가족과 친구, 가해자의 가족과 친구 등도 참가하는 점에서 VOMP와 구별된다. 프로그램에 따라서는 범죄자를 체포한 경찰관, 범죄자의 변호사 등도 참여할 수 있으며,[59] 보통 청소년범죄에 많이 활용되고 있다. 당사자

의 형사사법 과정보다 공정했다고 대답하였다.

55) 와나우(whanau)는 뉴질랜드 마오리족의 대가족적 구조를 의미한다.
http://www.headspace.org.nz/family-whanau 참조.

56) 前野育三, 被害者問題と修復的司法: ニュージーランドのFamily Group Conferenceを中心に, 犯罪と非行, 제123호, 2002.

57) 1989년 아동, 소년 및 그 가족에 관한 법률에서 제도화되었다; Leena Kurki, Evaluating Restorative Justice Practices, in: Hirsh·Roberts·Bottoms·Roach and Schiff(ed.), *Restorative Justice & Criminal Justice*, Hart Publishing, 2003. p.297; Sara Sun Beale, Still Tough on Crime? Prospects for Restorative Justice in the United States, Duke Law School(No.35), 2002, p.11.

58) Sara Sun Beale, 위의 논문, p.12.

59) Van Ness and Strong, Restoring Justice, 1997, p.73.

이외의 참가자는 범죄에 의해 영향을 받은 자들이며 최종적인 합의가 실현될 때까지 참가한다. 중재자는 이 회의를 통제하지만 실질적인 논의에 있어서 중요한 역할을 하지 않는다. 여기서는 우선 가해자가 피해자에게 어떻게 하는 것이 좋은가를 묻고 다음에 피해자가 피해체험과 피해당한 피해의 내용을 설명하고, 마지막으로 피해자의 가족과 지원자, 가해자의 가족과 지원자가 발언을 한다. 전원이 피해자의 피해를 회복하기 위하여 노력하여야 하고, 무엇보다도 필요한 것은 대화로 합의를 이루는 것이며, 합의가 이루어지면 합의의 내용을 서면으로 형사사법기관에 송부한다. 이 모델은 사건을 명확히 하여 범죄를 비난하는 한편 가해자를 절차에 참가시켜 지원하며, 동시에 피해자의 피해를 회복시켜 가해자의 재통합을 촉진함으로써 집단적 책임을 강조하는 것이 주된 목적이다.[60] 뉴질랜드에서는 소년사건의 경우에 사건의 초기 단계에서 실시되어 처분권을 가진 법원의 부담을 덜어주며, 오스트레일리아와 미국에서는 경찰이 주도권을 가지면서 운영되고 있다. 미국은 경미한 사건을 대상으로 하고 있으며, 절도죄가 가장 많은 적용대상이 된다.

FGC에 있어서 주목할 만한 것은 1995년부터 오스트레일리아의 캔버라에서 실시한 프로젝트이다.[61] 이것은 Braithwaite의 '재통합적 수치심 이론'의 실천적 전개라 할 수 있다. 이것은 가해자에게 낙인의 효과를 부여하지 않는 대신에 가해자보다 가해자의 범죄행위를 비난하는 동시에 가해자에게 수치심을 부여하고, 가해자의 사죄에 의한 지역사회의 재통합을 추진하는 이론이다.[62]

Rise는 FGC를 Wagga Wagga 모델을 활용하여 조사하였다. 이 프로젝트에서는 경찰관을 중재자로 하였고, 조사대상의 그룹은 운전면허의 연령에 미달하는 음주운전자, 개인을 피해자로 하는 18세 미만의 재산범 소년, 30세 미만의 폭력범죄자, 18세 미만의 절도범이었다. 연구방법은 대상자를 무작위로 선정하여 FGC와 통상의 재판

---

60) 高橋 則夫, 앞의 논문, 133면.
61) 이 프로젝트를 Rise의 재통합적 수치심 실천(Rise: Reintegrative Shaming Experiment)이라 한다. 이에 관해서는 浜井浩一・横地環, 諸外國における犯罪被害者施策に關する硏究: オセアニアにおける犯罪被害者施策, 法務總合硏究所硏究部報告(9), 法務總合硏究所, 2000, 281-282면; Leena Kurki, 앞의 논문, pp.301-303.
62) 전술한 제3장 제2절 IV참조.

절차를 분리하여 1년간의 재범률, 피해자와 가해자의 절차의 공평성, 피해자의 절차에 대한 만족감을 비교하였는데 결과는 FGC가 모든 면에서 긍정적 효과를 얻었고, 특히 재범률이 현저히 낮았다고 한다.[63]

뉴질랜드에서는 FGC가 시행된 초창기부터 피해자들이 관심을 가졌고 대체로 만족하였다. Maxwell의 조사에 의하면 피해자의 41%가 참가하였고, 참가한 피해자의 51%가 절차와 계약에 대하여 만족한 것으로 조사되었다.[64] 그러나 이 모델의 시행 중반부터는 거의 90%가 만족하였고,[65] 再犯率을 낮추는 데 있어서도 성공한 것으로 평가되고 있다.[66]

3) Circles모델

이 모델은 미국 원주민과 캐나다의 원주민과의 분쟁을 해결하는 데에 그 기원을 두고 있다.[67] Circles은 의견결정 Circles(Sentencing Circles), 화해장려 Circles (Peacemaking Circles), 그리고 지역사회 Circles(Community Circles) 등으로 분류될 수 있다. Circles은 1991년 캐나다의 Yokon 주에서 실시된 것을 시작으로 현재는 캐나다의 다른 지역에서도 실시되고 있다. 미국은 1995년 Minnesota를 시작으로 Alaska, Oregon, Texas, Massachusetts, Colorado에서 소년범죄와 성인범죄에 적용하

---

63) 이에 관해서는 浜井浩一·橫地環, 위의 논문, 281-282면.

64) Maxwell, G and Morris, A, Family Victims and Culture: Youth Justice in New Zealand, Victoria University of Wellington, 1993; Maxwell, G and Morris, A, Understnding Reoffending, Victoria University of Wellington, 1999.

65) Moore의 'Wagga Wagg 협의(conferencing)'에서의 조사에 의하면, 피해자의 90% 이상이 참가하여 과정과 결과에 만족하였고, 95%가 계약대로 이행되었다고 한다. 또한 Fercello 와 Umbreit의 미네소타에서의 조사에 의하면, 참가자 중 90% 이상 만족한다고 하고 있다: Leena Kurki, 위의 논문, p.298.

66) 폭력범죄를 저지른 청소년을 상대로 조사한 결과를 보면, 가족들이 참가한 경우는 49%가 감소하였고 형사사법기관이 참가한 경우는 11%가 감소하였다고 한다. Leena Kurki 위의 논문, p.303.

67) Mara Schiff, Models Challenges and The Promise of Restrative Conferencing Strategies, in: Hirsh·Roberts·Bottoms·Roach and Schiff(ed.), *Restorative Justice & Criminal Justice*, Hart Publishing, 2003. p.321.

고 있다. Circles은 북미 이외의 지역에서 실시되고 있다는 기록은 아직 없으며, 대체로 지역 간의 문제, 학생의 퇴학·정학, 어린이 보호사건 등을 주된 대상으로 하고 있다.[68]

한편 Circles는 참가자가 피해자와 가해자 외에 각각의 가족과 지원자, 형사사법기관을 포함하는 점에서 집단회의와 동일하지만 형사사건에 관심이 있는 지역사회의 구성원들도 참가하는 점에 특색이 있다.[69] 지역사회에 기회를 부여하는 데 목적이 있지만 더 큰 목적은 지역사회에 권한을 부여하는 것이다. 우선 가해자가 사건을 설명하고 그 후 Circles의 모든 사람들과 대화할 기회가 주어진다. 서로 자유롭게 대화하여 해결의 방법을 제안하며, Circles의 관리자는 중재자의 역할을 하고 절차의 순조로운 진행의 유지를 위해 노력하며 '번호표'(talking piece)를 가진 자에게 발언의 기회를 부여한다.

현재 이 모델의 성공 여부, Circles과정의 평가에 대한 기록은 거의 없다.[70] Braithwaite의 조사에 의하면, 피해자 또는 피해자 가족들의 2 / 3가 Circles에 가는 것을 좋아하지 않았지만 참가한 3 / 4 이상이 Circles에서 대화하는 것에 만족했고,[71] 모든 피해자들은 Circle의 과정이 공평했다고 한다. 또한 피해자와 가해자들은 서로 장래에 만나기를 원했고, 다른 사람들을 위해 Circle에 참가할 준비가 되어 있다고 한다.[72]

---

68) Mara Schiff, 위 논문, p.322.
69) Yokon 주의 Restorative Justice에 관해서는, Vernon White, Restorative Justice: Resolution of Criminal Conflict, B. A., Acadia University, 1998.
70) Circles의 체계적인 연구 결과는 거의 없다. 다만 미네소타 대학의 사회연구소에서 연구한 보고서가 있다. 이에 관해서는, Coates, R·Umbreit, M and Vos, B, Restorative Justic Circles in South Saint Paul, Center for Restorative Justic and Peacemaking, School of Social Work, University of Minnesota, 2000.
71) Circles에 참가하지 않는 이유로는 Circles의 결점인 해결의 기간이 너무 길고, 참가자들의 장황한 설명에 의한 부담을 들 수 있다: Mara Schiff, 위의 논문, p.323.
72) Hirsh·Roberts·Bottoms·Roach and Schiff, 앞의 논문, p.304.

3. 소 결

회복적 사법이 실천되기 위해서는 구체적인 모델이 필요하다. 여러 가지 모델이 있을 수 있지만 대표적인 것이 위의 세 가지 모델이다. 이 중에서 가장 많이 사용되고 있는 것이 다이버전과 보호관찰의 대안으로 사용되고 있는 VOMP이다. 즉 VOMP는 우선적으로 가해자와 피해자가 서로 화해하여 사건을 원만히 해결하고, 만약 화해가 되지 않으면 중재자의 중재를 통하여 해결하는 방식이다. 다만 이 모델이 실시되기 위해서 반드시 필요한 것이 중재자가 누가 될 것인가가 문제된다. 수사기관(경찰, 검찰), 법원, 변호사가 될 수 있겠고, 아니면 지역사회의 시민단체가 될 수 있을 것이다. 개인적으로는 만약 우리나라에서 도입된다면 초창기에는 검사나 법관이 되고 차츰 정착되면 시민단체가 되어야 된다고 본다.

2004년 입법예고된 범죄피해자기본법(안)의 제5조에서 지방자치단체의 책무를 규정한 것으로 보면 앞으로 지역사회의 역할이 중요시된다고 본다. 따라서 분쟁해결과 범죄예방에 지역사회에 기회와 권한을 부여하는 Circles모델도 앞으로 주목할 만하다고 본다.

V. 나오는 말

이상에서 회복적 사법의 이론적 모델과 실천적 모델을 중심으로 각국의 실천현황을 고찰하였다. 오늘날 형사사법에 있어서 피해자는 주변적 존재인 동시에 잊힌 희생자로서 방청객에 불과하다. 원래 형사사법의 주체는 가해자와 피해자인데도 불구하고 국가권력이 강화된 근대 이후 피해자는 형사사법의 장에서 사라졌다.

20세기 형사사법의 가장 큰 실패는 교정의 실패와 형사사법의 주도권을 국가와 범죄자에게만 맡긴 것이다. 이 결과 재범의 증가를 가져왔고, 범죄자와 피해자 간의 화해와 조정이라는 민주적 운영은 사건해결의 효율성이라는 지표의 뒷전으로 밀려났다. 재범의 증가와 피해자의 방치는 응보적 형사사법이 낳은 끔찍한 두 아들이다. 따라서 현재의 응보적 형사사법으로는 재범을 예방하지 못하고, 오히려 교도소의 과밀화만 초래할 뿐이다. 이러한 문제점을 해결하기 위해서 필요한 것이 회복적 사법의 이념이다.

회복적 사법은 국가의 무의미한 형사개입을 중지하고 가족 및 지역사회가 적극적으로 개입하여 범죄로 인하여 파괴된 범죄자와 피해자 및 지역사회의 관계를 복원하는 것을 의미한다. 회복적 사법의 성공적인 수행을 위해서 필요한 것이 회복적 사법의 모델이다.

이론적 모델인 순수 모델은 피해자의 회복, 가해자의 행위에 대한 책임, 양자에 대한 지역사회의 지원이라는 3개의 요소를 절대적으로 필요로 한다. 그러나 최대화 모델은 지역사회를 절대적 요소로 보지 않는다. 또한 순수 모델은 자발적 참여를 요소로 하고 최대화 모델은 강제적 요소도 포함한다. 원래 회복적 사법의 출발은 "사건 관련당사자들이 자발적으로 대화에 참여하여 지역사회 중재자의 조정에 따라 사건을 원만히 해결하는 과정"을 의미한다는 점에서 순수 모델이 타당하다고 볼 수 있다. 하지만 회복적 사법을 이와 같이 이해한다면 이론적으로는 문제가 없지만, 실질적으로는 회복적 사법이 실천되기 어려운 이상형에 불과하게 된다. 따라서 회복적 사법은 사건 관련 당사자들의 자발적 참여와 지역사회의 중재를 통하여 해결하지 못하면 강제를 통한 회복도 가능하다고 보는 최대화 모델이 타당하다고 본다.

회복적 사법의 실천모델로서는, 피해자와 가해자의 조정 모델(Victim-Offender mediation program: VOMP), 집단회의(Family Group Conferencing), Circles의 등이 있다. 이러한 유형은 서로 다른 점도 있지만, 공통점은 관계당사자들이 한곳에 모여 피해에 대한 상황을 말하고, 이들에 대응하는 최종결론의 합의를 목표로 하여 비공식적으로 마음속의 불만을 토로하는 과정이라고 할 수 있다. 특히 이 중에서 가장 많이 사용되고 있는 것은 피해자와 가해자의 조정 모델(VOMP)이다.

앞으로는 우리가 해결해야 범죄는 범죄자의 처벌과 예방을 통하여 피해자와 가해자의 대립관계 속에서 국가 공권력이 일방적으로 해결하는 기존의 시스템으로서는 늘어나는 범죄를 해결할 수 없다고 본다. 따라서 이제는 피해자가 형사사법의 주체가 되어 범죄를 해결하여야 한다. 이러한 제도가 시행되기는 아직 시기상조라 하는 사람도 있지만, 현재의 우리 사회의 법문화의 수준은 결코 20세기 중반에 회복적 사법을 도입한 국가들에 비해 낮다고 할 수 없다.

오늘날 우리사회는 과거의 소외되어온 많은 영역들이 공론의 장에서 다양하게 등장하고 있다. 이러한 시점에서 범죄라는 문제에 있어서 진정한 의미의 정의를 실현하기 위해서는 피해자의 영역에도 회복적 사법이라는 새로운 패러다임을 조명해야 할 것이다.

그리하여 우리 실정에 적합한 회복적 사법의 모델을 모색하여 범죄로 인한 피해자의 권리를 보호하고 신장하기 위한 노력이 적극적으로 필요하다는 것이 이 글의 인식이다.

참고문헌

染田惠, 回復的司法の理論的・實務的課題と日本における活用可能性, 犯罪非行(127호), 2001.

加藤久雄, 瀨川晃, 刑事政策, 現代靑林講義.

平山幹子, わが國べの'刑事和解'モデルの導入に向けて, Japan Criminal Policy Society, 1997.

藤本哲也, 刑事政策槪論, 靑林書院, 1996.

前野育三, 被害者問題と修復的司法: ニュージーランドのFamily Group Conference を中心, 犯罪と非行, 제123호, 2002.

前野育三, 修復的司法について, 刑法雜誌, 제40권2호.

浜井浩一・横地環, 諸外國における犯罪被害者施策に關する研究: オセアニアにおける犯罪被害者施策, 法務總合研究所研究部報告(9), 法務總合研究所, 2000.

西村春夫, 回復的司法の理念と實踐, 형법잡지(41권2호), 일본형법학회, 2002.

高橋 則夫, 修復的司法の探求, 成文堂, 2003.

高橋 則夫, 修復的司法の 探究: 回復的司法のパラダイム, 成文堂, 2003.

高橋 則夫, 刑法における損害回復の思想, 成文堂, 1997, 54면 이하; 宮崎英生, 刑法における損害回復, 西原春夫先生古稀論文集(4卷), 1998.

高橋 則夫, 修復的司法の 探究: 제5회 回復的司法國際會議報告, 成文堂, 2003.

宮崎英生, 刑法における損害回復, 西原春夫先生古稀論文集(4卷), 1998.

Thomas Weigend, Viktimologische und kriminalpolitische Überlegungen zur Stellung des Verletzten im Strafverfahren, ZStW96, 1984.

Heike Jung, Die Stellung des Verletzten im Strafprozeß, ZStW 93, 1981.

Braithwaite, A Future Where Punishment is Marginalized: Realistic or Utopian?, 46 UCLA Law Review, 1999.

Braithwaite, Restorative Justice Through Victim−Offender Mediation: A Multi−Site Assessment, Western Criminology Review, 1998.

Marshall, The Evolution of Restorative Justice in Britain, European Journal of Criminal Policy and Research, Vol.4, 1996.

McCold, Restorative Justice and Handbook, Corrections Compendium, 23, 1998.

Marshall, Tony F., Restorative Justice An Overview, University of Minnesota, 1998.

Hirsh・Roberts・Bottoms・Roach and Schiff, Restorative Justice & CriminalJustice: Restoration and Retribution, Hart Publishing, 2003.

Bazemore・Walgrave, Restorative Juvenile Justice: in Search of Fundamentales and an Outline for Systemic Reform, in: Bazemore・Walgrave, (ed.), Restorative Juvenile Justice: Repairing the Harm of Youth Crime, 1999.

Judith M. Sgarzi・Jack McDevitt, Victimology: A Study of Crime Victims and Their Roles, Upper Saddle River, New Jersey, 2002.

Van Ness, New Wine and Old Wineskins: Four challenges of Restorative Justice,

Criminal Law Forum vol.4, 1993.

Nicholl, Caroline G., Community Policing, Community Justice, and Restorative Justice, U. S. Department of Justice, 1999.

Thomas S. Kuhn, The Structure of Scientific Revolutions, University of Chicago, 1996.

Tony F, Marshall, Restorative Justice An Overview, University of Minnesota, 1998.

McCold, Restorative Justice Handbook, Corrections Compendium, 1998.

Marshall, The Evolution of Restorative Justice in Britain, European Journal of Criminal Policy and Research, Vol.4, 1996.

Bazemore · Walgrave, Restorative Juvenile Justice: in Search of Fundamentales and an Outline for Systemic Reform, in: Bazemore · Walgrave, (ed.), Restorative Juvenile Justice: Repairing the Harm of Youth Crime, 1999.

McCold, Toward a Holistic Vision of Restorative Juvenile Justice: A Reply to the Maximalist Model, Contemporary Justice Review, 3−4, 2000.

Walgrave, How Pure Can a Maximalist Approach to Restorative Justice Remain? Or Can a Purist Model of Restorative Justice Become Maximalist, Contemporary for Restorative Justiice Review, 3−4, 2000.

McCold, Toward a Holistic Vision of Restorative Juvenile Justice: A Reply to the maximalist Model, Contemporary Justice Review, 2000.

Ezzat Fattah and S. Parmentier(ed.), Victim Policies and Criminal Justice on the Road to Restorative Justice: A Collection of Essays in Honour of Tony Peters(Samenleving, Criminaliteit & Strafrechtspleging, 23), 2001.

Leena Kurki, Restorative and Community Justice in the United States, 27 Crime and Just, 2000.

Mark Bakker, Reparing the Breach and Reconciling the Discordant: Mediation in the Criminal Justice System, North Carokina Law Review, vol.72, 1994.

Tony Marshall, Restorative Justice on Trial in Britain, Mediation Quarterly, 1995.

Umbreit, M. S., National Survey of Victim−Offender Mediation Programs in the United States, 2000.

Zehr · Umbreit, Victim Offender Reconciliation: An Incarceration Substitute?, Federal probation, Vol.46, 1982.

Leena Kurki, Evaluating Restorative Justice Practices, in: Hirsh · Roberts · Bottoms · Roach and Schiff(ed.), *Restorative Justice & Criminal Justice*, Hart Publishing, 2003.

Sara Sun Beale, Still Tough on Crime? Prospects for Restorative Justice in the United States, Duke Law School(No.35), 2002.

Maxwell, G and Morris, A, Family Victims and Culture: Youth Justice in New Zealand, Victoria University of Wellington, 1993.

Maxwell, G and Morris, A, Understnding Reoffending, Victoria University of Wellington, 1999.

Mara Schiff, Models Challenges and The Promise of Restrative Conferencing Strategies, in: Hirsh · Roberts · Bottoms · Roach and Schiff(ed.), *Restorative Justice & Criminal Justice*, Hart Publishing, 2003.

Coates, R · Umbreit, M and Vos, B, Restorative Justic Circles in South Saint Paul, Center for Restorative Justic and Peacemaking, School of Social Work, University of Minnesota, 2000.

부 록

범죄피해자보호법
[제정 2005. 12. 23 법률 제7731호]

제1장 총 칙

제1조 (목적) 이 법은 범죄피해자 보호·지원의 기본시책 등을 정하고 범죄피해자에 대한 국가 및 지방자치단체의 보호·지원과 국민의 범죄피해자 지원활동을 촉진함으로써, 범죄피해자의 손실 복구, 정당한 권리 행사 및 복지증진에 기여함을 목적으로 한다.

제2조 (기본이념) ① 범죄피해자는 범죄피해 상황에서 조속히 벗어나 인간의 존엄성을 보장받을 권리가 있다.

② 범죄피해자의 명예와 사생활의 평온은 보호되어야 한다.

③ 범죄피해자는 당해 사건과 관련하여 각종 법적 절차에 참여할 권리가 있다.

제3조 (정의) ① 이 법에서 사용하는 용어의 정의는 다음과 같다.

1. "범죄피해자"라 함은 타인의 범죄행위로 피해를 당한 사람과 그 배우자(사실상의 혼인관계를 포함한다), 직계친족 및 형제자매를 말한다.

2. "범죄피해자 보호·지원"이라 함은 범죄피해자의 손실 복구, 정당한 권리 행사 및 복지증진에 기여하는 행위를 말한다. 다만, 수사·변호 또는 재판에 부당한 영향을 미치는 행위는 이에 포함하지 아니한다.

3. "범죄피해자 지원법인"이라 함은 범죄피해자 보호·지원을 주된 목적으로 설립된 비영리법인을 말한다.

② 제1항 제1호에 해당하는 사람 외에 범죄피해 방지 및 범죄피해자 구조 활동으로 피해를 당한 사람도 범죄피해자로 본다.

제4조 (국가의 책무) 국가는 범죄피해자 보호·지원을 위하여 다음과 같은 조치를 취하고 이에 필요한 재원을 조달할 책무를 진다.

1. 범죄피해자 보호·지원 체제의 구축 및 운영

2. 범죄피해자 보호·지원을 위한 실태조사·연구·교육·홍보

3. 범죄피해자 보호·지원을 위한 관계 법령의 정비 및 각종 정책의 수립·시행

제5조 (지방자치단체의 책무) 지방자치단체는 범죄피해자 보호·지원을 위하여 적극적으

로 노력하고, 국가의 범죄피해자 보호·지원 시책이 원활하게 시행되도록 협력하여야 한다.

제6조 (국민의 책무) 국민은 범죄피해자의 명예와 사생활의 평온을 해하지 아니하도록 유의하여야 하고, 국가 및 지방자치단체가 실시하는 범죄피해자를 위한 정책의 수립과 추진에 최대한 협력하여야 한다.

제2장 범죄피해자 보호·지원의 기본 시책

제7조 (손실 복구 지원등) 국가 및 지방자치단체는 범죄피해자의 피해 정도, 보호·지원의 필요성 등에 상응하여 범죄피해자에게 상담, 의료 제공, 관련 법령에 따른 구조금 지급, 법률구조, 취업관련 지원 등을 할 수 있도록 필요한 대책을 강구하여야 한다.

제8조 (형사절차 참여보장등) 국가는 범죄피해자가 당해 사건과 관련하여 수사담당자와 상담하거나 재판절차에 참여하여 진술하는 등 형사절차상의 권리를 행사할 수 있도록 보장하여야 하며, 범죄피해자의 요청이 있는 경우에는 가해자에 대한 수사결과, 공판기일, 재판결과, 형집행 및 보호관찰 집행 상황 등 형사절차 관련 정보를 대통령령에서 정하는 바에 따라 제공할 수 있다.

제9조 (사생활의 평온과 신변의 보호등) 국가 및 지방자치단체는 범죄피해자의 명예와 사생활의 평온을 보호하기 위하여 필요한 조치를 하여야 하며, 범죄피해자가 형사소송절차에서의 진술·증언과 관련하여 보복을 당할 우려가 있는 경우 등 범죄피해자를 보호할 필요성이 있을 경우에는 적절한 조치를 강구하여야 한다.

제10조 (교육·훈련) 국가 및 지방자치단체는 범죄피해자에 대한 이해 증진과 효율적 보호·지원 업무 수행을 위하여 범죄 수사에 종사하는 자, 범죄피해자에 관한 상담·의료 제공 등의 업무에 종사하는 자, 그 밖에 범죄피해자 보호·지원 활동과 관계가 있는 자에 대하여 필요한 교육과 훈련을 실시하여야 한다.

제11조 (홍보 및 조사연구) ① 국가 및 지방자치단체는 범죄피해자에 대한 이해와 관심을 높이기 위하여 필요한 홍보를 하여야 한다.
② 국가 및 지방자치단체는 범죄피해자에 대하여 전문적 지식과 경험을 바탕으로 한 적절한 지원이 이루어질 수 있도록 범죄피해의 실태조사, 지원정책 개발 등을 위하여 노력하여야 한다.

제3장 범죄피해자 보호·지원의 기본계획 등

제12조 (기본계획 수립) ① 법무부장관은 제15조의 규정에 의한 범죄피해자보호위원회의 심의를 거쳐 범죄피해자 보호·지원에 관한 기본계획(이하 "기본계획"이라 한다)을 5년 마다 수립하여야 한다.

② 기본계획에는 다음 각 호의 사항이 포함되어야 한다.

1. 범죄피해자 보호·지원 정책의 기본방향과 추진목표

2. 범죄피해자 보호·지원을 위한 실태조사·연구·교육·홍보

3. 범죄피해자 보호·지원 단체에 대한 지원·감독

4. 범죄피해자 보호·지원과 관련된 재원의 조달 및 운용

5. 그 밖에 범죄피해자 보호·지원을 위하여 법무부장관이 필요하다고 인정한 사항

제13조 (연도별 시행계획의 수립) ① 법무부장관, 관계 중앙행정기관의 장 및 특별시장·광역시장 및 도지사(이하 "시·도지사"라 한다)는 기본계획에 따라 연도별 시행계획(이하 "시행계획"이라 한다)을 수립·시행하여야 한다.

② 관계 중앙행정기관의 장 및 시·도지사는 제1항의 규정에 따른 다음 연도의 시행계획 및 추진실적을 매년 법무부장관에게 제출하여야 한다. 이 경우 법무부장관은 그 시행계획이 부적합하다고 판단될 때에는 보완·조정을 요구할 수 있다.

③ 그 밖에 시행계획의 수립·시행에 관하여 필요한 사항은 대통령령으로 정한다.

제14조 (관계기관 협조) ① 법무부장관은 기본계획과 시행계획을 수립·시행하기 위하여 필요한 경우에 관계 중앙행정기관의 장, 지방자치단체의 장 또는 관계 공공기관의 장에게 협조를 요청할 수 있다.

② 중앙행정기관의 장 또는 시·도지사는 시행계획을 수립·시행하기 위하여 필요한 경우에 관계 중앙행정기관의 장, 지방자치단체의 장 또는 공공기관의 장에게 협조를 요청할 수 있다.

③ 제1항 및 제2항의 규정에 의한 협조요청을 받은 기관·단체의 장은 특별한 사유가 있는 경우를 제외하고는 이에 협조하여야 한다.

제15조 (범죄피해자보호위원회) ① 범죄피해자 보호·지원에 관한 기본계획 및 주요사항 등을 심의하기 위하여 법무부장관 소속하에 범죄피해자보호위원회(이하 "위원회"라 한다)를 두되, 위원장을 포함하여 20인 이내의 위원으로 구성한다.

② 위원회는 다음 각 호의 사항을 심의한다.

1. 기본계획 및 시행계획에 관한 사항
2. 범죄피해자 보호·지원을 위한 주요정책의 수립·조정에 관한 사항
3. 범죄피해자 보호·지원 단체에 대한 지원·감독에 관한 사항
4. 그 밖에 위원장이 심의를 요청한 사항
③ 위원회의 구성 및 운영 등에 관하여 필요한 사항은 대통령령으로 정한다.

제4장 범죄피해자 지원법인

제16조 (범죄피해자 지원법인의 등록등) ① 범죄피해자 지원법인으로서 이 법에 의한 지원을 받고자 하는 경우에는 자산·인적 구성 등 대통령령이 정하는 요건과 절차에 따라 법무부장관에게 등록하여야 한다.

② 범죄피해자 지원법인의 설립·운영에 관하여 이 법에 규정이 없는 경우에는 「민법」과 「공익법인의 설립·운영에 관한 법률」을 적용한다.

제17조 (보조금의 교부) ① 국가 또는 지방자치단체는 범죄피해자 지원법인의 건전한 육성과 발전을 위하여 필요하다고 인정할 때에는 예산의 범위 안에서 보조금을 교부할 수 있다.

② 법무부장관으로부터 보조금을 교부받고자 하는 범죄피해자 지원법인은 대통령령이 정하는 바에 따라 사업의 목적과 내용, 보조사업에 소요되는 경비 등 필요한 사항을 기재한 신청서와 첨부서류를 법무부장관에게 제출하여야 한다.

③ 제2항의 규정에 의한 보조금의 지급 기준 및 절차에 관하여 필요한 사항은 대통령령으로 정한다.

제18조 (보조금의 목적 외 사용금지 및 반환) ① 제17조의 규정에 의하여 교부받은 보조금은 범죄피해자 보호·지원 외의 다른 용도로 사용할 수 없다.

② 법무부장관은 범죄피해자 지원법인이 제17조 제2항의 규정에 의한 신청서 등에 거짓 사실을 기재하거나 그 밖의 부정한 방법으로 보조금을 교부받은 경우 또는 교부받은 보조금을 다른 용도에 사용한 경우에는 교부한 보조금의 전부 또는 일부를 반환하게 할 수 있다.

③ 보조금의 반환에 대하여는 「보조금의 예산 및 관리에 관한 법률」을 준용한다.

제19조 (감독등) ① 법무부장관은 필요하다고 인정할 때에는 등록된 범죄피해자 지원법인 (이하 "등록법인"이라 한다)에 대하여 그 업무·회계 및 재산에 관한 사항을 보고하게 하거나 소속 공무원으로 하여금 등록법인의 장부·서류 등의 물건을 감사하게 할 수 있다.

② 법무부장관은 등록법인의 임·직원이 다음 각 호의 어느 하나에 해당하는 경우에는 당해 법인의 대표자에게 이를 시정하게 하거나 당해 임원의 직무정지 또는 직원의 징계를 요구할 수 있으며, 당해 법인의 등록을 취소할 수 있다.

1. 제1항의 규정에 의하여 법무부장관이 요구하는 보고서 또는 자료를 거짓으로 작성하거나 그 보고 또는 제출을 거부한 경우

2. 제1항의 규정에 의한 감사를 거부·방해 또는 기피한 경우

3. 법무부장관의 시정명령이나 직무정지·징계요구에 대한 이행을 태만히 한 경우

제20조 (등록법인 오인 표시의 금지) 누구든지 등록법인이 아니면서 등록법인으로 표시하거나 등록법인으로 오인하게 할 수 있는 명칭을 사용하여서는 아니 된다.

제21조 (재판등에 대한 영향력 행사 금지) 범죄피해자 보호·지원 업무에 종사하는 자는 형사절차에서 가해자에 대한 처벌을 요구하거나 소송관계인에게 위력을 가하는 등 수사·변호·재판에 부당한 영향을 미치기 위한 행위를 하여서는 아니 된다.

제22조 (비밀누설의 금지) 범죄피해자 보호·지원 업무에 종사하거나 하였던 자는 그 업무를 수행하는 과정에서 알게 된 타인의 사생활에 관한 비밀을 누설하거나 범죄피해자 보호·지원 외의 목적에 사용하여서는 아니 된다.

제23조 (수수료 등의 징수 금지) 범죄피해자 지원법인에서 범죄피해자 보호·지원 업무에 종사하거나 종사하였던 자는 범죄피해자 보호·지원을 이유로 수수료 등 명목의 금품을 요구하거나 받아서는 아니 된다. 다만, 다른 법률에 규정이 있는 경우에는 그러하지 아니하다.

제5장 벌 칙

제24조 (벌칙) ① 거짓 그 밖의 부정한 방법으로 보조금을 교부받은 자는 5년 이하의 징역 또는 2천만 원 이하의 벌금에 처한다.

② 제18조 제1항의 규정을 위반하여 보조금을 범죄피해자 보호·지원 외의 다른 용도로 사용한 자는 3년 이하의 징역 또는 1천만 원 이하의 벌금에 처한다.

제25조 (벌칙) 다음 각 호의 어느 하나에 해당하는 자는 1년 이하의 징역 또는 500만 원 이하의 벌금에 처한다.

1. 제22조의 규정을 위반하여 타인의 비밀을 누설하거나 범죄피해자 보호·지원 업무 외의 목적에 사용한 자
2. 제23조의 규정을 위반하여 금품을 요구하거나 받은 자

제26조 (양벌규정) 법인의 대표자 또는 법인이나 개인의 대리인·사용인 그 밖의 종업원이 그 법인 또는 개인의 업무에 관하여 제24조 및 제25조의 위반행위를 한 경우에는 그 행위자를 벌하는 것 외에 그 법인 또는 개인에 대하여도 각 해당 조의 벌금형을 과한다.

제27조 (과태료) ①다음 각 호의 어느 하나에 해당하는 자에 대하여는 300만 원 이하의 과태료에 처한다.
1. 제19조 제2항 각 호의 규정을 위반한 자
2. 제20조의 규정을 위반하여 미등록법인이 등록법인으로 오인하도록 표시하거나 명칭을 사용한 자
3. 제21조의 규정을 위반하여 재판 등에 대한 영향력을 행사한 자
② 제1항의 규정에 따른 과태료는 대통령령이 정하는 바에 따라 법무부장관이 부과·징수한다.
③ 제2항의 규정에 따른 과태료 처분에 불복하는 자는 그 처분을 고지받은 날부터 30일 이내에 법무부장관에게 이의를 제기할 수 있다.
④ 제2항의 규정에 따른 과태료 처분을 받은 자가 제3항의 규정에 따라 이의를 제기한 경우에는 법무부장관은 지체 없이 관할 법원에 그 사실을 통보하여야 하고, 그 통보를 받은 관할 법원은 「비송사건절차법」에 따른 과태료의 재판을 한다.
⑤ 제3항의 규정에 따른 기간 이내에 이의를 제기하지 아니하고 과태료를 납부하지 아니한 경우에는 국세체납처분의 예에 따라 이를 징수한다.

범죄피해자보호법 시행령
[제정 2006. 5. 10 대통령령 제19467호]

제1조 (목적) 이 영은 「범죄피해자보호법」에서 위임된 사항과 그 시행에 관하여 필요한 사항을 규정함을 목적으로 한다.

제2조 (범죄피해자에 대한 형사절차 관련 정보제공) ① 「범죄피해자보호법」(이하 "법"이라 한다) 제8조에 따라 범죄피해자에게 제공할 수 있는 형사절차 관련 정보(이하 "형사절차관련정보"라 한다)의 세부사항은 다음 각 호와 같다.

1. 수사 관련 사항: 수사기관의 공소제기·불기소·기소중지·참고인 중지·이송 등 처분 결과
2. 공판진행사항: 공판기일, 공소제기된 법원, 판결주문, 선고일자, 재판의 확정 및 상소 여부 등
3. 형집행상황: 가석방·석방·이송·사망 및 도주 등
4. 보호관찰 집행상황: 관할 보호관찰소, 보호관찰·사회봉사·수강명령의 개시 및 종료일자, 보호관찰의 정지일자 및 정지해제일자 등

② 형사절차관련정보는 범죄피해자에게 제공함을 원칙으로 한다. 다만, 범죄피해자의 명시적 동의가 있는 경우에는 범죄피해자 지원법인에게도 이를 제공할 수 있다.

③ 범죄피해자가 형사절차관련정보를 요청한 경우 해당국가기관은 이를 제공하여야 한다. 다만, 정보제공을 요청하는 사람이 범죄피해자인지 여부가 확인되지 아니하거나 정보의 제공으로 사건 관계인의 명예나 사생활의 비밀 또는 생명·신체의 안전이나 생활의 평온을 해할 우려가 있는 경우에는 관련 정보를 제공하지 아니할 수 있다.

④ 형사절차관련정보의 제공은 서면·구두·모사전송 그 밖에 이에 준하는 방법으로 하여야 한다.

제3조 (범죄피해자기본계획의 수립 등) ① 법무부장관은 법 제12조에 따른 범죄피해자 보호·지원에 관한 기본계획(이하 "기본계획"이라 한다)을 기본계획 개시연도의 전년도 9월 30일까지 수립하여야 한다.

② 법무부장관은 제1항에 따라 수립된 기본계획을 기본계획 개시연도의 전년도 10월 31일까지 관계 중앙행정기관의 장과 특별시장·광역시장·도지사(이하 "시·도지사"라 한다)에게 통보하여야 한다.

제4조 (연도별 시행계획의 수립등) ① 법무부장관, 관계 중앙행정기관의 장 및 시·도지사는 매년 법 제13조의 연도별 시행계획(이하 "시행계획"이라 한다)을 전년도 12월 31일까지 수립하여야 한다. 이 경우 관계 중앙행정기관의 장 및 시·도지사는 수립한 시행계획을 법무부장관에게 제출하여야 한다.

② 관계 중앙행정기관의 장 및 시·도지사는 매년 2월 말까지 법무부장관에게 전년도 시행계획에 따른 추진실적을 제출하여야 한다.

제5조 (범죄피해자보호위원회의 구성) ① 법 제15조에 따른 범죄피해자보호위원회(이하 "위원회"라 한다)의 위원장은 법무부장관이 된다.

② 위원회의 위원은 다음 각 호의 사람이 된다.

1. 교육인적자원부차관·법무부차관·행정자치부차관·보건복지부차관·여성가족부차관·기획예산처차관·법원행정처차장·대검찰청차장검사 및 경찰청차장

2. 범죄피해자 보호·지원에 관한 전문지식과 경험이 풍부한 사람 중에서 위원장이 위촉하는 10인 이내의 민간위원

③ 제2항 제2호에 따라 위촉된 위원의 임기는 2년으로 하되 연임할 수 있으며, 보궐위원의 임기는 전임자의 잔임 기간으로 한다.

제6조 (위원장등) ① 위원장은 위원회를 대표하고 위원회의 업무를 통할하며, 위원회의 회의를 소집하고 그 의장이 된다.

② 위원장이 부득이한 사유로 직무를 수행할 수 없는 때에는 위원장이 미리 지정한 위원이 그 직무를 대행한다.

③ 위원회의 회의는 재적위원 과반수의 출석으로 개의하고, 출석위원 과반수의 찬성으로 의결한다.

④ 위원회의 사무를 처리하기 위하여 위원회에 간사 1인을 두되, 간사는 법무부 소속 공무원 중에서 위원장이 지명한다.

⑤ 그 밖에 위원회의 운영에 관하여 필요한 사항은 위원회의 의결을 거쳐 위원장이 정한다.

제7조 (실무위원회) ① 위원회에 다음 각 호의 사항을 처리하기 위하여 실무위원회를 둔다.

1. 위원회에 상정할 안건의 사전검토

2. 위원회에 상정할 안건의 전문적인 조사·연구

3. 그 밖에 실무위원회의 위원장이 심의를 요청한 사항

② 실무위원회는 위원장 1인을 포함하여 20인 이내의 위원으로 구성한다.

③ 실무위원회의 위원장은 법무부차관이 된다.

④ 실무위원회의 위원은 다음 각 호의 사람이 된다.

1. 교육인적자원부・법무부・행정자치부・보건복지부・여성가족부・기획예산처・법원행정처・대검찰청 및 경찰청 소속의 실・국장급 공무원 중에서 해당기관의 장이 지명하는 사람 각 1인

2. 범죄피해자 보호・지원에 관한 전문지식과 경험이 풍부한 사람 중에서 위원장이 위촉하는 10인 이내의 민간위원

⑤ 제5조 제3항과 제6조 제1항 및 제3항은 실무위원회의 구성 및 운영에 준용한다.

⑥ 실무위원회는 실무위원회의 효율적인 운영을 위하여 필요한 경우 그 소속하에 분과위원회를 둘 수 있으며, 분과위원회의 설치 및 운영 등에 관하여 필요한 사항은 실무위원회의 의결을 거쳐 실무위원회의 위원장이 정한다.

제8조 (범죄피해자 지원법인의 등록요건 및 절차) ①법 제16조 제1항에 따른 범죄피해자 지원법인의 등록요건은 다음 각 호와 같다.

1. 다음 각 목의 활동 중 세 종류 이상의 활동을 법인의 목적으로 할 것
    가. 범죄피해자에 대한 법률・심리상담 등 각종 상담
    나. 범죄피해로 인하여 정상적인 가정생활이나 사회생활이 어려운 사람들에 대한 경제적 지원
    다. 범죄피해자에 대한 수사기관 및 법정 동행
    라. 범죄피해자에 대한 병원후송・응급진료 및 치료
    마. 「범죄피해자구조법」에 따른 범죄피해구조금 신청과 「법률구조법」에 따른 법률구조법인의구조 신청에 대한 안내 등 법률구조 지원
    바. 범죄피해자 보호・지원을 위한 조사・연구 및 교육・홍보
    사. 범죄피해자를 위한 대피시설 또는 보호소 등의 운영
    아. 그 밖에 범죄피해자 보호・지원과 관련된 활동

2. 법인의 임・직원 중 10인 이상이 다음 각 목의 어느 하나에 해당할 것
    가. 변호사・의사 등의 자격 또는 면허가 있는 사람으로서 법률・의료 등 해당전문 분야에서 범죄피해자 보호・지원과 관련한 활동이 가능한 사람
    나. 법률구조법인 등 범죄피해자 보호・지원 관련 기관에서 5년 이상 근무한 사람
    다. 정부・지방자치단체 또는 공공단체 등에서 범죄피해자 보호・지원과 관련된 업무에 5년 이상 종사한 사람

3. 범죄피해자 보호・지원업무를 위한 목적사업을 수행하는 데 필요한 사무실과 시설 등 자산을 보유할 것

② 법 제16조 제1항에 따라 범죄피해자 지원법인으로 등록하고자 하는 법인은 법무부령

이 정하는 신청서와 첨부서류를 법무부장관에게 제출하여야 한다.

③ 법무부장관은 제2항에 따라 등록을 신청한 법인이 제1항의 등록요건을 갖춘 경우에는 법무부령이 정하는 바에 따라 등록을 하고, 범죄피해자 지원법인에게 등록증을 교부하여야 한다.

④ 법무부장관은 제3항에 따라 등록증을 교부한 경우에는 지체 없이 관보에 게재하여야 한다.

제9조 (변경등록) ① 제8조에 따라 등록된 범죄피해자 지원법인이 목적사업을 변경하거나 정관을 변경한 경우에는 그 변경이 있은 날부터 14일 이내에 변경사실을 증명할 수 있는 서류를 갖추어 법무부장관에게 변경등록 신청을 하여야 한다.

② 법무부장관은 제1항에 따른 서류가 제출된 경우로서 종전의 등록증의 기재사항이 변경되는 경우에는 서류를 접수한 날부터 10일 이내에 새로운 등록증을 범죄피해자 지원법인에게 교부하여야 한다.

제10조 (보조금의 교부신청서) ① 법 제17조 제2항에 따른 보조금의 교부신청서에는 다음 각 호의 사항을 기재하여야 한다.

1. 법인의 명칭
2. 대표자의 성명과 주소
3. 사업의 목적과 내용
4. 보조사업에 소요되는 경비와 교부받고자 하는 보조금액
5. 그 밖에 법무부장관이 정하는 사항

② 제1항의 사업신청서에는 다음 각 호의 사항을 기재한 사업계획서를 첨부하여야 한다.

1. 주된 사업의 개요
2. 자산과 부채에 관한 사항
3. 최근 1년간의 범죄피해자 보호·지원 관련 사업활동 실적
4. 범죄피해자 보호·지원사업의 수행계획에 관한 사항
5. 교부받고자 하는 보조금액의 산출에 관한 사항
6. 범죄피해자 보호·지원사업에 사용되는 경비의 사용방법
7. 범죄피해자 보호·지원사업의 효과
8. 최근 3년간 국가 또는 지방자치단체로부터 지급받은 범죄피해자 보호·지원 관련 보조금 내역

③ 보조금의 교부신청서는 당해 회계연도 4월 30일까지 제출하여야 한다.

제11조 (보조금의 교부결정 등) ① 법무부장관은 제10조에 따른 보조금의 교부신청서가 제출된 때에는 다음 각 호의 사항을 조사하여 보조금의 교부 여부를 결정하여야 한다.

1. 범죄피해자 지원법인의 자산

2. 1년 이상의 사업운영실적

3. 사업수행능력

4. 신청사업의 타당성

5. 최근 3년간 국가 및 지방자치단체로부터 지급받은 범죄피해자 보호·지원 관련 보조금 내역

② 보조금의 교부를 신청한 범죄피해자 지원법인이 범죄피해자 보호·지원사업을 이유로 다른 중앙행정기관으로부터 보조금을 교부받고 있는 경우에는 보조금을 중복하여 교부하지 아니한다.

③ 법무부장관은 보조금을 교부하는 경우에는 보조금의 교부 목적을 달성함에 필요한 조건을 붙일 수 있다.

④ 법무부장관은 보조금의 교부를 결정한 때에는 그 교부 결정의 내용을 신속히 보조금의 교부를 신청한 범죄피해자 지원법인에게 통지하여야 한다.

⑤ 법무부장관은 보조금의 교부결정을 위하여 필요한 경우 관계민간 전문가에게 자문을 구할 수 있다.

제12조 (보조금의 교부목적인 사업계획의 변경) ① 보조금의 교부를 받은 범죄피해자 지원법인이 보조금의 교부 목적인 사업계획을 변경하고자 하는 때에는 그 이유를 기재한 서류와 수지예산서를 갖추어 법무부장관의 승인을 얻어야 한다.

② 법무부장관은 제1항의 승인을 하는 때에는 그 사업계획의 변경 정도에 따라 종전의 보조금액 또는 보조금의 교부방법 그 밖의 조건을 변경할 수 있다.

제13조 (청문) 법무부장관은 법 제19조 제2항에 따라 범죄피해자 지원법인의 등록을 취소하고자 하는 경우에는 청문을 실시하여야 한다.

제14조 (과태료의 부과·징수절차) ① 법무부장관은 법 제27조에 따라 과태료를 부과하는 때에는 그 위반행위를 조사·확인한 후 위반사실·과태료금액 등을 서면으로 명시하여 이를 납부할 것을 과태료 처분대상자에게 통지하여야 한다.

② 법무부장관은 제1항에 따라 과태료를 부과하고자 하는 때에는 10일 이상의 기간을 정하여 과태료 처분대상자에게 구술 또는 서면(전자문서를 포함한다)에 의한 의견진술의 기회를 주어야 한다. 이 경우 지정된 기일까지 의견진술이 없는 때에는 의견이 없는 것으로 본다.

③ 법무부장관은 과태료의 금액을 정함에 있어서는 그 위반행위의 동기와 그 결과 등을 참작하되, 그 부과기준은 별표와 같다.

④ 과태료의 징수절차는 법무부령으로 정한다.

부칙 〈제19467호, 2006. 5. 10〉

① (시행일) 이 영은 공포한 날부터 시행한다.

② (보조금의 교부신청 기한에 관한 특례) 2006년도에 교부하는 보조금의 교부신청 기한은 제10조 제3항에 불구하고 2006년 9월 30일까지로 한다.

범죄피해자구조법
[일부개정 2005. 12. 29 법률 7766호]

제1조 (목적) 이 법은 사람의 생명 또는 신체를 해하는 범죄행위로 인하여 <u>사망한 자의 유족이나 중장해를 당한 자</u>를 구조함을 목적으로 한다.

제2조 (정의) 이 법에서 사용하는 용어의 정의는 다음과 같다. 〈개정 2005. 12. 29〉

1. "범죄피해"라 함은 대한민국의 영역 안 또는 대한민국의 영역 밖에 있는 대한민국 선박 또는 항공기 안에서 행하여진 사람의 생명 또는 신체를 해하는 죄에 해당하는 행위(「형법」 제9조, 제10조 제1항, 제12조, 제22조 제1항의 규정에 의하여 처벌되지 아니하는 행위를 포함하며, 동법 제20조 또는 제21조 제1항의 규정에 의하여 처벌되지 아니하는 행위 및 과실에 의한 행위를 제외한다. 이하 "범죄행위"라 한다)로 인한 사망 또는 중장해를 말한다.

2. "중장해"라 함은 부상 또는 질병이 치유된 때(그 증상이 고정된 때를 포함한다)의 신체상의 장해로서 대통령령이 정하는 경우를 말한다.

제3조 (적용범위) ① 국가는 범죄피해를 받은 자(이하 "피해자"라 한다)가 가해자의 불명 또는 무자력의 사유로 인하여 피해의 전부 또는 일부를 배상받지 못하거나, 자기 또는 타인의 형사사건의 수사 또는 재판에 있어서 고소·고발 등 수사단서의 제공, 진술, 증

언 또는 자료제출과 관련하여 피해자로 된 때에는 이 법이 정하는 바에 의하여 피해자 또는 유족에게 범죄피해구조금(이하 "구조금"이라 한다)을 지급한다.〈개정 1990. 12. 31, 2005. 12. 29〉

② 제1항의 규정에 의한 가해자의 불명·무자력에 관한 기준, 증명절차 기타 필요한 사항은 대통령령으로 정한다.〈개정 2005. 12. 29〉

제4조 (구조금의 종류등) ① 구조금은 <u>유족구조금과 장해구조금</u>으로 구분하며, 일시금으로 지급한다.

② 유족구조금은 피해자가 사망한 경우에 제5조의 규정에 의한 제1순위의 유족에게 지급한다. 다만, 동순위의 유족이 2인 이상인 경우에는 이를 균분하여 지급한다.

③ 장해구조금은 당해 피해자에게 지급한다.

제5조 (유족의 범위 및 순위) ① 유족구조금을 지급받을 수 있는 유족은 다음 각 호의 어느 하나에 해당하는 자로 한다.〈개정 2005. 12. 29〉

1. 배우자(사실상 혼인관계를 포함한다)·피해자의 사망 당시 피해자의 수입에 의하여 생계를 유지하고 있던 피해자의 자

2. 피해자의 사망 당시 피해자의 수입에 의하여 생계를 유지하고 있던 피해자의 부모, 손, 조부모, 형제자매

3. 제1호 및 제2호에 해당하지 아니하는 피해자의 자, 부모, 손, 조부모, 형제자매

② 태아는 제1항의 규정에 의한 유족의 범위를 적용함에 있어서는 이미 출생한 것으로 본다.

③ 유족구조금을 지급받을 유족의 순위는 제1항 각 호에 열거한 순서로 하고, 동항 제2호 및 제3호에 열거한 자 사이에서는 해당 각 호에 열거한 순서로 하며, 부모의 경우에는 양부모를 선순위로 하고 친생부모를 후순위로 한다.〈개정 2005. 12. 29〉

④ 유족이 피해자를 고의로 사망하게 하거나 피해자가 사망하기 전에 그의 사망으로 인하여 유족구조금을 지급받을 수 있는 선순위 또는 동순위의 유족이 될 자를 고의로 사망하게 한 경우는 유족구조금을 지급받을 수 있는 유족으로 보지 아니한다. 피해자가 사망한 후 유족구조금을 지급받을 수 있는 선순위 또는 동순위의 유족을 고의로 사망하게 한 경우도 또한 같다.

제6조 (구조금을 지급하지 아니할 수 있는 경우) 다음 각 호의 1에 해당하는 경우에는 대통령령이 정하는 바에 의하여 구조금의 전부 또는 일부를 지급하지 아니할 수 있다.

1. 피해자와 가해자 간에 친족관계(사실상 혼인관계를 포함한다)가 있는 경우

2. 피해자가 범죄행위를 유발하였거나 당해 범죄피해의 발생에 관하여 피해자에게 귀책

사유가 있는 경우

3. 기타 사회통념상 구조금의 전부 또는 일부를 지급하지 아니함이 상당하다고 인정되는 경우

제7조 (다른 법령에 의한 급여등과의 관계) 피해자 또는 유족이 당해 범죄피해를 원인으로 하여 「국가배상법」 기타 법령에 의한 급여 등을 지급받을 수 있는 경우에는 대통령령이 정하는 바에 의하여 구조금을 지급하지 아니한다.〈개정 2005. 12. 29〉

제8조 (손해배상과의 관계) ① 국가는 피해자 또는 유족이 당해 범죄피해를 원인으로 하여 손해배상을 받은 때에는 그 금액의 한도 내에서 구조금을 지급하지 아니한다.

② 국가는 구조금을 지급한 때에는 그 지급한 금액의 한도 내에서 당해 구조금의 지급을 받은 자가 가지는 손해배상청구권을 대위한다.

③ 국가는 제2항의 규정에 의한 손해배상청구권을 대위함에 있어서 대통령령이 정하는 바에 의하여 가해자인 수형자・피보호감호자의 작업상여금 또는 근로보상금으로부터 그 배상금을 지급받을 수 있다.

제9조 (구조금액) 구조금의 금액은 피해자 또는 유족의 생계유지상황과 장해의 정도를 참작하여 대통령령으로 정한다.

제10조 (외국인에 대한 구조) 이 법은 외국인이 피해자이거나 유족인 경우에는 상호의 보증이 있는 경우에 한하여 적용한다.

제11조 (범죄피해구조심의회) ① 구조금의 지급에 관한 사항을 심의・결정하기 위하여 지방검찰청에 범죄피해구조심의회(이하 "심의회"라 한다)를 둔다.

② 심의회는 법무부장관의 지휘・감독을 받는다.

③ 심의회의 관할・구성・운영 기타 필요한 사항은 대통령령으로 정한다.

제12조 (구조금의 지급신청) ① 구조금을 지급받고자 하는 자는 법무부령이 정하는 바에 의하여 그 주소지・거주지 또는 범죄발생지를 관할하는 심의회에 신청하여야 한다.

② 제1항의 규정에 의한 신청은 당해 범죄피해의 발생을 안 날로부터 2년 또는 당해 범죄피해가 발생한 날로부터 5년이 경과한 때에는 이를 할 수 없다.〈개정 2005. 12. 29〉

제13조 (구조결정) 제12조 제1항의 규정에 의한 신청이 있는 때에는 심의회는 신속하게 구조금을 지급하거나 또는 지급하지 아니한다는 결정(지급한다는 결정을 하는 경우에는 그 금액을 정하는 것을 포함한다. 이하 같다)을 하여야 한다.

제14조 (가구조금의 지급등) ① 심의회는 제12조 제1항의 규정에 의한 구조금 지급신청이 있는 경우에 피해자의 장해의 정도가 명확하지 아니하거나 기타 사유로 인하여 신속하게 결정을 할 수 없는 사정이 있는 때에는 직권 또는 신청에 의하여 대통령령이 정하는 금액의 범위 내에서 가구조금을 지급하는 결정을 할 수 있다.〈개정 2005. 12. 29〉

② 제1항의 규정에 의한 가구조금 지급신청은 법무부령이 정하는 바에 의하여 그 주소지·거주지 또는 범죄발생지를 관할하는 심의회에 할 수 있다.〈신설 2005. 12. 29〉

③ 국가는 제1항의 규정에 의한 결정이 있는 때에는 가구조금을 지급한다.

④ 가구조금을 지급받은 자에 대하여 구조금을 지급하는 결정을 한 때에는 국가는 가구조금으로 지급된 금액의 한도 내에서 구조금을 지급할 책임을 면한다.

⑤ 가구조금을 지급받은 자는 당해 구조결정에 의하여 지급되는 구조금의 금액이 가구조금으로 지급된 금액에 미치지 아니하는 때에는 그 차액을 국가에 반환하여야 하며, 구조금을 지급하지 아니한다는 결정이 있는 때에는 당해 가구조금으로 지급된 금액을 국가에 반환하여야 한다.

제15조 (결정을 위한 조사등) ① 심의회는 구조금의 지급에 관한 사항을 심의하기 위하여 필요한 때에는 신청인 기타 관계인을 조사하거나 의사의 진단을 받게 할 수 있고 행정기관이나 공·사 단체에 조회하여 필요한 사항을 보고하게 할 수 있다.

② 심의회는 신청인이 정당한 이유 없이 제1항의 규정에 의한 조사에 응하지 아니하거나 의사의 진단을 거부한 때에는 그 신청을 기각할 수 있다.

제16조 (구조금의 환수) ① 국가는 이 법에 의하여 구조금을 받은 자가 다음 각 호의 1에 해당하는 경우에는 심의회의 결정을 거쳐 그가 받은 구조금의 전부 또는 일부를 환수할 수 있다.

1. 사위 기타 부정한 방법으로 구조금의 지급을 받은 경우

2. 구조금을 지급받은 후 제6조에 규정된 사유가 발견된 경우

3. 과오급된 경우

② 국가가 제1항의 규정에 의하여 환수를 하는 경우에는 국세징수의 예에 의하고, 그 징수의 우선순위는 국세 및 지방세의 다음으로 한다. 제17조 (시효) 구조금의 지급을 받을 권리는 그 구조결정이 당해 신청인에게 송달된 날로부터 2년간 행사하지 아니하면 시효로 인하여 소멸된다.

제18조 (구조금의 지급을 받을 권리의 보호) 구조금의 지급을 받을 권리는 양도 또는 담보로 제공하거나 압류할 수 없다.

제19조 (시행령) 이 법 시행에 관하여 필요한 사항은 대통령령으로 정한다.

헌 법

제27조⑤ 형사피해자는 법률이 정하는 바에 의하여 당해 사건의 재판절차에서 진술할 수 있다.

제30조 타인의 범죄행위로 인하여 생명·신체에 대한 피해를 받은 국민은 법률이 정하는 바에 의하여 국가로부터 구조를 받을 수 있다.

특정강력범죄의처벌에관한특례법

제2조 (적용범위) ① 이 법에서 "특정강력범죄"라 함은 다음 각 호의 1에 해당하는 죄를 말한다.〈개정 1993. 12. 10, 2005. 8. 4〉

1. 형법 제24장의 살인의 죄 중 제250조(살인·존속살해), 제253조(위계 등에 의한 촉탁살인 등), 제254조(미수범. 다만, 제251조 및 제252조의 미수범을 제외한다)

2. 형법 제31장의 약취와 유인의 죄 중 제287조(미성년자의 약취·유인), 제288조(영리 등을 위한 약취·유인·매매 등), 제289조(국외이송을 위한 약취·유인·매매), 제293조(상습범), 제294조(미수범. 다만, 제291조 및 제292조의 미수범을 제외한다)

3. 「형법」 제32장의 강간과 추행의 죄 중 흉기 기타 위험한 물건을 휴대하거나 2인 이상이 합동하여 범한 제297조(강간), 제298조(강제추행), 제299조(준강간·준강제추행), 제300조(미수범), 제305조(미성년자에 대한 간음·추행)의 죄 및 제301조(강간 등에 의한 치사상)의 죄

3의2. 「형법」 제32장의 강간과 추행의 죄(제304조의 죄를 제외한다), 「성폭력범죄의 처벌 및 피해자보호 등에 관한 법률」 제5조 내지 제12조의 죄 또는 「청소년의 성보호에 관한 법률」 제10조의 죄로 2회 이상 실형을 받은 자가 범한 「형법」 제297조, 제298조, 제299조, 제300조, 제305조 및 「청소년의 성보호에 관한 법률」 제10조의 죄

4. 형법 제38장의 강도의 죄 중 제333조(강도), 제334조(특수강도), 제335조(준강도), 제336조(약취강도), 제337조(강도상해·치상), 제338조(강도살인·치사), 제339조(강도강간), 제340조(해상강도), 제341조(상습범), 제342조(미수범. 다만, 제329조 내지 제332조의 미수범을 제외한다)

5. 폭력행위등처벌에관한법률 제4조(단체등의 구성·활동), 특정범죄가중처벌등에관한법률

제5조의8(단체등의 조직)

② 제1항 각 호의 범죄로서 다른 법률에 의하여 가중처벌하는 죄는 특정강력범죄로 본다.

제7조 (증인에 대한 신변안전조치) ① 검사는 특정강력범죄사건의 증인이 피고인 기타의 사람으로부터 생명·신체에 해를 받거나 받을 염려가 있다고 인정되는 때에는 관할경찰서장에게 증인의 신변안전을 위하여 필요한 조치를 할 것을 요청하여야 한다.

② 증인은 검사에게 제1항의 조치를 취하도록 청구할 수 있다.

③ 재판장은 검사에게 제1항의 조치를 취하도록 요청할 수 있다.

④ 제1항의 요청을 받은 관할경찰서장은 즉시 증인의 신변안전에 필요한 조치를 하고 이를 검사에게 통보하여야 한다.

특정범죄신고자등보호법

제13조 (신변안전조치) ① 검사 또는 경찰서장은 범죄신고자 등이나 그 친족 등이 보복을 당할 우려가 있는 경우에는 일정 기간 동안 당해 검찰청 또는 경찰서 소속 공무원으로 하여금 신변안전을 위하여 필요한 조치(이하 "신변안전조치"라 한다)를 하게 하거나 대상자의 주거지 또는 현재지를 관할하는 경찰서장에게 신변안전조치를 취하도록 요청할 수 있다. 이 경우 요청을 받은 경찰서장은 특별한 사유가 없는 한 즉시 신변안전조치를 취하여야 한다.

② 재판장 또는 판사는 공판준비 또는 공판진행과정에서 검사에게 제1항의 규정에 의한 조치를 취하도록 요청할 수 있다.

③ 범죄신고자 등 그 법정대리인 또는 친족 등은 재판장·검사 또는 주거지나 현재지를 관할하는 경찰서장에게 제1항의 규정에 의한 조치를 취하여 줄 것을 신청할 수 있다.

④ 경찰서장이 신변안전조치를 취한 경우에는 대통령령이 정하는 바에 의하여 그 사실을 검사에게 통보하여야 한다.

⑤ 제1항의 규정에 의한 신변안전조치의 종류와 절차 등에 관하여 필요한 사항은 대통령령으로 정한다.

성폭력범죄의처벌및피해자보호등에관한법률

제1조 (목적) 이 법은 성폭력범죄를 예방하고 그 피해자를 보호하며, 성폭력범죄의 처벌 및 그 절차에 관한 특례를 규정함으로써 국민의 인권신장과 건강한 사회질서의 확립에 이바지함을 목적으로 한다.

제22조 (심리의 비공개) ① 성폭력범죄에 대한 심리는 그 피해자의 사생활을 보호하기 위하여 결정으로 이를 공개하지 아니할 수 있다.

② 증인으로 소환받은 성폭력범죄의 피해자와 그 가족은 사생활보호 등의 사유로 증인신문의 비공개를 신청할 수 있다.

③ 재판장은 제2항의 신청이 있는 때에는 그 허가 여부 및 공개, 법정외의 장소에서의 신문 등 증인의 신문방식 및 장소에 관하여 결정할 수 있다.

④ 법원조직법 제57조(재판의 공개) 제2항 및 제3항의 규정은 제1항 및 제3항의 경우에 이를 준용한다.

21조의3 (영상물의 촬영·보존등) ① 검사 또는 사법경찰관은 성폭력 범죄를 당한 피해자의 연령, 심리상태 또는 후유장애의 유무 등을 신중하게 고려하여 조사과정에서 피해자의 인격이나 명예가 손상되거나 사적인 비밀이 침해되지 않도록 주의하여야 한다.〈개정 2006. 10. 27〉

② 검사 또는 사법경찰관은 성폭력범죄의 피해자를 조사함에 있어서 피해자가 편안한 상태에서 진술하도록 조사환경을 조성하여야 하며, 조사 횟수는 필요 최소한으로 하여야 한다.〈신설 2006. 10. 27〉

③ 제1항의 피해자가 16세 미만(종전 13세를 16세로 개정)이거나 신체장애 또는 정신상의 장애로 사물을 변별하거나 의사를 결정할 능력이 미약한 때에는 피해자의 진술내용과 조사과정을 비디오녹화기 등 영상물 녹화장치에 의하여 촬영·보존하여야 한다. 다만, 피해자 또는 법정대리인이 이를 원하지 않는 의사를 표시한 때에는 촬영을 하여서는 아니 된다.〈개정 2006. 10. 27〉

④ 제3항의 규정에 따라 촬영한 영상물에 수록된 피해자의 진술은 공판준비 또는 공판기일에서 피해자 또는 조사과정에 동석하였던 신뢰관계에 있는 자의 진술에 의하여 그 성립의 진정함이 인정된 때에는 증거로 할 수 있다.〈개정 2006. 10. 27〉

⑤ 수사기관은 제3항의 요건에 해당하는 피해자 또는 법정대리인으로부터 신청이 있는 때에는 영상물 촬영과정에서 작성한 조서의 사본을 신청인에게 교부하여야 한다.〈개정 2006. 10. 27〉

⑥ 누구든지 제3항의 규정에 따라 촬영한 영상물을 수사 및 재판의 용도 외에 다른 목적으로 사용하여서는 아니 된다.〈신설 2006. 10. 27〉

22조의3 (신뢰관계에 있는 자의 동석) ① 법원은 제5조 내지 제9조와 제11조 및 제12조(제10조의 미수범을 제외한다)의 범죄의 피해자를 증인으로 신문함에 있어서 검사·피해자 또는 법정대리인의 신청이 있는 때에는 재판에 지장을 초래할 우려가 있는 등 부득이한 경우가 아닌 한 피해자와 신뢰관계에 있는 자를 동석하게 하여야 한다.

② 제1항의 규정은 수사기관이 제1항의 피해자를 조사하는 경우에 관하여 이를 준용한다.

형사소송법

제165조의2 (비디오 등 중계장치 등에 의한 증인신문) 법원은 다음 각 호의 어느 하나에 해당하는 자를 증인으로 신문하는 경우 상당하다고 인정하는 때에는 검사와 피고인 또는 변호인의 의견을 들어 비디오 등 중계장치에 의한 중계시설을 통하여 신문하거나 차폐(遮蔽)시설 등을 설치하고 신문할 수 있다.

1. 「아동복지법」 제40조제1호부터 제3호까지의 규정에 해당하는 죄의 피해자
2. 「청소년의 성보호에 관한 법률」 제5조부터 제10조까지의 규정에 해당하는 죄의 대상이 되는 청소년 또는 피해자
3. 범죄의 성질, 증인의 연령, 심신의 상태, 피고인과의 관계, 그 밖의 사정으로 인하여 피고인 등과 대면하여 진술하는 경우 심리적인 부담으로 정신의 평온을 현저하게 잃을 우려가 있다고 인정되는 자[본조신설 2007.6.1] [[시행일 2008.1.1]]

제259조의2 (피해자 등에 대한 통지) 검사는 범죄로 인한 피해자 또는 그 법정대리인(피해자가 사망한 경우에는 그 배우자·직계친족·형제자매를 포함한다)의 신청이 있는 때에는 당해 사건의 공소제기 여부, 공판의 일시·장소, 재판결과, 피의자·피고인의 구속·석방 등 구금에 관한 사실 등을 신속하게 통지하여야 한다.[본조신설 2007.6.1] [[시행일 2008.1.1]]

제294조의2 (피해자등의 진술권)

① 법원은 범죄로 인한 피해자 또는 그 법정대리인(피해자가 사망한 경우에는 배우자·직계친족·형제자매를 포함한다. 이하 이 조에서 "피해자등"이라 한다)의 신청이 있는 때에는 그 피해자 등을 증인으로 신문하여야 한다. 다만, 다음 각 호의 어느 하나에 해당하는 경우에는 그러하지 아니하다.〈개정 2007. 6. 1〉

1. 삭제 〈2007. 6. 1〉
2. 피해자 등 이미 당해 事件에 관하여 공판절차에서 충분히 陳述하여 다시 陳述할 필요가 없다고 인정되는 경우
3. 피해자 등의 陳述로 인하여 公判節次가 현저하게 지연될 우려가 있는 경우

② 법원은 제1항에 따라 피해자 등을 신문하는 경우 피해의 정도 및 결과, 피고인의 처벌에 관한 의견, 그 밖에 당해 사건에 관한 의견을 진술할 기회를 주어야 한다.〈개정 2007. 6. 1〉

③ 法院은 동일한 犯罪事實에서 第1項의 規定에 의한 신청인이 여러 명인 경우에는 진

술할 者의 數를 제한할 수 있다.〈개정 2007. 6. 1〉

④ 第1項의 規定에 의한 申請人이 출석통지를 받고도 정당한 이유 없이 출석하지 아니한 때에는 그 申請을 撤回한 것으로 본다.〈개정 2007. 6. 1〉

제294조의3 (피해자 진술의 비공개) ① 법원은 범죄로 인한 피해자를 증인으로 신문하는 경우 당해 피해자·법정대리인 또는 검사의 신청에 따라 피해자의 사생활의 비밀이나 신변보호를 위하여 필요하다고 인정하는 때에는 결정으로 심리를 공개하지 아니할 수 있다.

② 제1항의 결정은 이유를 붙여 고지한다.

③ 법원은 제1항의 결정을 한 경우에도 적당하다고 인정되는 자의 재정(在廷)을 허가할 수 있다.

제294조의4 (피해자등의 공판기록 열람·등사) ① 소송계속 중인 사건의 피해자(피해자가 사망하거나 그 심신에 중대한 장애가 있는 경우에는 그 배우자·직계친족 및 형제자매를 포함한다), 피해자 본인의 법정대리인 또는 이들로부터 위임을 받은 피해자 본인의 배우자·직계친족·형제자매·변호사는 소송기록의 열람 또는 등사를 재판장에게 신청할 수 있다.

② 재판장은 제1항의 신청이 있는 때에는 지체 없이 검사, 피고인 또는 변호인에게 그 취지를 통지하여야 한다.

③ 재판장은 피해자 등의 권리구제를 위하여 필요하다고 인정하거나 그 밖의 정당한 사유가 있는 경우 범죄의 성질, 심리의 상황, 그 밖의 사정을 고려하여 상당하다고 인정하는 때에는 열람 또는 등사를 허가할 수 있다. [본조신설 2007.6.1] [[시행일 2008.1.1]]

④ 재판장이 제3항에 따라 등사를 허가하는 경우에는 등사한 소송기록의 사용목적을 제한하거나 적당하다고 인정하는 조건을 붙일 수 있다.

⑤ 제1항에 따라 소송기록을 열람 또는 등사한 자는 열람 또는 등사에 의하여 알게 된 사항을 사용함에 있어서 부당히 관계인의 명예나 생활의 평온을 해하거나 수사와 재판에 지장을 주지 아니하도록 하여야 한다.

⑥ 제3항 및 제4항에 관한 재판에 대하여는 불복할 수 없다. [본조신설 2007.6.1] [[시행일 2008.1.1]]

특정범죄신고자등보호법

제1조 (목적) 이 법은 특정범죄에 관한 형사절차에서 국민이 안심하고 자발적으로 협조할 수 있도록 그 범죄신고자 등을 실질적으로 보호함으로써 범죄로부터 사회를 방위함에 이바지함을 목적으로 한다.

제12조 (소송진행의 협의등) ① 법원은 범죄신고자 등이나 그 친족 등이 보복을 당할 우려가 있는 경우에는 검사 및 변호인과 당해 피고인에 대한 공판기일의 지정 기타 소송의 진행에 필요한 사항을 협의할 수 있다.

② 제1항의 규정에 의한 협의는 소송진행에 필요한 최소한에 그쳐야 하며, 판결에 영향을 주어서는 아니 된다.

③ 특정강력범죄의처벌에관한특례법 제10조(집중심리) 및 제13조(판결선고)의 규정은 제1항의 경우에 이를 준용한다.

제15조 (피고인등에 관련된 주요변동상황통지) 범죄신고자 등이나 그 친족 등이 보복을 당할 우려가 있는 경우에는 검사 또는 사법경찰관은 직권 또는 범죄신고자 등 그 법정대리인이나 친족 등의 신청에 의하여 피의자 또는 피고인의 체포ㆍ구속 및 석방에 관련된 사법경찰관ㆍ검사 및 법원의 처분내용, 재판선고기일이나 선고내용 및 가석방ㆍ형집행정지ㆍ형기만료나 보안처분종료 등으로 인한 교정시설 등에서의 출소사실이나 도주사실 등 재판 및 신병에 관련된 변동상황을 범죄신고자 등 그 법정대리인 또는 친족 등에게 통지할 수 있다.

범죄피해자보호규칙

[2004. 8. 17 경찰청훈령 제428호]

제1장 총칙

제1조(목적) 이 규칙은 경찰의 적극적인 보호활동을 통해 범죄피해자의 권익보호와 신속한 피해회복을 도모함을 목적으로 한다.

제2조(정의) 이 규칙에서 사용하는 용어의 정의는 다음과 같다.

1. "피해자"라 함은 범죄로 인하여 피해를 입은 자와 그 가족 등을 말한다.
2. "피해자보호대책"이라 함은 피해자에 대한 각종 지원과 형사절차상 피해자 권익보호 및 제2차 피해방지를 위한 종합적 활동을 말한다.
3. "경찰관서"라 함은 경찰청, 지방경찰청 및 경찰서를 말한다.

제3조(피해자 보호의 원칙) ① 경찰공무원은 피해자의 신체적·정신적·경제적 피해의 회복과 권익증진을 위해 노력하여야 한다.

② 경찰공무원은 피해자의 심정을 이해하고 그 인격을 존중하여야 한다.

③ 경찰공무원은 피해자 보호를 위한 초기대응에 최선을 다하여야 한다.

④ 경찰공무원은 피해자를 보호함에 있어서 피의자 인권이 침해되지 않도록 주의하여야 한다.

제2장 피해자보호추진위원회 등

제4조(설치) 피해자보호대책을 체계적으로 추진하기 위하여 경찰청에 피해자보호추진위원회(이하 "위원회"라 한다)를 둔다.

제5조(구성) ①위원회는 위원장을 포함하여 15인 이내의 위원으로 한다.②위원회의 위원장은 경찰청 차장으로 하고, 위원은 다음 각호의 자로 한다.

1. 경무기획국장, 생활안전국장, 수사국장, 공보관, 감사관, 외사관리관, 교통관리관
2. 기타 위원장이 필요하다고 인정하는 자

③ 위원회의 사무를 처리하기 위하여 간사를 두며, 간사는 범죄피해자대책실장으로 한다.

제6조(임무) 위원회의 임무는 다음 각호와 같다.
　1. 피해자 보호 관련 중요시책의 심의·의결
　2. 피해자 보호업무에 관한 관련 기능 및 지방청간 업무의 조정
　3. 피해자 보호업무의 분석·평가 및 발전방향 협의
　4. 기타 피해자 보호를 위하여 필요한 시책에 관한 사항의 처리

제7조(운영) ① 위원회 회의는 제6조의 임무를 수행하기 위하여 위원장이 필요하다고 인정하거나 위원의 소집건의가 있을 때 소집한다.
② 위원회의 위원장, 위원 및 간사의 직무는 다음과 같다.
　1. 위원장
　　가. 위원회 소집 및 회의 주재
　　나. 위원회 결정사항의 시행확인
　2. 위원
　　가. 위원회 소집 건의, 토의 및 의사결정 참여
　　나. 소관사항의 제안 및 의결사항의 시행
　3. 간사
　　가. 피해자보호대책 추진상황에 대한 위원회 보고
　　나. 상정의안 등 회의서류 작성 및 보관
　　다. 기타 위원회 관련 사무처리
③ 위원장이 부득이한 사유로 직무를 수행할 수 없는 때에는 위원장이 미리 지명한 위원이 그 직무를 대행한다.
④ 위원회의 의결은 재적위원 과반수의 출석과 출석위원 과반수의 찬성으로 한다.

제8조(실무위원회) ① 위원회의 의결사항을 실행하고, 위원회에서 위임받은 사항을 처리하기 위하여 피해자보호실무위원회(이하 "실무위원회"라 한다)를 둔다.
② 실무위원회 위원장은 경찰청 수사국장으로 하고, 위원은 다음 각호의 자로 한다.
　1. 혁신기획과장, 생활안전과장, 수사과장, 범죄피해자대책실장, 공보담당관, 감찰담당관, 외사3담당관, 교통기획담당관
　2. 기타 실무위원회 위원장이 필요하다고 인정하는 자

제9조(범죄피해자대책관) 전문적이고 일관성 있는 피해자 보호를 위하여 각 지방청 및 경찰서에 범죄피해자대책관(이하 "대책관"이라 한다)을 둔다.

제10조(대책관의 업무) 대책관은 다음 각호의 업무를 수행한다.

1. 피해자 통지 등 피해자에 대한 각종 정보제공 및 상담 체계 구축
2. 유관기관·단체와의 연락 및 협조
3. 피해자 보호를 위한 교육 및 홍보
4. 피해자 보호 관련 통계의 작성 및 보고
5. 기타 피해자 보호 관련 업무

제3장 범죄피해자보호대책

제11조(피해자에 대한 정보제공) ① 경찰공무원은 범죄사건을 처리하는 과정에서 피해자 보호를 위하여 필요하다고 인정하는 경우 법령에 저촉되지 않는 범위 내에서 피해자에게 다음 각호의 정보를 제공하여야 한다.

1. 사건의 접수, 진행경과 및 처리결과 등 수사진행사항
2. 피해자 진술권, 형사 보좌인의 조력을 받을 권리 등 형사절차상 피해자의 권리에 관한 사항
3. 범죄피해자구조금제도, 배상명령제도, 성폭력피해자 의료비 지원제도 등 피해자 지원 제도에 관한 사항

② 전항제1호에 관한 정보의 제공은 범죄수사규칙 제10조의3에 의한 방법으로 한다.

제12조(제2차 피해의 방지) ① 경찰공무원은 범죄사건을 처리하는 과정에서 권위적 태도, 불필요한 질문 등으로 피해자에게 제2차 피해를 주지 않도록 하여야 한다.

② 경찰공무원은 피해자의 입장에서 진술을 경청하고, 필요한 경우 피해자조사실을 이용하거나 피의자와 분리하여 조사하는 등 제2차 피해의 방지 및 경감을 위해 노력하여야 한다.

제13조(신변안전조치) 경찰관서의 장은 피해자가 피의자 기타의 사람으로부터 생명??신체에 해를 받거나 받을 염려가 있다고 인정되는 때에는 직권 또는 피해자의 신청에 의하여 신변안전에 필요한 조치를 취하여야 한다.

제14조(교육) 경찰관서의 장은 피해자 보호 관련 교육을 정기적으로 실시함으로써 피해자 보호에 대한 인식 및 전문성을 제고하여야 한다.

제15조(관계기관 등과의 협조) ① 경찰관서의 장은 피해자 지원을 위하여 관계기관 및 민간단체와의 유기적인 협조체제를 구축하여야 한다.

② 전항의 경우에 피해자보호대책의 추진을 위하여 관계전문가 등으로 구성된 피해자보호자문위원회를 설치할 수 있다.

제16조(세부지침) 이 규칙에 규정된 사항 이외에 피해자 보호를 위하여 필요한 세부사항은 별도 지침으로 정할 수 있다.

부 칙

이 규칙은 발령한 날부터 시행한다.

범죄피해자지원센터

순번	명 칭	주 소	전 화 FAX
1	(사)한국범죄피해자 지원중앙센터	서울시 서초구 서초동 1724 서울중앙지검	02-534-4901 02-534-4902
2	(사)서울동부 범죄피해자지원센터	서울 광진구 자양동 680-22 서울동부지검 별관 425,426호	02-2204-4607 02-455-4956
3	(사)서울남부 범죄피해자지원센터	서울특별시 양천구 신청1동 313-1호 서울남부지검 613호	02-2645-1301 02-2645-1345
4	(사)서울북부 범죄피해자지원센터	서울특별시 노원구 공릉1동 622 서울북부지검 256,257호	02-3296-4995 02-3296-4996
5	(사)서울서부 범죄피해자지원센터	서울 마포구 마포로 99(공덕동 105-1) 서울서부지검 916호	02-3270-4504 02-707-3717
6	(사)경기북부 범죄피해자지원센터	경기도 의정부시 가능1동 364 의정부지검 109호	031-820-4678 031-820-4679
7	(사)고양·파주지역 범죄피해자지원센터	경기도 고양시 일산구 장항동 885 고양지청 711호	031-932-8291 031-908-7455
8	(사)인천 범죄피해자지원센터	인천시 남구 학익2동 278-1 인천지검 1106호	032-868-4999 032-867-4999
9	(사)부천·김포 범죄피해자지원센터	경기도 부천시 원미구 상동 445-2 부천지청 314-315호	032-329-2580 032-329-2581
10	(사)수원지역 범죄피해자지원센터	수원시 영통구 원천동 80 수원지검 143호	031-211-2066 031-213-4779
11	(사)성남·광주·하남지역 범죄피해자지원센터	경기도 성남시 분당구 정자동 23-3 아름방송 1층	031-715-0090 031-715-5995
12	(사)여주·이천·양평지역 범죄피해자지원센터	경기도 여주군 여주읍 상리 361 여주지청 204호	031-886-6500 031-886-6585
13	(사)평택·안성 범죄피해자지원센터	경기도 평택시 비전동 847 남부문예회관 1층	031-656-2828 031-653-2827
14	(사)안산·광명·시흥지역 범죄피해자지원센터	안산시 단원구 고잔1동 711번지 안산지청 201호	031-475-3310 031-475-3321
15	(사)춘천지역 범죄피해자지원센터	강원도 춘천시 효자1동 674-19번지 1층	033-244-0335 033-242-0335
16	(사)강릉지역 범죄피해자지원센터	강원도 강릉시 난곡동 138번지 강릉지청 122호	033-641-4163 033-642-1501

순번	명 칭	주 소	전 화 FAX
17	(사)원주·횡성 범죄피해자지원센터	강원도 원주시 학성1동 1008-9 원주지청 범방실	033-742-3100 033-742-3150
18	(사)속초지역 범죄피해자지원센터	강원도 속초시 동명동 280-2 동명빌딩 2층	033-638-1111 033-638-1111
19	(사)태백·영월·평창·정선 범죄피해자지원센터	강원도 영월군 영월읍 영흥8리 876번지 영월지청	033-375-9119 033-375-9119
20	(사)대전 범죄피해자지원센터	대전광역시 서구 둔산동 1390 대전지검 209호	042-472-0082 042-472-0835
21	(사)홍성지역 범죄피해자지원센터	충남 홍성군 홍성읍 월산리 848-1 홍성지청 310호	041-631-2828 041-631-4915
22	(사)공주·청양 범죄피해자지원센터	공주시 반죽동 332 공주지청 2층	041-856-2828 041-856-2829
23	(사)논산·부여·계룡 범죄피해자지원센터	충남 논산시 강경읍 대흥리 46-1 논산지청 207호	041-745-2030 041-745-2565
24	(사)충남서북부지역 범죄피해자지원센터	충남 서산시 예천동 600 서산지청 312호	041-660-4377 041-667-7783
25	(사)천안·아산 범죄피해자지원센터	충남 천안시 불당동 234-1 천안시청 본관 1층	041-556-9494 041-523-2829
26	(사)청주 범죄피해자지원센터	충북 청주시 흥덕구 수곡동 93-1번지 청주지검 212호	043-288-0141 043-288-0142
27	(사)충주·음성 범죄피해자지원센터	충주시 교현2동 720-2번지 충주지청 107호	043-856-2526 043-856-2527
28	(사)제천·단양지역 범죄피해자지원센터	충북 제천시 의림동 3-3 제천지청 3층	043-644-5055 043-653-5055
29	(사)영동·옥천지역 범죄피해자지원센터	충북 영동군 영동읍 계산리 681-4 영동지청 별관 범방실	043-740-3800 043-742-3800
30	(사)대구·경북 범죄피해자지원센터	대구광역시 수성구 범어2동 458-2번지 대구지검 2315호	053-740-4440 053-740-4375
31	(사)안동·영주·봉화 범죄피해자지원센터	경북 안동시 정하동 235-2 안동지청 209호	054-852-7200 054-854-7600
32	(사)경주지역 범죄피해자지원센터	경주시 노동동 12 사적공원관리사무소 2층	054-773-4595 054-773-4596
33	(사)포항 범죄피해자지원센터	경북 포항시 북구 죽도2동 73-6번지	054-276-8112 054-276-8225

순번	명 칭	주 소	전 화 FAX
34	(사)김천 피해자지원센터	경북 김천시 남산동 49-15 김천사회복지회관	054-430-9091 054-430-9094
	(사)구미 범죄피해자지원센터	구미시 공단동 256-17 시민복지회관 2층	054-462-9090 054-462-9091
35	(사)상주·문경·예천 범죄피해자지원센터	상주시 만산동 652-2 상주지청 108호	054-535-6047 054-533-2829
36	(사)의성군위청송 범죄피해자지원센터	경북 의성군 의성읍 중리리748 의성지청	054-832-2828 054-832-2828
37	(사)부산범죄피해자 지원센터'햇살'	부산시 동래구 명륜1동 533-230번지 율곡빌딩 905호	051-558-8893 051-558-8894
38	(사)부산동부지역 범죄피해자지원센터	부산광역시 해운대구 재송2동 1133 부산동부지청 417호	051-781-1144 051-781-1143
39	(사)울양 범죄피해자지원센터	울산 남구 옥동 289-3번지 건강빌딩 2층	052-265-9004 052-265-9014
40	(사)창원지역 범죄피해자지원센터	창원시 대방로 101번지 창원지검 103호	055-286-8286 055-286-8655
41	(사)진주지역 범죄피해자지원센터	경남 진주시 본성동 6-10번지 1층	055-748-1301 055-748-1303
42	(사)통영·거제·고성 범죄피해자지원센터	경남 통영시 도천동 28번지 통영시청 별관 3층	055-648-6200 055-648-6210
43	(사)밀양·창녕 범죄피해자지원센터	경남 밀양시 내이동 428번지 밀양지청 212호	055-356-8272 055-354-3381
44	(사)거창·합천·함양 범죄피해자지원센터	경남 거창군 거창읍 상림리 1-11 거창지청 별관	055-945-2325 055-945-3630
45	(사)광주 범죄피해자지원센터	광주 동구 지산동 342-1 광주지검 208호	062-231-4752 062-234-4752
46	(사)목포지역 범죄피해자지원센터	목포시 용해동 818번지 목포지청 범방실	061-276-1230 061-276-2400
47	(사)장흥·강진지역 범죄피해자지원센터	전남 장흥군 장흥읍 건산리 720-105번지	061-863-3636 061-863-4646
48	(사)전남동부 범죄피해자지원헨터	전남 순천시 왕지동 777-1번지 순천지청 526호	061-722-2544 061-722-2543
49	(사)해남·완도·진도 범죄피해자지원센터	전남 해남군 해남읍 구교리 390 해남지청 2층	061-537-1301 061-534-2827

순번	명 칭	주 소	전 화 FAX
50	(사)전주지역 범죄피해자지원센터	전북 전주시 덕진구 덕진동 1가 140-8 향림빌딩 1층	063-276-8804 063-276-8805
51	(사)군산·익산 범죄피해자지원센터	전북 군산시 조촌동 880 군산지청 508호	063-452-3012 063-453-3012
52	(사)정읍지역 범죄피해자지원센터	정읍시 수성동 609-7 정읍지청 412호	063-534-8295 063-532-2223
53	(사)남원지역범죄피해자지원 센터	남원시 동충동 141번지 남원지청 2층	063-634-2828 063-635-2827
54	(사)제주지역 범죄피해자지원센터	제주시 이도2동 950-1 제주지검 206호	064-756-7004 064-726-9004
55	(사)영덕·울진·영양 범죄피해자지원센터	경북 영덕군 영덕읍 남석리 69-39	054-733-9495 054-733-9497

・저자・

박상식　　•약　력•

경상대학교 법과대학 법학과 졸업
진주지역범죄피해자지원센터 상임위원
한국상담전문가연합회 위원
한국교정복지학회 이사
한국인권사회복지학회 이사
한국교정학회, 한국피해자학회, 한국공안행정학회 회원
현) 경상대학교 해양경찰시스템학과 교수

•주요논문 및 저서•

「회복적사법의 이론적 모델과 실천모델」
「음주운전에 대한 형사법적 고찰」
「배상과 화해에 관한 실증적 분석」
「범죄피해자의 의견진술권에 관한 연구」
「정신장애범죄자의 형사책임능력판단기준에 관한 연구」
「피의자신문과정에 있어서의 인권에 관한 연구」 외 다수
『범죄와 인권』(공저)
『형법특강』(공저) 외 다수

이창호　　•약　력•

서울대학교 법과대학 법학과 졸업
법제처 전문위원
중국 길림대학 방문교수
국가정보원 과거사건 진실규명을 통한 발전위원회 위원
경남지방노동위원회 심판담당 공익위원
경상대학교 법과대학 학장
현) 경상대학교 법학과 교수

•주요논문 및 저서•

「지배적 형법사상 비판」
「한국형법학 방법론의 문제점과 과제」
「형사제제의 본질에 대한 비판적 고찰」 외 다수
『형법각론』(공저)
『제국주의와 한국사회』(공저)
『범죄와 인권』(공저) 외 다수

범죄피해자와 회복적 사법

• 초판 인쇄	2008년 4월 10일
• 초판 발행	2008년 4월 10일
• 지 은 이	박상식 · 이창호
• 펴 낸 이	채종준
• 펴 낸 곳	한국학술정보㈜
	경기도 파주시 교하읍 문발리 513-5
	파주출판문화정보산업단지
	전화 031) 908-3181(대표) · 팩스 031) 908-3189
	홈페이지 http://www.kstudy.com
	e-mail(출판사업부) publish@kstudy.com
• 등 록	제일산-115호(2000. 6. 19)
• 가 격	28,000원

ISBN 978-89-534-8580-8 93360 (Paper Book)
　　　978-89-534-8581-5 98360 (e-Book)